国外数字出版物缴存及相关问题研究

黄红华◎著

·北京·

图书在版编目（CIP）数据

国外数字出版物缴存及相关问题研究 / 黄红华著. —北京：科学技术文献出版社，2022.12

ISBN 978-7-5189-9997-2

Ⅰ.①国… Ⅱ.①黄… Ⅲ.①电子出版物—出版工作—研究—国外 Ⅳ.① G237.6

中国版本图书馆 CIP 数据核字（2022）第 254651 号

国外数字出版物缴存及相关问题研究

策划编辑：孙江莉　　责任编辑：孙江莉　　责任校对：王瑞瑞　　责任出版：张志平
出　版　者　科学技术文献出版社
地　　　址　北京市复兴路15号　邮编　100038
编　务　部　（010）58882938　58882087（传真）
发　行　部　（010）58882868　58882870（传真）
邮　购　部　（010）58882873
官 方 网 址　www.stdp.com.cn
发　行　者　科学技术文献出版社发行　全国各地新华书店经销
印　刷　者　北京厚诚则铭印刷科技有限公司
版　　　次　2022年12月第1版　2022年12月第1次印刷
开　　　本　710×1000　1/16
字　　　数　262千
印　　　张　16.75
书　　　号　ISBN 978-7-5189-9997-2
定　　　价　58.00元

版权所有　违法必究

购买本社图书，凡字迹不清、缺页、倒页、脱页者，本社发行部负责调换

前 言

数字出版物缴存的目的是确保国家数字文化遗产实现长期保存与获取。随着数字出版物数量不断增长，对其进行缴存已经成为许多国家或地区的主要做法。虽然纸质出版物法定缴存的概念和实践已被广泛理解和接受，但由于数字出版物的特殊性，较传统意义上的出版物、出版商、出版地等概念已经有所改变，为此，数字出版物的缴存不能简单照搬或是全盘接受纸质出版物法定缴存的做法。

为了实现数字出版物的缴存，世界上不同的国家或地区的做法各有千秋。有的国家在纸质出版物法定缴存的基础上对数字出版物的缴存进行简单规定；有的国家则以重新制定法律的形式把纸质出版物法定缴存的范围延伸至数字出版物；有的国家则直接对数字出版物甚至网络出版进行立法或制定行政规章规定。无论采用何种方式，数字出版物缴存都面临许多现实困难，这些困难存在于技术、管理、组织、法律等诸多方面。

为了能够清晰展现数字出版物缴存的变化与发展，本研究对国外代表性国家的具体做法进行分析与研究，并在此基础上得出对我国的启示。基于此，本研究共分为9章六大部分，主要内容有：

第一部分，阐述研究意义，并在收集国内外文献的基础上对数字出版物缴存制度的相关研究内容进行述评。

第二部分，对与本研究相关的概念进行界定，如数字出版物、电子出版物、网络出版物等，并提出本研究的观点。

第三部分，概述数字出版物缴存的源起与发展。

第四部分，在阐述数字出版物缴存制度变化与发展的基础上，采用案例、对比分析等研究方法，对在数字出版物缴存制度发展与实施等都取得一定成果的、具有代表性的国家以及这些国家在立法、管理、组织等方面的突出做法进行分析与总结。

第五部分，对国外数字出版物缴存制度的特点和经验进行总结。由于每项制度在制定之初以及运转过程中都会出现不同的问题，本部分还在经验总结之后指出国外数字出版物缴存制度涉及的相关问题。

第六部分，根据上述内容，概述我国数字出版物缴存现状，提出我国未来建立数字出版物缴存制度的意见和建议，并在此基础上指出本研究存在的不足以及未来的研究设想。

本研究的主要结论是：以法定的形式实现数字出版物的缴存是最为理想的方式；全面建设和完善数字出版物缴存制度需要政府宏观指导与行业协会微观服务；实施数字出版物缴存制度，需要建置良好的服务环境；重视分步骤进行在线出版物或网络资源缴存。

目　录

第1章　绪　论 1
1.1　研究背景 1
1.1.1　数字化文献数量不断增长的趋势 1
1.1.2　缴存制度是实现全面保存国家数字文化遗产的有效方式 3
1.1.3　世界范围内修改或制定数字出版物缴存制度的趋势 5
1.2　研究意义与研究方法 6
1.2.1　研究意义 6
1.2.2　研究方法 9
1.3　研究思路与研究内容 10
1.3.1　研究思路 10
1.3.2　研究内容 10
1.4　研究难点与创新之处 11
1.4.1　研究难点 11
1.4.2　创新之处 12

第2章　国内外研究综述 13
2.1　国外研究综述 13
2.1.1　出版物缴存制度建设宏观概览 14
2.1.2　数字出版物缴存制度建设与相关法律问题 16
2.1.3　数字出版物缴存制度与数字信息资源长期保存项目 18
2.1.4　数字出版物缴存与出版商 24
2.1.5　数字出版物缴存与图书馆 25
2.1.6　具体国家或地区的数字出版物缴存实践研究 27
2.1.7　网络存档与法定缴存 30

2.2 国内研究综述 35
    2.2.1 国外数字出版物缴存实践宏观介绍 39
    2.2.2 对数字出版物缴存相关法律法规的研究 41
    2.2.3 数字信息资源长期保存 43
    2.2.4 网络信息资源缴存 45
    2.2.5 我国港澳地区数字出版物缴存 47
2.3 国内外研究述评 49
    2.3.1 国外研究述评 49
    2.3.2 国内研究述评 49
2.4 本章小结 50

第3章 相关概念释义 51

3.1 电子出版物、数字出版物与网络出版物 51
    3.1.1 电子出版物 51
    3.1.2 数字出版物 53
    3.1.3 网络出版物 55
    3.1.4 本研究观点 57
3.2 呈缴本、样本、出版物 58
    3.2.1 呈缴本 58
    3.2.2 样本 59
    3.2.3 出版物 59
    3.2.4 本研究观点 60
3.3 出版者 60
3.4 法定缴存 61
3.5 本章小结 62

第4章 数字出版物缴存制度的源起与发展 63

4.1 数字出版物缴存制度的源起 63
    4.1.1 数字出版物缴存制度的理论探讨 63
    4.1.2 数字出版物缴存的实施情况 65
    4.1.3 与数字出版物缴存制度相关的报告 71

4.2 数字出版物缴存制度的发展 ... 81
   4.2.1 数字出版物缴存制度发展的背景 ... 81
   4.2.2 数字出版物缴存制度发展的形式 ... 83
4.3 本章小结 ... 86

第5章 国外英美法系国家数字出版物缴存制度代表性实践 ... 87

5.1 英国 ... 87
   5.1.1 1999年《非印刷型出版物自愿缴存准则》 ... 91
   5.1.2 2003年《法定缴存图书馆法》 ... 94
   5.1.3 2010年《数字缴存方案评估》 ... 101
   5.1.4 2011年《法定缴存图书馆法〈非印刷型出版物〉条例咨询草案》 ... 103
   5.1.5 2013年《法定缴存图书馆法〈非印刷型出版物〉条例咨询草案》 ... 104
   5.1.6 数字出版物法定缴存效果 ... 106
   5.1.7 可借鉴之处 ... 108
5.2 加拿大 ... 110
   5.2.1 制定《电子出版：加拿大出版商最佳实践指南》 ... 111
   5.2.2 颁布2004年《加拿大图书馆和档案馆法》 ... 112
   5.2.3 实施网络信息资源归档 ... 114
   5.2.4 提供缴存本服务 ... 116
   5.2.5 可借鉴之处 ... 117
5.3 美国 ... 119
   5.3.1 数字出版物的版权缴存 ... 119
   5.3.2 数字出版物的法定缴存 ... 121
   5.3.3 政府数字出版物缴存 ... 122
   5.3.4 可借鉴之处 ... 125
5.4 澳大利亚 ... 127
   5.4.1 澳大利亚电子出版物的国家策略 ... 127
   5.4.2 澳大利亚电子出版物采购/收录选择原则 ... 128
   5.4.3 澳大利亚电子出版物缴存的国家规定 ... 129

5.4.4 澳大利亚电子出版物缴存的地方规定 131
5.4.5 澳大利亚电子出版物保存——PANDORA 计划 134
5.4.6 可借鉴之处 136
5.5 本章小结 137

第 6 章 国外大陆法系国家数字出版物缴存制度代表性实践 139

6.1 荷兰 139
    6.1.1 荷兰电子出版物缴存计划 140
    6.1.2 荷兰电子出版物自愿缴存协议 141
    6.1.3 荷兰国家图书馆与协议缴存 143
    6.1.4 可借鉴之处 148
6.2 丹麦 148
    6.2.1 丹麦出版缴存的变化过程 148
    6.2.2 丹麦《出版资料法定缴存法》 149
    6.2.3 网络信息资源存档 150
    6.2.4 法定缴存在线资料的获取 152
    6.2.5 可借鉴之处 154
6.3 法国 155
    6.3.1 法国法定缴存立法历程 155
    6.3.2 《遗产法典》 158
    6.3.3 网络资源存档 159
    6.3.4 可借鉴之处 160
6.4 本章小结 161

第 7 章 国外数字出版物缴存制度的特点、经验及问题 162

7.1 国外数字出版物缴存制度的特点 162
    7.1.1 缴存范围的多样性 162
    7.1.2 区域差异明显 163
    7.1.3 法定缴存与自愿缴存相结合 164
    7.1.4 法律规定的可拓展性 166
    7.1.5 法律规定的无偿性 167

目录

- 7.2 国外数字出版物缴存制度的经验总结 ... 168
  - 7.2.1 以立法为保障，辅以制定多种缴存规范 ... 168
  - 7.2.2 主要利益方之间的合作与良好关系的形成 ... 171
  - 7.2.3 发挥主导部门的作用 ... 177
- 7.3 国外数字出版物缴存制度涉及的问题 ... 180
  - 7.3.1 成本估算问题 ... 180
  - 7.3.2 存储问题 ... 184
  - 7.3.3 罚则与免责问题 ... 185
  - 7.3.4 检索与使用问题 ... 186
  - 7.3.5 最优版本问题 ... 188
  - 7.3.6 缴存格式问题 ... 189
  - 7.3.7 知识产权与其他法律问题 ... 190
- 7.4 国外考核数字出版物缴存制度完整性的因素 ... 191
  - 7.4.1 数字出版物缴存要素 ... 191
  - 7.4.2 考核数字出版物缴存制度完整性的因素 ... 195
- 7.5 国外数字出版物缴存制度发展趋势 ... 199
  - 7.5.1 数字出版物缴存制度的全球化 ... 199
  - 7.5.2 数字出版物缴存制度的法典化 ... 200
  - 7.5.3 逐步实现网络出版物的缴存 ... 201
- 7.6 本章小结 ... 204

第8章 国外数字出版物缴存制度对我国的启示 ... 206

- 8.1 我国数字出版物缴存概况 ... 206
  - 8.1.1 我国数字出版物缴存相关法律法规制定情况 ... 212
  - 8.1.2 我国数字出版物缴存现状 ... 215
  - 8.1.3 我国网络信息资源采集与保存试验项目 ... 218
- 8.2 我国数字出版物缴存制度建设存在的不足 ... 219
  - 8.2.1 数字出版物缴存制度的非法律化 ... 219
  - 8.2.2 法定缴存客体未进行合理延伸 ... 220
  - 8.2.3 数字出版物缴存补偿金规定的不完善 ... 222
- 8.3 我国数字出版物缴存制度建设的政策建议 ... 223

- 8.3.1 注重国外相关立法及实践成果的研究 ... 223
- 8.3.2 合理延伸数字出版物的缴存客体 ... 225
- 8.3.3 完善数字出版物缴存的经济补偿规定 ... 227
- 8.3.4 加强对数字出版物缴存制度的宣传 ... 228
- 8.4 本章小结 ... 229

第9章 结 语 ... 230

- 9.1 主要研究结论 ... 230
- 9.2 研究不足 ... 232
- 9.3 研究展望 ... 233

附 录 ... 235

主要参考文献 ... 250

第1章 绪 论

1.1 研究背景

1.1.1 数字化文献数量不断增长的趋势

数字化文献又称电子文献,是指以数字形式存贮在光、磁等存贮介质(如CD-ROM、磁盘)上,并通过计算机或远程通信进行阅读文献。既包括单机版,又有网络版;既包括传统文献的数字化,又包括直接生成的数字化文献;既包括出版物,又包括非出版物。随着计算机信息处理和通信等技术的迅速发展,数字化文献种类越来越繁多,影响和作用也越来越重要。① 相应地,早在 2011 年,冰岛前国家图书馆馆长 Þorsteinn Hallgrímsson 曾大胆设想,将当今所有的冰岛文献都进行数字化,以满足所有有需求的读者进行阅读。他的这一设想在冰岛获得了诸多组织机构支持②。这不仅是 Þorsteinn Hallgrímsson 的设想,事实上,世界范围内,文献数字化确实也是一种不可避免的趋势所在。

以数字化文献最主要的类型之一——电子图书(e-book)为例,据 Statista 统计,2021 年全球电子图书收入为 161.09 亿美元,2022 年全球电子图书收入为 173.06 亿美元,增长 7.43%。2026 年预计将达到 186.93 亿美元③。另据美国出版商协会(Association of American Publishers,AAP)发布的相关数据则显示,2018 年,美国电子图书出版数量占据图书贸易市场的

---

① 吴慰慈,张久珍. 图书馆学新探[M]. 北京:北京图书馆出版社,2007:332-334.
② Internet Archive Blogs. All Icelandic literature to go online?[EB/OL].[2022-01-06]. http://blog.archive.org/2011/01/29/all-icelandic-literature-to-go-online/.
③ Statista.E-book market revenue worldwide 2017-2026[EB/OL].[2022-02-20].https://www.statista.com/forecasts/1294207/ebook-market-revenue-worldwide.

13%，电子图书贸易收入占据图书贸易市场的12.4%[①]。2020年8月，美国电子图书收入达到10.17亿美元，较2018年同期增长了18.2%[②]。此外，据英国出版商协会（Publishers Association，PA）2021年9月10日发布的2020年《出版商协会统计年鉴》（PA Statistics Yearbook 2020）指出，2020年，英国出版市场规模为64亿英镑，其中纸质出版物销售额为34亿英镑，下降了6%，数字出版年销售额为30亿英镑，增长了12%[③]。

除了图书出版市场的数字化及快速增长，电子期刊的出版与发行也出现了蓬勃发展的态势。据《乌利希国际期刊指南》（Ulrich's Periodicals Directory）统计，仅以在线电子形式存在的期刊就有5594种[④]。以开放存取（Open Access，OA）形式提供在线学术信息的各类机构知识库（Institutional Repositories，IR）也是在线期刊的主要提供者。据开放存取知识库登记机构（Registry of Open Access Repositories，ROAR）统计，截至2022年2月28日，全世界共有124个国家、地区或是组织建立了4725个机构库[⑤]。开放获取期刊名录（Directory of Open Access Journals，DOAJ）的统计显示，其收录的在线免费的学术性期刊总数是17 495种，涉及的国家130个，语言80种，各学科的论文总数量是7 232 195篇[⑥]。

目前世界已经兴起了一轮以数字为主导的产业革命，新冠疫情成为激活数字化发展的"临界点"。全球商业研究咨询公司（Business Research Company，BRC）在一篇题为《新冠肺炎疫情刺激数字服务消费 数字出版呈现增长态势》的研究报告中，预测全球数字出版市场总额从2019年

---

① Association of American Publishers. Charts & Data［EB/OL］.［2021-10-12］. https://publishers.org/data-and-statistics/industry-statistics/.

② Association of American Publishers. AAP AUGUST 2020 STATSHOT REPORT：PUBLISHING INDUSTRY FLAT FOR MONTH； DOWN 4.6% YEAR TO DATE Trade（Consumer Book）Sales Up Nearly 7% in August［EB/OL］.［2021-10-16］. https://publishers.org/news/aap-august-2020-statshot-report-publishing-industry-flat-for-month-down-4-6-year-to-date/.

③ Publishers Association. Publishers Association Yearbook 2020 released[EB/OL].[2022-02-27]. https://www.publishers.org.uk/publishers-association-yearbook-2020-released/.

④ Ulrichsweb［EB/OL］.［2022-03-16］. https://ulrichsweb.serialssolutions.com/search/544489849.

⑤ Registry of Open Access Repositories［EB/OL］.［2022-02-27］. http://roar.eprints.org/.

⑥ DOAJ［EB/OL］.［2022-02-28］. https://doaj.org/.

的 448 亿美元一跃达到 2020 年约 667 亿美元，至 2023 年复合年增长率将达到 7.5%①；该公司之前的一份报告指出，2015—2019 年复合年增长率为 4.54%②。新冠病毒感染疫情恰巧成为激活数字消费的增长点。2020 年 6 月普华永道（Pricewaterhouse Coopers，PwC）发布了一项全球调查，受新冠病毒感染疫情全球流动的影响，60% 受访的首席财务官说他们将推迟或取消已计划的投资项目，而只有 16% 的受访者认为他们将推迟或取消数字转型领域的投资项目③。由此可见，数字化趋势已势不可挡，不仅是形势所迫，而且是大势所趋④。

1.1.2 缴存制度是实现全面保存国家数字文化遗产的有效方式

纸质出版物缴存制度自其诞生以来，被赋予的目的就是保存和获取国家文化和智力遗产。与此同时，几乎所有呼吁进行缴存制度建设的学者都强调：缴存制度建设和完善的最初和最终目的都是为了保存现有的国家文化遗产以供后代人研究与使用。这点在 Jules Lariviere 的《法定缴存立法准则（修订版）》（Guidelines for legal deposit legislation, rev. ed）中已有了明确且清晰的阐述——缴存的目的是为了保存国家文化遗产⑤。按照这一论述，建立出版物缴存制度的首要意义体现在"保存"。由于数字出版物同样记载着某一国家的历史与文化，承担着使民族文化遗产能够完整保存、世代传承的责任，同样需要法律保障和约束的缴存制度⑥。随着时代的变迁，国家的文化遗产保

---

① Businesswire.Digital Publishing Industry Report 2020–2030 –COVID–19 Has Created a Significant Increase in Demand［EB/OL］.［2021–04–30］. https://www.businesswire.com/news/home/20200615005592/en/Digital-Publishing-Industry-Report-2020-2030---COVID-19-Has-Created-a-Significant-Increase-in-Demand---ResearchAndMarkets.com.
② Global Digital Publishing Market 2015–2019［EB/OL］.［2021–04–30］. https://www.prnewswire.com/news-releases/global-digital-publishing-market-2015-2019-300175452.html.
③ PwC. Upskilling for the new normal：How the COVID-19 outbreak has impacted the need for digital upskilling in Central and Eastern Europe's public sector［EB/OL］.［2021–04–30］. https://www.pwc.com/c1/en/future-of-government-cee/covid19/Upskilling_for_the_new_normal.html.
④ 吴建中.数字化转型——大学图书馆下一步发展的重心［J］.图书馆理论与实践，2019（8）：13–17.
⑤ Jules Larivière. Guidelines for Legal Deposit Legislation［R/OL］.［2022–02–07］. https://repository.ifla.org/bitstream/123456789/1322/1/guidelines-for-legal-deposit-legislation-en.pdf.
⑥ 李国新.中国图书馆法治若干问题研究［D］.北京：北京大学，2005：71.

护不再仅限于纸质出版物，更多还应该是数字出版物，但由于数字出版物的广泛性、复杂性等特征，若没有特定、有效的缴存制度，全面典藏这些资源很难成为现实。

为了实现全面保存国家数字文化遗产，很多国家都努力通过赋予博物馆、档案馆和图书馆开展保存本国家文化和智力财产的活动的职能。特别是国家图书馆，自古以来，其功能就是承担着保存人类文明的记忆，也通过保存各种不同形式的文献，完成人类文明记忆的延续。英国自1662年以来开展对印刷型出版物的法定呈缴规定的首要目的就是确保该国出版物的保存以供后代共享这些知识遗产①。到了数字出版时代，在英国，对数字出版材料（尤其是网络内容）如何有效存档的问题上展开过长期讨论，讨论认为，进一步扩展出版物缴存的原则，将缴存范围扩展至数字化和网络出版的材料是一种较好的选择方式。事实上，2012年由当时的文化、媒体和体育部（Depantment for Culture，Media and Sport，DCMS）拨款550万英镑用于英国图书馆的数字基础设施建设并且开展系列"invest to save"活动以进行数字保存②。时至今日，英国图书馆仍然强调，要想维持其对国家的贡献，需要数字时代的缴存系统。

在美国，2021年12月，美国国会图书馆发布数字馆藏战略（Digital Collections Strategy Overview 2022—2026），与之前仅仅专注于获取数字内容的计划不同，新战略计划在未来五年内实现：转向数字化和电子优先的订购模式③。研究图书馆协会（American Research Library，ARL）、网络信息联盟（Consortium Network Information，CNI）、EUCAUSE联合发布报告指出，部分机构的"数字优先"馆藏发展政策在新冠病毒感染疫情大流行期间发挥了重要作用④。为了实现数字内容的保存，国会图书馆数字化计划——美国

---

① ALDL.Agency foe the Legal Deposit Libraries［EB/OL］.［2021-05-07］. https://www.legaldeposit.org.uk/.

② British Library. British Library Annual Report and Accounts 2012/13［R/OL］.［2021-09-16］. http://www.bl.uk/aboutus/annrep/2012to2013/annualreport201213.pdf.

③ Digital Collections Strategy Overview 2022-2026［EB/OL］.［2022-02-07］. https://www.loc.gov/acq/devpol/Digital Collections Strategy Overview_final.pdf.

④ Crest or Trough? How Research Libraries Used Emerging Technologies to Survive the Pandemic, So Far［R/OL］.［2022-02-07］. https://www.arl.org/wp-content/uploads/2021/09/2021.10.01-crest-or-trough.pdf.

记忆（American Memory）也强调，采购、缴存、交换、赠送等是世界各大国家图书馆或相关机构获取本国文化资源的主要途径，在采购经费放缓、资源类型不断变化并增加的情况下，缴存的地位变得越来越重要。

为此，在一个国家范围内，实现收集、记录和保存国家出版物很大程度上依赖一项正确的缴存制度[①]。在纸质出版物占绝对统治地位的年代，以图书馆为主的保存机构保存资源的范围主要是以手稿和纸质出版物为主。而随着技术发展对出版业的推动，许多收藏机构把收藏的范围拓展至物理实体的电子媒介，如电子期刊等一些数字出版物。为了使国家图书馆等保存机构有能力且全面地进行数字出版物的保存，许多国家仍是认为缴存制度是最优的选择之一。

1.1.3 世界范围内修改或制定数字出版物缴存制度的趋势

早在1990年，J.T.Jasion的调查就显示，当时已有139个国家或地区拥有纸质出版物缴存制度，其中111个国家或地区有法定缴存的规定[②]。具体到缴存率（以纸质图书为例），英国为97%，加拿大约为90%，澳大利亚为91%，新西兰约为70%，日本约为70%，韩国约为82.6%。可见，纸质出版物的缴存在诸多国家得到了有效的执行与贯彻。随着数字出版的兴起，1990年之后，很多国家或地区都对本国或本地区的缴存制度进行了修改或是更新，由最初对纸质出版物进行法定缴存扩大为对数字出版物的规定，部分国家或地区甚至规定网络出版物也需要进行缴存。如德国、印尼、挪威缴存条款修订年份是1990年，法国则是1992年，瑞典于1994年进行修订，加拿大、南非、丹麦、芬兰、英国等国的缴存修订年份分别是1995年、1997年、1998年、2000年、2003年。另外一些国家（如澳大利亚、印度、斯洛文尼亚、西班牙、瑞士等国家）的缴存制度正在进行改革或是修改中[③]。

以上这些国家或地区对法律的重新修订或是制定的出发点都基于新的出版媒体不断形成，数字出版物已然成为出版形式的重要组成部分。因此，对

---

① Clasudia B.Bazan. Legal deposit and the collection of national publications in Argentina [J]. IFLA Journal, 2003（3）：27-29.

② Jan T. Jasion. The International Guide to Legal Deposit [M]. Ashgate Publishing, Limited, 1991.

③ Subhas C.Biswas. Indian legal deposit legislation and its impact on the national library [J]. Alexandria, 2011（2-3）：49-59.

这些出版物如何以缴存的形式进行保存是许多国家关注的焦点。以英国国家图书馆（British Library，BL）为例，在2008—2011年的数字战略规划（Digitisation Strategy 2008—2011）中提到国家遗产及知识已越来越多地体现在数字格式中。面对日益数字化的形势，英国图书馆的战略重点之一就是广泛获取和存储英国的数字出版物；完成对公共网站和已有数字出版物的采集、存储和长期保存；进行与法定缴存咨询小组的合作，向文化、媒体和体育部长提供有关采集数字出版物决策最充分的信息；对不适合立法或不能立法的领域建立自愿缴存制度；借鉴其他国家的发展，建立数字出版物采集、跟踪的最佳实践；整合业务模式，以方便资源的采集、存储和利用[1]。

但在实际操作中，由于数字出版物与传统出版物存在着极大差异，使现有缴存制度实施过程中遭遇了法律、技术等方面的挑战。为了应对这些挑战，一些国家已经实施了立法（如英国）或达成协议（如荷兰）要求出版商提供数字出版物缴存，还有一些国家（澳大利亚、南非等）正在寻求制定和实施新的数字出版物缴存制度以实现数字出版物的保存。虽然，这些国家在立法和实施方面不断面临问题，目前也出现了很多不同的关于法定数字出版物缴存形式，它们有的依赖于特定立法，有的依赖于缴存协议，也有的是将立法与协议相结合等[2]。但无论是已形成相关的立法，还是处在不断探索进程中，形成有关数字出版物缴存制度已是许多国家不争的事实。

1.2 研究意义与研究方法

1.2.1 研究意义

一个知识领域的进步有两种途径：一是直接应对本学科的理论问题，另一个是处理学科能够提供答案的实践问题。前者是学术路径，后者是职业路径[3]。可以说，对数字出版物缴存的研究既是一个现实问题，也是值得继续、

---

[1] British Library. Digitisation Strategy 2008-2011 [R/OL]. [2021-09-14]. http://www.bl.uk/aboutus/stratpolprog/digi/digitisation/digistrategy/.
[2] 张志强，方曙，张智雄，等. 在创新变革中实现图书馆的自我超越——IFLA 2011年会各专题内容解读[J]. 图书情报工作，2011（11）：11-16.
[3] B. Berlson. The State of Communication Research [J]. Public Opinion Quarterly, 1959, 23（1）：6.

深入探讨的理论问题。基于此，本文的研究意义如下。

（1）理论意义

许多国家为了解决数字出版物缴存过程中可能会出现的问题，已经借助修改现有法律法规或制定新的法律等形式，为数字文化遗产的全面保存创造有利的条件。以德国、法国、丹麦、新西兰、加拿大等为首的西方国家已经在立法的相关条款中对数字出版物法定缴存的具体实施办法进行了全面规定。在这些国家中，国家图书馆作为缴存制度重要的实施与参与者，也将实施数字出版物缴存作为其重要的战略规划。例如，芬兰国家图书馆制定了2006—2015年战略发展规划，并确立了未来10年的战略发展目标。目标之一就是通过获取和保存国家文献资源以保证"民族记忆"的完善和公民获取信息的权利。规划指出实现"民族记忆"的重要方式之一就是实行数字出版物甚至是所有在线资料的缴存制度[1]。法国国家图书馆的相关规划中也曾指出，对数字出版物甚至是网页进行存档是收集法国文化遗产的历史责任[2]。英国的《应对知识增长：英国图书馆2011—2015战略》（Growing Knowledge: The British Library's Strategy 2011—2015）提出"为了促进向后代提供信息获取的能力，需要将自愿和强制性缴存延伸至原生数字内容[3]"。《美国国会图书馆2011—2016战略规划》（The Library of Congress 2011—2016 Strategic Plan）则强调"通过完善的法定缴存制度以加大数字作品的收藏[4]"，在最新的馆藏战略中重点关注领域则是"针对属于公有领域和现行开放许可制度的数字作品，扩大其访问范围[5]"。这里的"公有领域的数字作品"就包含以缴存的形式收集的数字出版物。

作为历来高度重视文献典藏和传承的国家，在新的数字环境下，我国数

---

[1] 芬兰国家图书馆 [EB/OL]. [2021-06-26]. http://www.nationallibrary.fi/.

[2] National Library of French. Digital legal deposit: four questions about Web Archiving at the BnF [EB/OL]. [2021-03-25]. http://www.bnf.fr/en/professionals/digital_legal_deposit/a.digital_legal_deposit_web_archiving.html.

[3] British Library.Growing Knowledge: The British Library's Strategy 2011—2015 [R/OL]. [2021-09-16]. http://www.bl.uk/aboutus/stratpolprog/strategy1115/strategy1115.pdf.

[4] Library of Congress.The library of congress 2011—2016 strategic plan [R/OL]. [2021-08-23]. http://www.loc.gov/about/strategicplan/strategicplan2011—2016.pdf.

[5] Digital Collections Strategy Overview 2022—2026 [EB/OL]. [2022-02-07]. https://www.loc.gov/acq/devpol/Digital Collections Strategy Overview_final.pdf.

字出版物缴存无论是立法，还是实践都已经落后许多国家。现阶段的缴存规定，还主要是有关于纸质出版物的，虽然已对数字出版物有所提及与规定，但由于主要是以行政手段进行，效果并不理想。至于更多的、多样化的数字出版物更难以立法的形式进行规范。因此，加强对国外数字出版物缴存制度的研究，以对我国数字出版物缴存制度建设提供值得借鉴的内容，具有一定的理论意义。

（2）实践意义

从实践上看，研究国外先进的经验做法是为了更好地促进我国实践的发展。由于信息技术的革新，我国数字出版规模及数量呈现出不断增长的趋势。《2020—2021中国数字出版产业年度报告》显示，2020年，我国数字出版产业整体收入达到11 781.67亿元，比上年增加19.23%，呈现逆势上扬态势[1]。其中，互联网期刊、电子图书、数字报纸的总收入为94.03亿元，相较于2019年的89.08亿元，增长了5.56%，高于2019年4%的增长幅度，更高于2018年3.6%的增长幅度[2]。这些数字出版物内容已经成为我国文化中越来越重要的组成部分。为了保存这些数字文化遗产，传承民族记忆，有必要将缴存制度的客体延伸至数字出版物。

实际上，除了大量的数字出版物以外，还存在着大量的网络内容。《第48次中国互联网络发展状况统计报告》统计显示，我国域名有3136万个，".CN"域名有1509万个，网站总数有422万个[3]。网络信息由于海量、异构、分布式管理、容易消失等特点，使这些网络内容可以轻易就被删除甚至永远不能恢复，如2000年悉尼奥运会相关的网络信息资源很多都已不复存在[4]。为了能够实现这些数字资源的保存，国外已有一些国家在实行数字出版物法定缴存的基础上进行了网络资源的缴存。

---

[1] 2020-2021 中国数字出版产业年度报告 [EB/OL].[2023-04-07].https://baike.baidu.com/item/2020-2021%E4%B8%AD%E5%9B%BD%E6%95%B0%E5%AD%97%E5%87%BA%E7%89%88%E4%BA%A7%E4%B8%9A%E5%B9%B4%E5%BA%A6%E6%8A%A5%E5%91%8A/58811364?fr=aladdin.

[2] 出版商务网.数字出版规模超万亿，2020—2021中国数字出版产业年度报告发布 [EB/OL].[2022-02-08].http://www.cptoday.cn/news/detail/12609.

[3] 中国互联网络信息中心.互联网大事记［EB/OL］.［2022-02-26］.http://www.cnnic.cn/hlwfzyj/.

[4] 赵俊玲.国外关于网络信息资源保存的研究［J］.中国图书馆学报，2004（3）：80-83.

作为全面采集国家信息资源的重要保障，出版物法定缴存制度对不同载体类型的信息资源的长期保存发挥了重要的作用。在数字环境中，为了能够将数字出版物有效地纳入国家信息资源保障体系，缴存制度功能的发挥依然很重要。在我国，纸质出版物已经实行了法定缴存，部分数字出版物类型也要求纳入到法定缴存范围。但是，数字出版物的缴存制度仍旧不成熟，法律执行过程中还存在一些问题，很多细节问题也都还在探讨过程中。因此，在借鉴国外相关经验的基础上开展我国数字出版物缴存的实践是有必要的。

目前，对包括数字出版物在内的诸多数字内容进行保存是许多国家的共识。但是，鉴于我国的实际情况，虽然网络信息资源的缴存也迫在眉睫，但是相比之下，应采取循序渐进的方式，先实现数字出版物的缴存，再逐步实施网络信息资源的缴存。他山之石，可以攻玉。通过研究国外数字出版物缴存的实践经验以使我国数字出版物缴存实现制度化、常规化，是很有必要的。

1.2.2 研究方法

（1）文献研究法

通过不同国家图书馆/档案馆网站、政府网站、非营利组织网站、学术网站查找与研究主题相关的图书、论文、会议报告等不同类型的文献。由于作者语言、地域等方面的限制，本书文献资料来源主要是以英文的一次文献和二次文献为主。此外，本研究还配以相关的文献传递、档案资料查询等方式以尽可能获取与主题研究相关的零次文献，增强文章的史料性和原始性。

（2）比较分析法

本研究主要是以国外有关于数字出版物缴存制度研究为主，而这些研究的最终目的是为了能对中国数字出版物缴存制度的建立以至未来的完善提供理论参考和实践借鉴。为此，需要从时间（主要是传统出版物缴存与数字出版物缴存）和空间（主要是中国与国外情况对比以及国外国家之间的情况）上进行横纵向比较，对不同国家的实践中出现的事实、细节、结果等进行对比、分析，以使研究结果科学、可靠和有效。

（3）案例分析法

选取国外具有代表性的数字出版物缴存制度从不同角度和形式进行解析，考究其存在特点，分析其优势与不足。本研究的研究案例主要以网络获得的文献和数据为主,对这些文献中与数字出版物缴存制度相关的特色、作用、运行机制、技术解决方案等方面做详细分析。

此外,在研究过程,根据研究主题需要,还运用访谈法、历史分析等方法,以支持论文观点,加强文章论证。

1.3 研究思路与研究内容

1.3.1 研究思路

本研究旨在探讨数字出版物缴存发展沿革,概览具有代表性的国家(如英国、法国、德国、加拿大等)数字出版物缴存制度的实施现状,总结这些国家的经验做法,为我国未来建立相关制度提供一定的价值参考和经验借鉴。总的研究思路为:

首先,阐述为什么要进行数字出版物缴存制度研究,即研究的必要性:一是数字出版物数量的不断增长要求对其进行保存,二是数字出版物的特点要求对其进行及时保存,三是国家作为权利主体尤其是国家图书馆赋有保存任何形式文化遗产的职能,四是依靠法律形式(主要是缴存的立法)进行保存,在全世界范围内证明都是积极而有效的做法。

其次,选取国外具有代表性的缴存制度进行分析,重点探索这些国家在进行缴存制度建设及实践过程中如何解决缴存过程出现的管理问题(已缴存的内容如何对公众进行开放而又不影响到个人数据保护的规定)、法律约束力问题(如自愿缴存还是强制性缴存)等。

最后,在总结国外经验做法及不足的基础上指出值得我国缴存制度建设借鉴之处,并就未来进一步研究进行规划。

1.3.2 研究内容

根据研究思路,本研究主要分为9章,共六大部分,其中主体部分是第5章、第6章、第7章和第8章。主要的研究内容有:

第一部分(主要为第1和第2章),阐述本研究的背景及研究意义,之后根据现有资料对数字出版物缴存制度国内外相关研究进行综述,在此基础上展开述评。

第二部分(主要为第3章),对本研究相关概念进行解释,如数字出版物、电子出版物、网络出版物等。由于这些概念在内涵和外延上既有区别也有重叠，而且有些概念往往没有清晰的界限，本研究在相关概念释义中会根据内容需要进行一些概念合并并指出适合本研究的概念。

第三部分（主要为第4章），首先对纸质出版物法定缴存制度的变革与发展进行简要陈述，其次对数字出版物缴存制度产生的缘由、背景进行概述，最后概述数字出版物缴存制度的总体发展情况。

第四部分（主要为第5和第6章），在对数字出版物缴存制度的变化与发展进行阐述后，本部分主要采用案例、对比分析等方法对数字出版物缴存制度建立与实施都取得一定成果的一些国家进行研究与分析。本部分按英美法系和大陆法系的国家进行划分，以英国、加拿大、美国、澳大利亚作为英美法系的代表，大陆法系国家则主要选取了荷兰、丹麦、法国作为代表，并且主要介绍这些国家在数字出版物缴存立法、管理、组织等方面的突出做法。

第五部分（主要为第7章），在第四部分研究的基础上，对国外数字出版物缴存制度进行特点归纳和经验总结。由于每项制度都会在制定之初以及运转过程出现问题，本部分还在经验总结之后对这些问题进行概述。

第六部分（主要为第8和第9章），根据上述内容，根据我国数字出版物缴存现状，提出我国未来建立数字出版物缴存制度的一些意见和建议。最后，指出本研究存在的不足之处以及可能进行的下一步研究的一些设想。

1.4 研究难点与创新之处

1.4.1 研究难点

由于本研究主要是以国外相关的缴存制度为研究对象，这就会涉及较多的法律文本、政策文件。加上不同的国家对于数字出版物缴存制度的规定形式不一，有些是在版权法中得以体现，有些则是单独制定缴存法进行规范，甚至有些国家仅仅是以报告、文件的形式公布。因此，对不同国家的法律术语进行准确、到位的翻译、理解并系统的解读是本研究的难点之一。

虽然本研究在论文撰写过程中对从事数字出版物缴存工作的人员进行了电话咨询、实地访问等工作，但由于知识与能力的限制，实证研究方面还是存在欠缺。不过，上述这些内容也是未来研究关注的重点内容以及着重解决的部分。

1.4.2 创新之处

有学者曾提出，如果按照国家社会科学基金成果评估指标的规定，创新可以概括为3个方面：理论创新、方法创新和新描述。创新的内容和范畴主要是开辟新领域、创立新理论、提出新观点、建立新概念、寻求新材料、探索新方法等。为此，他们把创新的形式主要归纳为独创、综合和修正[①]。根据这一概述，本研究总的创新之处在于对国外数字出版物缴存的理论内容与具体实践进行了较为全面、综合的梳理，具体的创新之处主要体现在以下两个方面。

其一，在内容上，深化已有研究并在此基础上，寻求本课题新的研究方向。本研究以国外数字出版物缴存的法律文本以及调研报告等作为资料来源，系统梳理国外数字出版物缴存的法规、政策、指南、标准、规范性文件、管理办法、工作意见等，拓展和完善国外数字出版物缴存研究的理论认识和研究视野。

其二，在形式上，通过访谈、案例分析等方法对国外数字出版物缴存的现状、特点进行分析，并且细化这些国家在制定缴存规定之初、执行缴存之时或是开展缴存之后等不同阶出现的问题，以及对上述内容进行较为深入的理论与逻辑梳理，以揭示国外数字出版物缴存的特征，为更好地借鉴并吸取国外数字出版物缴存过程中的经验奠定实践基础。

---

① 王锦贵，王素芳.论图书情报领域理论研究水平的提升与创新——周文骏教授《文献交流引论》出版20周年有感 [J].大学图书馆学报，2006（6）：1-6.

第 2 章　国内外研究综述

2.1　国外研究综述

研究数字出版物缴存制度，首先需要对出版物缴存制度的发展历程有所了解。国外有关缴存制度的研究起步较早，内容较多。本研究主要借助 Web of Science、Emerald 全文和文摘数据库、图书馆与信息科学文摘库（Library and Information Science Abstracts，LISA）、EBSCO、教育资源信息数据库（Educational Resources Information Center，ERIC）、OCLC 的 FirstSearch 等主要数据库以及 Google 等搜索引擎进行检索，制定的检索词为"Legal Deposit（法定缴存）"、"Electronic/Non-Print Publications（materials）/e-Publications（电子出版物/非印刷型出版物）"、"Digital Publications/Publishing（数字出版物）"、Online/Offline Publications/Publishing（在线/离线出版物）、Web/Internet Publications/Publishing（网络出版物）进行组配检索，检索途径分别是题名（TITLE，TI）、关键词（KEYWORDS，KW）、摘要（ABSTRACT，AB）、主题词（TITLE SUBJECTS，TS）。

相关的外文研究文献获取的途径还包括国际图书馆协会和机构联合会（International Federation of Library Association and Institutions，IFLA）、联合国教育、科学及文化组织（United Nations Educational，Scientific and Cultural Organization，UNESCO）等国际性组织网站及不同国家的国家图书馆及相关负责部门网站提供的可下载资料。

总的来说，国外关于出版物缴存（包括纸质出版物缴存和数字出版物缴存等）的文献主要可分为以下几个方面。

2.1.1 出版物缴存制度建设宏观概览

2003年3月，联合国教科文组织发布了《数字遗产保存指南》（Guidelines for the Preservation of Digital Heritage）。该指南分别从理论、实践、管理与技术等多个层面对数字遗产保存的意义、面临的困难和需要解决的问题进行阐释，并针对这些问题提出开展数字遗产保存活动的指导原则以及相关的实践建议[①]。该指南指出，缴存制度的完善可以实现数字文化遗产的保护[②]。

实际上，早在20世纪90年代初，Jasion Hoare就界定了出版物缴存制度建设的四个要求：穷尽性、可保存性、公开性、可获取性。此外，作者还列举了保障缴存制度的基础，包括：议会条例或法律、内阁法令和行政规章和法规、政府部门命令、通告、市政条例等[③]。作者认为出版物缴存制度建设应通过自上而下各种政策配合，方得以实现。可以说，Jasion的研究是总括性的。相比较而言，其他研究则基本上是从某一角度去研究和完善出版物缴存制度。这些研究主要是：

一是，对出版物缴存制度进行理论介绍。出版物缴存制度的建立与实行的效果很大程度上与相关部门的法律制定紧密相联。为此，诸多文献是从立法的角度探析与缴存制度相关的系列法律法规，以使之能在法律框架下执行。这方面主要是Lunn和Lariviere的代表性研究。

Lunn在20世纪80年代，对比利时、加拿大、法国、英国、新西兰、西班牙、瑞典、美国等关于出版物缴存的立法形式进行调查研究。研究之初，Lunn把出版物缴存主体限定在纸质出版物和少量的非书出版物，如视听材料。Lunn认为这些国家之所以拥有较高的缴存率，首要原因是这些国家以立法的形式对出版物缴存进行了规范。这些研究为之后许多国家制定出版物缴存相关法律提供了方向性指导。在Lunn研究之后的20多年中，很多国家（如德国、印度尼西亚、挪威、法国、瑞典、加拿大等）开始制定或是重新修订有关出

---

① 潘菊英，刘可静. 国外数字资源长期保存和长效利用研究进展［J］. 图书馆，2011（5）：72-76.

② UNSECO. Guidelines for the preservation of digital heritage［R/OL］.［2021-10-26］. http://unesdoc.unesco.org/images/0013/001300/130071e.pdf.

③ Adrienne Muir. Legal deposit and preservation of digital publications: a review of research and development activity［J］. Journal of Documentation，2001（5）：652-682.

版物缴存的相关立法[①]。

　　Lariviere 主要关注的是数字出版物的缴存立法，这是数字出版物缴存制度研究的核心文献，一经发表即受到各国理论和实践界的广泛关注和引用。作者在研究中较为系统地论述和分析了国家出版物缴存体系的法律框架，旨在为数字出版物缴存提供有价值的、与时俱进的指导方针，以帮助各国制定和施行新的缴存法或修订原有的缴存法以适应数字出版物数量和规模的不断增长[②]。

　　二是，以出版物缴存制度建设实践经验为主的研究文献亦不少。Hoare Peter 在《非印刷型材料缴存的国际调查》（Legal Deposit for Non-print Material:An International Overview）的报告中指出，在国际范围内存在多个机构或组织（CDNL、CENL、IFLA、UNESCO）不断致力于组织、协调和推动非印刷型出版物缴存制度。调查介绍了澳大利亚、奥地利、芬兰、法国、德国、意大利、加拿大、丹麦、挪威、西班牙、瑞典、瑞士、美国、荷兰等 14 个国家非印刷型缴存立法的情况，以及这些国家修改立法的进度和实际情况。挪威有较为先进的出版物缴存立法制度，该国要求所有媒介类型都需要进行缴存。在其他一些国家还规定需要缴存一定数量的在线出版物。作者还提到出版物的缴存可以采用法定与自愿相结合的形式。例如，瑞士和荷兰这些国家没有国家统一的出版物缴存立法，但是自愿缴存却在这些国家发挥了重要作用。对于自愿缴存、强制缴存，还是二者结合，哪种方式较为合适？虽然作者并未给出统一答案，但是作者花了大量笔墨对欧美多国的国家图书馆进行调研，对缴存立法的范围、法律修订、数字出版物的保护等问题进行了探索，建议不同国家应因地制宜地制定数字出版物缴存制度[③]。Kieran Lee Marshall 等对英国数字出版物缴存的历史发展进行梳理，并以 2003 年《法定缴存图书馆法》和 2013 年《法定缴存图书馆法（非印刷型出版物）规章》为例，提出现有立法和政策应更好地支持缴存图书馆开展工作，同时在缴存出版物的利用上应

---

① Lunn.Guidelines for Legal Deposit Legislation［R/OL］.［2021-08-08］.http://archive.ifla.org/VII/s1/gnl/legaldep1.htm.

② Lariere J. Guidelines for Legal Deposit Legislation［J］.Alexandria，2001（1）：51-53.

③ Hoare P. Legal Deposit of Non-print Material：an International Overview，September-October 1995［M］.British Library，Research and Development Department，1996.

该有更好的支持性措施①。

以上内容关注的层次主要是从宏观到微观，从理论到实践，正是这一路径发展，为之后相关研究的开展提供了框架指导。

2.1.2　数字出版物缴存制度建设与相关法律问题

Peter Johan Lor 在介绍国家图书馆有关立法框架中，提出最重要的立法主题之一就是解决有关出版物缴存与版权的问题。在简要描述出版物缴存的概念以及 UNSECO 的相关报告后，作者指出了数字出版物缴存的类型、机构、数量和义务等。此外，作者强调该制度会涉及以下的法律问题：传播权问题、自由获取的问题、电子数据交换问题等②。在 2011 年的 IFLA 会议上，信息技术组对数字保存与法定缴存的关系进行了关注，该组与其他组共同组织了与数字保存相关的两个分会。第一个分会是第 193 分会，主题是"数字缴存：从立法到实践；从摄入到访问"，由书目组、国际图联和国家图书馆馆长会议联盟的数字战略计划组、信息技术组、国家图书馆组和知识管理组共同组织。另一个分会是第 217 分会，主题是"数字保存教育"，由教育和培训组、保存组、信息技术组来组织。

会议认为，数字缴存是当前很多图书馆都面临的一个重要问题。很多国家图书馆已经实现了数字缴存的法律化，要求出版社缴存数字出版物。但更多的图书馆还在为发展和实现数字缴存的立法而进行不懈努力，并且每个国家在立法机制都会存在差异，即使是已经实现了数字出版物缴存立法的国家，图书馆等收藏机构在进行数字出版物缴存资料的收集、保存、提供书目控制、提供公共访问等过程中，仍不可避免地面临着诸多的法律问题。为此，数字出版物缴存的两个主要问题：一个是数字出版物缴存的立法问题；另一个是关于数字出版物缴存资料的管理、书目管理、保存和存取访问相关的政策问题。在会议上，来自法国、智利、德国、南非、新西兰和英国国家图书馆的代表

---

① Kieran Lee Marshall, Kate Faulkner.The Legal Deposit Libraries Act 2003：a Mere Coming of Age or Trusted Guardian of the Nation's Treasures？［EB/OL］.［2022-06-05］. https://www.cambridge.org/core/journals/legal-information-management/article/abs/legal-deposit-libraries-act-2003-a-mere-coming-of-age-or-trusted-guardian-of-the-nations-treasures/DFD42C553C90F110664E80638240070C.

② Peter J.Lor. Guidelines for legislation for national library services ［R/OL］.［2021-08-08］. http://unesdoc.unesco.org/images/0010/001095/109568eo.pdf.

分别对本国数字出版物缴存情况进行了介绍。在这些汇报中，法国国家图书馆重点谈到了近十年法国国家图书馆在进行 Web 存档方面所做的努力；英国国家图书馆主要研讨了图书馆如何与出版社及其他利益相关群体共同实现责任分担，以对被缴存的资源进行合法管理和合理应用；新西兰国家图书馆的报告主要关注合法缴存资源在提供服务方面存在的问题和挑战；智利国家图书馆报告了在 2009 年通过数字出版物缴存立法之后，如何承担起这一重要职责，以实现对海量的信息资源的存储和管理；南非国家图书馆则主要报告了如何利用信息和通讯技术来促进数字出版物缴存[1]。

大量研究表明，与数字出版物缴存制度相关的较常见且最重要法律问题之一是版权问题。英国对于数字信息资源进行长期保存的法律依据主要体现在 1988 年《英国著作权、设计和专利法案》（Copyright, Designs and Patents Act 1988）第 42 条款中的规定："出于保存、替代或者更换图书馆或档案馆中遗失、毁坏或损坏的作品的目的，图书馆员或者档案管理员可以复制永久库存中的任何一件作品[2]"。为此，2003 年英国颁布的《法定缴存图书馆法》，规定图书馆应该保存数字出版物和其他非印刷出版物，这些资源应该作为出版物的一部分进行保存，并应成为未来学者和研究人员的重要资源[3]。

荷兰在 1912 年《版权法案》（Copyright Act 1912）的第 16（n）款规定，对于旨在修复作品样本，或作品受到威胁有可能破损，或为确保在没有技术条件支持时仍能使用作品等情况，图书馆可以通过复制向公众提供服务[4]。2003 年《邻接权法》（Neighboring Right act 2003）第 10（f）款规定，不以商业营利为目的，出于保存需要，图书馆可以对表演、唱片、电影的第一次

---

[1] 张智雄.透过 IFLA WLIC 2011 看国际图书馆界关注的信息技术问题［J/OL］.［2021-05-28］. http://ir.las.ac.cn/bitstream/12502/4663/1/%E9%80%8F%E8%BF%87IFLA%20WLIC%202011%E7%9C%8B%E5%9B%BD%E9%99%85%E5%9B%BE%E4%B9%A6%E9%A6%86%E7%95%8C_OK.pdf.

[2] legislation.gov.uk. Copyright, Designs and Patents Act 1988［EB/OL］.［2021-02-14］. http://www.legislation.gov.uk/ukpga/1988/48/contents.

[3] legislation.gov.uk. Legal Deposit Libraries Act 2003［EB/OL］.［2021-02-17］. http://www.legislation.gov.uk/ukpga/2003/28/pdfs/ukpga_20030028_en.pdf.

[4] Institute Information Law. Copyright Act 1912（Nevertherlands）［EB/OL］.［2021-02-17］. http://www.ivir.nl/legislation/nl/copyrightact.html.

发行版本或者节目录像进行复制[①]。以上两个条款都适用于数字资源的长期保存。

Seadle 对网络环境下数字出版物缴存及缴存本利用有关的版权问题进行了研究[②]。Hielmcrone 对此也有所涉及[③]。John Gilchrist 梳理了澳大利亚自 1968 年起版权法对于出版物法定缴存的规定，从印刷型出版物的法定缴存到逐渐具备缴存数字出版物的思想以及实施 PADORA 计划以保护网络资源，都是在不断修改版权法以扩大缴存的范围。同时，作者还对澳大利亚不同州关于出版物法定缴存的相关法律制定做了比较，认为随着技术的变化以及大量数字出版物的兴起，澳大利亚版权法不断修改，会逐渐从自愿选择性缴存过渡到强制性缴存，以实现澳大利亚文化的全面保护[④]。

2.1.3　数字出版物缴存制度与数字信息资源长期保存项目

由于数字资源的复杂性，对数字出版物如何进行缴存有着不同的做法。Mason 以新西兰亚历山大·汤布尔图书馆（Alexander Turnbull Library）为例，介绍法定缴存对于数字保存的作用与价值[⑤]。Ingeborg 也认为法定缴存影响着数字资源保存的许多方面，一个国家的法定缴存政策能为图书馆提供一个稳定的准则并让缴存者认同，为资源如何实现缴存提供方向性的指南，以帮助国家实现永久、完整地保存人类数字文化知识遗产[⑥]。

Neil Beagrie 介绍了包括 NESLI、CEDARDS 等在内的英国系列数字保存

---

① 周玲玲. 评述数字资源长期保存在国外立法中的发展现状［J］. 山东图书馆学刊，2009（6）：42–47.

② Seadle M. Copyright in the networked world: Digital legal deposit［J］. Library Hi Tech，2001（3）: 2999–3003.

③ Hielmcrone H. copyright and information policy：copyright aspects of use of legal deposit material in a digital age［J］. Nordinfo Nytt，2000（1）：14–20.

④ John Gilchrist. copyright deposit，legal deposit or library deposit？ the government's role as preserver of copyright material［EB/OL］.［2021-05-21］. https://lr.law.qut.edu.au/article/view/212.

⑤ Ingrid Mason. Virtual Preservation：How Has Digital Culture Influenced Our Ideas about Permanence？ Changing Practice in a National Legal Deposit Library［J］. Library Trends，2007（1）：198–215.

⑥ Ingeborg Verheul. Networking for digital preservation：current practices in 15 national libraries［R/OL］.［2021-07-03］. www.ifla.org/files/assets/hq/publications/ifla-publications-series-119.pdf.

的项目以及这些项目如何实现数字出版物缴存[①]。Davelaar对欧洲国家图书馆的合作计划——NEDLIB计划进行了研究,其目的在于建立网络化的欧洲缴存本保存馆基础架构,并促进数字出版物缴存制度的发展[②]。Bergamin认为当前的数字化保存策略均缺少统一标准、固定的协议和充分的验证方案,强调要制定在线的数字出版物的缴存标准,并对正在研究中的3种标准即通用保存格式(UPF)、电子图书交换系统(EBX)和开放的档案信息系统(OAIS)进行探讨[③]。Vattulainen研究欧洲国家寄存计划,通过存储布局的合理化、地区甚至全国范围内的资源共享,可以降低数字出版物的保存成本[④]。事实上,数字出版物缴存制度不仅需要以立法的形式加以强制执行,在规定之余,还需要有足够的技术对其进行保障。可以说,数字资料保存计划或项目为数字出版物实现法定缴存提供了技术支撑。以下对一些与数字出版物缴存相关的重要项目进行简介。

(1) OAIS

开放档案信息系统(Open Archival Information System,OAIS)旨在对资源的存取和长期保存规定概念和参考框架。这个参考模型阐释了档案信息保存功能的全过程,包括加工、档案存储、数据管理、访问和发布。它同时阐述了数字化信息向新媒体及格式迁移,表述信息的数据模型、信息保存时软件的角色,以及档案之间数字信息的交换。参考模型确定了存档功能的内在及外在界面,确定了这些界面的很多高级服务。荷兰的国家图书馆也使用了OAIS作为管理数字收藏的工具,该系统也引致了其他项目的产生,如英国的CEDARS(CURL Exemplars for Digital Archives)、欧盟的NEDLIB(Networked European Deposit Library)等[⑤]。

[①] Beagrie N. Preserving UK digital library collections [J]. Program: electronic library and information systems, 2001(3): 215–226.

[②] Davelaar T. Setting up a system of legal deposit for electronic publications [J]. Information professional, 2001(5): 20–23, 25.

[③] Bergamin G. A standard for the legal deposit of on-line publications [C] // In: Digital library: challenges and solutions for the new mennium, 2000: 119–127.

[④] Vattulainen P. national repository initiatives in Europe [J]. Library Collections, Aquisitions&Technical Services, 2004(1): 39–50.

[⑤] Adrienne Muir. Legal Deposit of Digital Publications: A Review of Research and Development Activity [J/OL]. [2021-03-18]. http://delivery.acm.org/10.1145/380000/379475/p165-muir.pdf?ip=115.27.37.0&acc=ACTIVE%20SERVICE&CFID=193097158&CFTOKEN=68118798&__acm__=1363570448_9f69218a7d57eec17c5c90ab20ab6c4c.

（2）CEDARS

CEDARS 由英国联合信息系统委员会（Joint Information Service Committee，JISC）和英国国家图书馆资助。该项目的目标是为了实现出版物的数字保存，以使这些数字内容得到长期保存和获取。CEDARS 关注保存元数据、知识产权、数字馆藏管理、技术策略和分布式数字档案原型系统等五方面的内容。其中分布式数字档案原型系统（Distributed Digital Archiving Prototype）是 CEDARS 项目为了验证 CEDARS 而提出的长期保存方法[1]。

（3）NEDLIB

NEDLIB 项目始于 1998 年，于 2000 年结束。主要的资金资助来源于欧盟委员会，工程的召集人是荷兰皇家图书馆（Koninklijke Bibliotheek，KB）。由欧洲 7 个国家图书馆（荷兰、法国、挪威、德国、葡萄牙、瑞士、意大利）和 3 家主要出版社（Kluwer、Elsevier、Springer Verlag）参加，主要研究数字版本缴存机制和长期保护系统机制。其目的是建立欧洲版本图书馆网络的基础结构，保证数字出版物的长期保存和利用[2]。数字出版物保存系统是 NEDLIB 研发的一个数字出版物保存原型系统。它基于 OAIS，希望在当前图书馆自动化和编目系统的基础之上，能够安全地存储数字出版物。

具体而言，NEDLIB 希望在当前图书馆自动化系统选择、采购、描述和访问四个主要功能的基础之上，增加获取、登记注册、检查确认、存储、保存、传递、监测等功能，实现一个支持 OAIS 的数字出版物保存系统。

（4）BIBLINK

BIBLINK 项目在欧盟委员会的支持下始于 1996 年，1999 年结束。该工程作为国家图书馆馆长会议（Conference of Directors of National Libraries，CDNL）项目，成立之初是为了帮助形成和提高国家书目服务，主要关注的焦点是电子出版物，特别是在线出版物。这也是为了警示国家图书馆不要放弃或是错过任何有意义的出版物类型保存的机会。

（5）e-Depot

e-Depot 数字信息存档系统（Digital Information and Archiving System，

---

[1] 张智雄，郭家义，吴振新，等．基于 OAIS 的主要数字保存系统研究［J］．现代图书情报技术，2005（11）：1-9，13.

[2] 吕刚．基于 OAIS 的 NEDLIB、VERS 数字信息长期保存技术［J］．情报杂志，2005（4）：66-68，71.

DIAS）是荷兰国家图书馆针对长期保存的持久存取荷兰电子出版物的需要而提出的专注于长期存储和大规模存档的自动化系统。2002年12月12日，IBM将e-Depot的核心数字信息存档系统正式交付KB，标志着这一系统的建成。该项目的目的是对精选的荷兰语网站进行永久保存，其标准是有关荷兰语的历史、文化与社会等内容可进行全文检索，网络存档的所有工作流程都是可操作的，并整合到KB的相关部门，以实现数字内容的存档和获取。

（6）WARP

网络信息保存项目（Web Archiving Project，WARP）由日本国会图书馆（Nation Diet Library，NDL）支持、国会资金资助。该项目主要收集发布于政府部门、研究机构和公立大学等网站上的信息，尤其侧重于搜集政策信息与学术信息。2002年，由日本国会图书馆开始存档、更新、删除等工作。在网络信息保存项目实施过程中，日本国会制订了国家数字图书馆元数据标准，与此同时，还针对数字资源修订了缴存法和著作权法。经过多年的发展，无论是文档数量还是数据总量，都呈现出逐年上升的趋势，该项目保存效果明显（表2-1、表2-2）[①]。

表2-1　2002—2020年WARP数量统计

年度	捕获数量	数据量（TB）	文档数量
2002	875	0.032	647 132
2003	2688	0.46	7 639 318
2004	7621	1.63	27 004 768
2005	12 021	3.108	47 505 839
2006	14 689	4.311	61 913 766
2007	16 877	8.034	97 501 987
2008	19 665	12.556	140 030 610
2009	22 002	14.743	156 996 015
2010	27 317	51.696	405 832 422

---

① 　NDL.WARP［EB/OL］.［2022-03-22］. https://warp.da.ndl.go.jp/info/WARP_statistic.html.

续表

年度	捕获数量	数据量（TB）	文档数量
2011	43 965	138.209	927 051 023
2012	55 749	231.5	1 435 158 839
2013	69 449	358.201	2 180 803 082
2014	85 764	533.047	3 130 620 699
2015	102 891	705.904	3 998 563 371
2016	121 848	928.086	5 121 047 780
2017	139 517	1152.95	6 222 380 815
2018	158 050	1403.05	7 358 486 773
2019	177 154	1678.65	8 543 413 870
2020	197 446	2028.78	10 034 188 136

表 2-2 2002—2020 年 WARP 类型统计

类型	数量	占比
图像（jpg、png、tif 等）	3 601 610 729	35.89%
html	2 064 238 909	20.57%
pdf	1 362 432 608	13.58%
php	308 211 531	3.07%
css	156 164 230	1.56%
js	139 321 869	1.39%
xls、xlsx	114 867 252	1.14%
doc	73 610 263	0.73%
其他	2 213 730 745	22.06%

此外，国外一些全国性数字信息保存项目也是数字信息资源长期保存的重要方式，这些项目中也会涉及数字出版物缴存的内容。澳大利亚从1994年开始对数字保存相关事项进行严格的测试。数字信息长期保存和利用（Preserving Access to Digital Information，PADI），是澳大利亚国家图书馆

发起的项目,对于其他国家有关数字出版物的法定缴存提供了详细的信息。PANDORA 项目也是由澳大利亚国家图书馆发起,目的是形成有关于数字出版物的保存政策和程序,为国家建立全面的数字出版物收藏。在美国,国会图书馆实施了国家数字信息基础设施和保存计划(National Digital Information Infrastructure and Preservation Programme,NDIIPP),以保存自 2000 年以来不断增长的数字信息;斯堪的纳维亚国家则已经开始了收割互联网信息;瑞典皇家图书馆在 1996 年启动了 Kulturarw 3 项目,目的是为了测试收藏、保存和提供获取瑞典有关的电子文献,由自动化的机器人进行周期性收割以获取有关瑞典文化遗产的网站;芬兰通过 EVA 实施了类似的项目;丹麦在哥本哈根皇家图书馆和城市图书馆的努力下,实施了互联网存档(Net Archive)项目,目的是存档丹麦的网页信息。2005 年 7 月丹麦实施新的电子材料法定缴存法要求收割所有相关的互联网信息。荷兰国家图书馆自 1994 年已经开始实施了数字出版物保存项目(表 2-3)[①]。

表 2-3 国外全国性数字信息保存项目一览表(部分)

国家	数字信息保存[①]系统名称	主要参与者
美国	NDIIPP	美国国会图书馆、州立图书馆、大学图书馆等 130 多家机构
奥地利	Australian On-line Archive	奥地利国家图书馆和软件技术部
澳大利亚	PANDORA	澳大利亚国家图书馆和 9 个澳大利亚图书馆与文献收藏机构
加拿大	Government of Canada Web Archive(GC WA)	加拿大国家图书馆与档案馆
捷克	Web Archive	捷克国家图书馆、摩拉维亚图书馆
韩国	Online Archiving & Searching Internet Sources(OASIS)	韩国国立中央图书馆
丹麦	Netarchive.dk	丹麦皇家图书馆、州和大学图书馆
德国	Cooperative Development of a long-term Digital Information Archive(KOPAL)	德国国家图书馆、哥廷根和大学图书馆

---

① 马费成. 数字信息资源规划、管理与利用研究[M]. 北京:经济科学出版社,2012:420-422.

续表

国家	数字信息保存系统名称	主要参与者
以色列	Israeli Internet Sites Archive	以色列国家图书馆和大学图书馆
荷兰	Dutch Deposit（DNEP）、e-Depot and Digital Preservation	荷兰国家图书馆
葡萄牙	Arquivo Da Web Portuguesa：Portuguese Web Archive Tomba：Portuguese Web Archive	葡萄牙国家计算科学基金会、里斯本大学
瑞典	Kulturarw 3	瑞典国家图书馆
英国	UK Center Government Web Archive	英国国家档案馆

2.1.4 数字出版物缴存与出版商

英国国家图书馆研发报告声称电子出版服务（Electronic Publishing Service，EPS）是该非印刷型资料缴存计划的一部分，需要负责与重要的在线数据库生产商进行磋商和访谈，并尽可能与数据库商就在线数据库的缴存立法草案达成共识[①]。英国图书馆法定缴存主要负责人 John Byford 对多年来英国出版商与法定缴存本图书馆之间的合作是否有效这个问题进行探讨，重点是近20年来二者在自愿缴存方案中的合作，证实两者合作是成功制定数字出版物缴存制度的关键。他在文章中分析了1610—1835年、1836—1911年等不同阶段出版商由于法定缴存政策、法令的不同规定而对法定缴存产生的态度变化。特别是在数字时代，产生了数字出版物缴存的问题，对这一问题可以首先采取自愿缴存形式，然后再以合适的时机实现法定缴存，实践证明这一形式适合于出版商[②]。

Russon 分析指出，馆际互借、文献提供与期刊订阅的关系是图书馆与出版商之间争论的核心问题。他评析了英国图书馆为理清这一关系所制定的政

---

① British Library Research and Development Department. The Legal Deposit of Online Databases [R]. British library：Research and Development Department Report，1996：54.

② Byford John. Publisher and legal deposit libraries cooperation in the united kingdom since 1610: effective or not？[J].IFLA journal，2002（5）：292-297.

策，强调图书馆应提供期刊的电子版权注册和非印刷型出版物的缴存服务①。Eden 等从采集本地出版资源的角度强调了法定缴存本图书馆与信息提供者扩大地区性合作的必要性②。在具体内容上，Cecilia Penzhorn 等采用访谈等形式，在南非选择有代表性的出版商以及 5 个缴存图书馆，结果发现缴存制度在南非不能很好地代表出版商以及缴存机构的利益。他们认为，缴存项目没有得到很好的实施并面临着来自出版商、图书馆等方面的挑战。他认为这主要是数字出版物缴存制度在制定、实施以及完善过程并未全面地与出版商进行紧密的合作。最后，作者建议应该加强监督缴存制的实施、提高相关机构对该制度的认识、国家支持并提供资金以保障制度的执行③。

针对出版商与数字出版物缴存制度之间的特殊关系，V. Drimmelen 曾经提出过相关的质疑："出版商真的会关心数字出版物的长期可获得么？他们在印本环境下都不关心，为什么他们在数字出版环境中就会关心了呢？他们最主要关心的是他们的商业运营，仅此而已"④。面对这样的一些质疑，许多国家在进行数字出版物缴存制度建设过程中都尽量地权衡，既能有利于图书馆数字出版物的长期保存，又能不损害出版商的正当经济利益。不过，许多的研究也都表明，二者之间的博弈还需要更多的智慧。

2.1.5　数字出版物缴存与图书馆

随着人们读写能力的提高，信息需求也有所变化，这就使得当今的图书馆仅靠自己购买的馆藏不足以满足人们所有的新需求，这在客观上也使得出版物缴存制度的强制性、全面性等特征成为了实现图书馆全面收藏的一种必要途径。此外，在一定意义上，图书馆作为国家文化价值体现和象征，与出

---

① Russon D. the British library, copyright and publisher relations［J］. Interlending & document supply, 2001（2）: 82-86.

② Eden P. legal deposit: local issues in a national context［J］. Library Review, 1996（6）: 271-278.

③ Cecilia Penzhorn, Retha Snyman, Maritha Snyman. Implementing and managing legal deposit in South Africa: Challenges and recommendations［J］. The International Information & Library Review, 2008（40）: 112-120.

④ The Legal Deposit of Electronic Publications［EB/OL］.［2021-08-27］. http://www.unesco.org/webworld/memory/legaldep.htm.

版物缴存制度承担着一个国家或地区文化传递与继承的功能是不谋而合的①。

2003年，G.G.Chowdhury和Sudatta Chowdhury在《数字图书馆导论》（Introduction to Digital Libraries）中指出，面对数字时代的到来，图书馆保存数字资源已成为必要。但是数字资源和纸质资源相比较而言，即使特定的法定缴存政策也很难迫使数字资源创作者缴存每个作品的复本到一个或是多个规定的机构或部门②。2005年，Ingeborg Verheul也提到图书馆馆藏中的数字出版物很多来自于法定缴存。此外，政府机构、研究机构和其他文化遗产机构也不断提供出版物的缴存以丰富馆藏。对于一些图书馆，缴存制度虽然被认为是获取数字出版物的良好方法和依据，但是许多国家在制定、执行、评估数字出版物缴存制度方面仍处于"真空状态"。某些图书馆在与个别缴存者签订同意书中，缴存者仅仅是同意某类数字资源的缴存等。为此，部分图书馆采取自行搜集的方式，如通过网站或图书馆数字化形式收集所产生的数字资料等③。

现实中，很多国家缴存法规的制定与技术的实现都和图书馆有密切关系。在2011年波多黎各举行的IFLA大会上，Stirling等介绍了在法国关于缴存数字出版物的法律情况，并重点展示法国国家图书馆（Bibliothèque nationale de France，BnF）在网页存档上的良好的解决方案，以及BnF如何体现其在组织、管理上的优势。BnF有一个强大的、灵活而有效的工作流程来对网页进行归档，以确保法国网站上公开的资源能在合法创建的历史存档中找到它们的位置④。Gömpel等主要从德国数字出版物的法定缴存管理的角度，介绍德国国家图书馆（Die Deutsche Nationalbibliothek，DNB）在2006年生效的一项新法律如何规定法定缴存。这项法律较之之前最大的改变是关于非物理格式资源的法定数字出版物缴存、收集、编目、索引和归档。自从实行该法律以来，德国

---

① Tülay Fenerci. The Origins of Legal Deposit in Turkey［J］. Library History，2008（1）：23-36.

② G.G.Chowdhury，Sudatta Chowdhury. Introduction to Digital Libraries［M］. UK：Facet Publishing，2002：265.

③ Ingeborg Verheul. Networking for digital preservation：current practices in 15 national libraries［R/OL］.［2021-07-03］. www.ifla.org/files/assets/hq/publications/ifla-publications-series-119.pdf.

④ Stirling P，Illien G，Sanz P，et al. The state of e-legal deposit in France：Looking back at five years of putting new legislation into practice and envisioning the future［J/OL］.［2021-07-30］. http://conference.ifla.org/past/ifla77/193-stirling-en.pdf.

国家图书馆已实施了一个完全自动化的工作流程用于所有类型的网络资源的采购、编目和存档。使用此工作流程，可以处理电子书、在线论文、电子期刊和数字报纸，并且能通过网页、OAI PMH、ftp 或是 webDAV 等形式进行缴存[①]。

当然，数字出版物缴存制度虽然能给图书馆带来丰富的数字馆藏，但是，图书馆也会面临许多问题。2011 年 IFLA 会议上，英国国家图书馆的 Andy Stephen 介绍了其对 55 个国家图书馆的调查，调查包括法国、英国、德国、新西兰和芬兰等国。这些国家在进行数字出版物缴存的实践中发现：由于数字出版物具有容易复制、使用模式多样化等特性，也同时存在市场利益、电子使用权与出版物安全性等问题，数字出版物缴存往往与版权等法律问题紧密相关。同时由于各界在数字出版物缴存方面还存在着诸多争议，一些政府机构、研究机构和其他文化遗产机构虽然也在缴存方面做了许多贡献，但是如何能够保证出版商的利益，又能避免缴存过程中产生的隐私权、版权等问题，对于图书馆而言，还需要认真考量。

2.1.6　具体国家或地区的数字出版物缴存实践研究

由于数字出版物尤其是网络出版物的缴存还是一个较新领域，加上每个国家在数字出版发展到一定阶段都会面临如何缴存、怎样缴存等问题，许多学者或是图书馆工作人员也逐渐开始对本国或他国的缴存情况进行了理论或是实践上的广泛关注。例如，Peter Hoare 对澳大利亚等 14 个国家的数字出版物和其他非印刷资料的缴存情况、立法情况、修订法律的进度等实际情况作了讨论[②]。2005 年，Ingeborg 的研究报告中对包括中国在内的 15 个国家的对数字出版物缴存情况进行介绍[③]。

宏观的国家介绍之余，还有诸多代表性国家的具体实践。Shahrozat Ibrahim 和 N.N. Edzan 用了较多数据调查并分析了 1988—2000 年以来马来西亚国家寄

---

① Gömpel R，Svensson L G. Managing legal deposit for online publications in Germany［J/OL］.［2012-07-30］. http://conference.ifla.org/past/ifla77/193-goempel-en.pdf.

② Hoare P. Legal deposit of non-print material：an international overview, September-October 1995［M］. British Library, Research and development department, 1996.

③ Ingeborg Verheul.Networking for digital preservation：current practices in 15 national libraries［R/OL］.［2021-07-03］. www.ifla.org/files/assets/hq/publications/ifla-publications-series-119.pdf.

存中心（National Depository Centre，NDC）自 1986 年实施图书馆文献缴存法（Deposit of Library Material Act）以来有关于数字出版物的缴存情况。结果发现，数字出版物的缴存数量只占到全部出版物的 2.08%。他们认为原因在于缴存者把离线数字出版物仅仅限定在 CD-ROM、磁盘和电脑软件等常见的电子形式，而一些在线的数字出版物却没有纳入缴存范围，最后作者还基于访谈的形式得出该国缴存法执行不力的主要影响因素[1]。

在英国，相关的纸质缴存规定可以回溯到 1610 年，而相关的法令则可以确定为 1662 年。悠久的历史以及良好的实践，为广大学者研究英国缴存制度发展沿革等提供了良好素材。Richard Gibby 和 Andrew Green 以科普的形式介绍了英国缴存中有关于数字出版物类型、出版商的界定、相关的法规解释和规定等[2]。Adrienne Muri 是研究数字出版物缴存制度较多且深入的英国专家。她介绍了英国工作组在其缴存立法和开发缴存分布系统的建议被采纳后，还针对数字出版物缴存的定义、商业影响和暂定性自愿缴存以及尚未解决的缴存方式、保存与获取、安全与授权等问题进行解决[3]。此外，她还系统地对英国数字出版物长期的研究和发展实践进行了清晰梳理，并意味深长地提出英国在数字出版物缴存方面还任重而道远[4]。Alvestrand 等学者则研究了英国数字出版物缴存制度的确立过程并论述如何用立法来确保长期保存数字出版物及其立法的重要意义[5]。而该方面相似研究的还有 Coult 提出新法令应囊括非印刷型出版物[6]，等等。

除了英国，也还有对其他国家进行的研究。丹麦的缴存法规始于 1697 年，

---

[1] Shahrozat Ibrahim, N.N. Edzan. Legal Deposit of Electronic Publications in Malaysia: 1988—2000 [J]. Malaysian Journal of Library & Information Science, 2004（2）: 63-78.

[2] Richard Gibby, Andrew Green. Electronic legal deposit in the United Kingdom [J]. New Review of Academic Librarianship, 2008（14）: 55-70.

[3] Muir Adrienne, Davies J.Eric. Legal deposit of digital material in the UK: recent developments and the international context [J]. Alexandria, 2000（3）: 151-166.

[4] Muir A. Legal deposit and preservation of digital publications review of research and development activity [J]. Journal of documentation, 2001（5）: 652-682.

[5] Alvestrand V. Moves for legal deposit of E-publications take shape [J]. information world review, 2003（3）: 6.

[6] Coult G. new bill to extend legal deposit to non-print materials [J]. legal information management, 2003（1）: 13-14.

由丹麦皇家图书馆（Royal Library of Denmark）制定。并于1997年新修订了《已出版作品的版权缴存法案》（Act on Copyright Deposit of Published Works）。法规中对缴存协议、方法和政策、未来计划、出版商协议、获取方式、实施方法等都有详细介绍。Dupont介绍了1997年新法律的一些变化和存在的问题，认为最大的变化莫过于制定静态文献和动态文献的标准以及规定电子地图的缴存方式[①]。

和Dupont有相似研究的是Birgit N。可以说Birgit N的研究具有很强的操作性，在文章中，他主要介绍丹麦数字缴存的支撑体系，即网络出版物登记系统及其对专著缴存的操作等[②]。

挪威在数字出版缴存方面有许多先进之处，1989年6月9日挪威通过《挪威普遍可得资料的法定缴存法案》，并在1990年7月1日得以实施。这是第一部包含无论是联机还是非联机的数字出版物在内的缴存法案之一，法案规定缴存的范围包括纸质文献（比如图书、期刊、明信片和照片）、录音制品、电影、录像、广播录音和数字出版物。在1993年，Fagerli向挪威文化部提交了一份报告，认为应赋予国家图书馆建立国家数字文献中心的职责，且制定国家电子文献书目以完善数字馆藏。同时，传统的实体缴存要想转换为网上数据库在线存取，国家图书馆必须发展各种电子馆藏并为所有人提供在线数据库存取的途径[③]。

Dzhigo介绍了2002年俄罗斯新修订的强制缴存法规，该法规的目的是为了通过立法的形式确保国家文化遗产的保存和获取。法规还对缴存的物品类型进行规定，并且规定了接受缴存的相关图书馆和信息机构，对未来缴存可能会遇上的一些新挑战和变化，法规也有所涉及[④]。

Violet Radiporo在讨论非洲的博茨瓦纳政府数字出版物如何进行缴存制度

[①] Dupont Henrik.legal deposit in Denmark-the new law and electronic products [J]. liber quarterly, 1999 (9): 244-251.

[②] Birgit N Henriksen. Legal Deposit on the Internet: A Case Study [J]. liber quarterly, 1999 (9): 366-381.

[③] Fagerli H M. legal deposit of electronic documents [R]. British library: Research and development department, 1993: 75-79.

[④] A.A.Dzhigo.New Version of the Russian Obligatory Deposit Law [J]. Slaciv&East European Information Resources, 20045 (1-2): 3-13.

建设时提出,虽然并未真正实施数字出版物的法定缴存制度,但是在实践过程中作者得出了一些相关的结论,如数字出版物缴存制度应具有全面性,还应该对进行数字出版物缴存的软硬件进行提升和对相关专业人员进行培训,网络环境下版权法的配合实施,如何对这些数字出版物缴存的内容进行长期保存等①。

此外,还有研究波兰数字出版物缴存制度的法规和实践情况②、日本缴存制度的变化以及改革进程的相关情况③、以色列缴存法的形成历史与发展现状④、阿根廷法定缴存的历史沿革以及现存知识产权法中对法定缴存相关问题的规定、不足以及应完善的方向⑤、对土耳其缴存法发展的历史梳理⑥等。

2.1.7 网络存档与法定缴存

网络存档(Web Archiving,WA)可追溯到20世纪末兴起的数字保存运动,图书馆、档案馆等机构运用数字技术对"社会现象的数字记录"进行捕获和保存。国际互联网保存联盟(International Internet Preservation Consortium,IIPC)认为网络存档是收集网站内容且作为档案存储,并提供后续访问和使用,这个过程被认为是"存档"(Archiving),累计形成的资源是"网络档案库或数据库(Web Archive)⑦"。自20世纪90年代中期以来,国外许多国家级的图书馆、档案馆、大学图书馆以及一些研究机构、商业机构等就已经开始了网络信息采集与长期保存的实践研究,并产生了各种形式的存档

---

① Violet Radiporo. Botswana Government Publications:Turning the Pages of Culture. World library and information congress:75th IFLA general conference and council[J/OL].[2021-05-20]. http://www.ifla.org/annual-conference/ifla75/index.htm.

② Bakowska MLIS, Ewa. Legal deposit in Poland:law and practice[J]. Slavic&East European Information Resources,2002(1):3-19.

③ Tanaka Y. Reform of the legal deposit system:dealing with digital publications[J]. Toshokan Zasshi,1999(12):976-977.

④ Debbie L. Rabina . Israel's legal deposit law in global context[J]. Government Information Quarterly,2009(26):174-179.

⑤ Clasudia B.Bazan. Legal deposit and the collection of national publications in Argentina[J]. IFLA Journal,2003(3):27-29.

⑥ Tülay Fenerci. The origins of legal deposit in Turkey[J]. Library History,2008(1):23-36.

⑦ 李子林,龙家庆.欧洲网络存档项目实践进展与经验启示[J].图书馆学研究,2020(15):56-64.

项目（表2-4）。

表2-4 国外主要的WA项目及说明[①]

序号	国家	机构	具体项目	项目说明
1	英国	国家图书馆	Open UK Web Archive	自2004年开始收集网站，存档网页副本经过人工质量检查和注释，涉及英国文化和生活各方面及重大事件
			JISC UK Web Domain Dataset（1996—2003）	该网络档案库主要是对Internet Archive互联网档案库中"UK"域名的网页的采集
			Non-Print Legal eposit UK Web Archive	英国政府2013年4月发布《非印刷类法定呈缴制度》后开始启动的存档项目
		国家档案馆	UK Government Web Archive	国家档案馆对英国中央政府网站上的信息进行捕获、保存和提供利用，涉及1996年至今的视频、政府机构社交媒体推送、图片和网页
2	法国	国家图书馆	BnF Internet Archives	法国国家图书馆运行的互联网档案库项目最早始于1996年的网页存档实验，所存档的网站集合是世界上最古老、内容最丰富的网站集合之一，且面向全世界开放
3	荷兰	国家图书馆	Dutch Web Archive	荷兰国家图书馆于2007年开始实施对荷兰部分网页的存档项目，并制定存档网页长期可用性策略。受版权因素制约，2011年起荷兰国家图书馆阅览室承担起该网络档案库的访问和查询服务
4	爱尔兰	国家图书馆	NLI Web Archive	爱尔兰国家图书馆于2018年采用互联网档案馆（Internet Archive）推出的Archive it网络存档服务，对爱尔兰国家具有文化、历史和社会价值的网页进行存档

---

① 李子林，龙家庆.欧洲网络存档项目实践进展与经验启示[J].图书馆学研究，2020（15）：56-64.

续表

序号	国家	机构	具体项目	项目说明
5	丹麦	丹麦皇家图书馆	Netarchive.dk	自2005年起,丹麦皇家图书馆在《丹麦法定呈缴制度》的规范下对丹麦部分网站进行收集和保存,建立Netarchive档案库,仅面向经特定授权的研究人员开放
6	冰岛	冰岛国家和大学图书馆	The Icelandic Web Archive	参照冰岛法律中有关出版物法定存缴的规定,冰岛国家和大学图书馆自2002年起对冰岛国家域名的网页进行网页快照存档

虽然这些项目取得了良好的效果,但是无规矩不成方圆,很多国家在确保网络资源得到收割和保存的方式,主要还是依据法律来实现,而最重要的保障性法律就是法定缴存法。因为,网络存档的内容同样会面临知识产权等问题,而在世界上比较公认的方式是建立和完善数字法定缴存制度并在此基础上修改相应的知识产权法来解决这些问题[①](表2-5)。

表2-5 国外主要的WA项目与法定缴存制度的关联[②]

国家	实施机构	可依据法律/制度	相关说明
荷兰	国家图书馆	无	目前还未有明确的法律规定国家图书馆具备开展网络存档活动的法定权限,国家图书馆实施的网络存档项目是一种基于自愿原则(Voluntary)的活动,网页所有者有权利拒绝网络存档行为(基于荷兰的版权法)

---

① 王芳,史海燕.国外Web Archive研究与实践进展[J].中国图书馆学报,2013(3):36-45.

② 李子林,龙家庆.欧洲网络存档项目实践进展与经验启示[J].图书馆学研究,2020(15):56-64.

续表

国家	实施机构	可依据法律/制度	相关说明
法国	国家图书馆	1. Code du patrimoine Article 2. R132-23-1（French Heritage Code, art. R132-23-1, II、III）DADVSI Law, 2006	法国《遗产法典》R132-23-1 第 II、III 条规定了提供在线公共传播、视听媒体服务的出版商应依规定向法国国家图书馆提供有助于采集、访问和保管所发布数字资源的密钥或渠道。另外，2006 出台的 DADVSI 法案对互联网法定呈缴制度作出新规定
英国	国家图书馆/国家档案馆	1. Legal Deposit Libraries（None-Print Works）2013 2.Copyright, Designs and Patents Act of 15th November 2018	英国法定呈缴制度（1662 年出台，2013 更新）对英国国家图书馆在内的 6 家图书馆接收和保管印刷出版物、网站、博客、电子期刊、光盘等数字资料进行规定。除英国国家图书馆以外，其他 5 家图书馆为：苏格兰国家图书馆、牛津大学图书馆、剑桥大学图书馆、威尔士国家图书馆、都柏林三一学院图书馆。另外，《版权、设计及专利法》（2018 年）对图书馆、档案馆、博物馆等遗产机构面向社会公众提供所保管各类出版物副本的具体细节进行规定
爱尔兰	国家图书馆	Irish Legal Deposit Legislation	爱尔兰之前的法定呈缴制度并不适用于数字/在线出版物，该法律目前处于修订阶段，之后该法律的适用范围将扩展至网络内容
丹麦	丹麦皇家图书馆	Danish Act No.1439 on Legal Deposit of Published Material	丹麦国家法第 1439 号——法定呈缴制度（2004 年版本）正文第三部分特别对在网络上发布的各类资源的呈缴细节进行规定
冰岛	冰岛国家和大学图书馆	Iceland Legal Deposit	参照冰岛现行法定呈缴制度，冰岛国家和大学图书馆仅能对冰岛域名的网页及全球域名的冰岛网页进行采集和存档

就具体国家而言，据 IIPC 统计，该联盟成员中有部分国家把网络存档作为该国法定缴存法律的一部分。早在 2002 年冰岛就颁布了有关法定缴存的法

律，要求公共图书馆每年收割所有带有 .is 域名的网站和部分重要事件的主题网站。相应地，西班牙 2011 年皇家法令增补了《法定缴存法》，为规范西班牙的数字出版物法定缴存并为未来网页存档做了法律上的准备，使得相关部门能在法律的规定与许可下获取更多的在线出版内容。此外，奥地利、挪威等国也制定了适合本国发展的法定缴存法律以收割、保存和提供包括网络资源与多媒体等在内的多种数字内容。通过立法能够确定数字内容相关责任者向指定机构缴存数字内容的权责，也能够确保国家对数字内容的及时收割与保存（表 2-6）。

表 2-6　法定缴存法律中涉及网络存档的国家

国家	详情	相关法规
澳大利亚	澳大利亚的法定缴存条款是 1968 年澳大利亚联邦版权法（ss195CA-195CJ）的一部分。该法的 200AB 条规定，图书馆在符合《与贸易有关的知识产权协定》的第 13 条规定下可以提供已缴存内容的获取服务。自 2016 年 2 月起，法定缴存条款适用于包括在线内容在内的数字材料	Legal deposit provisions in the Copyright Act，1968（ss.195CA-195CJ）Library exemption under Copyright Act，1968（s.200AB）
加拿大	自 2004 年起，法定存缴扩展到在线出版物、网络存档	Library and Archives of Canada Act（Section 8（2））Section 10 and Regulations
丹麦	自 2004 年起，允许图书馆从出版商处收割内容	Legal deposit act（in Danish），chapter 3
爱沙尼亚	2006 年起，法定存缴的网络出版物内容可以在缴存馆使用，并在著作权人授权的基础上向公众开放	Legal Deposit law
日本	自 2002 年，允许收割政府以及与政府相关的机构网站。2012 年，法律修订为日本国家图书馆被授权存档日本出版的电子图书	National Diet Library Law，Article 25-3

续表

国家	详情	相关法规
新西兰	2006年8月起，法定存缴范围拓展到电子出版物以及网络存档	National Library of New Zealand Act 2003 National Library Requirement (Electronic Documents) Notice 2006 which extended legal deposit to electronic documents
挪威	修订后的《挪威法定缴存法》于2016年1月1日生效。新的法律允许挪威国家图书馆对挪威域名（.no）进行全面的收割，同时也可以收割.no域名之外的挪威机构或个人网站	Norwegian Act on Legal Deposit
西班牙	从2009年开始根据法定缴存规定进行网络内容收割。自2015年起，根据皇家法令，规范在线出版物的法定存缴	Royal Decree regulating legal deposit of online publications Legal Deposit law Copyright law Legal Deposit of online publications

2.2 国内研究综述

目前国内针对数字出版物缴存比较综合性的研究有中山大学王海燕2005年的硕士论文《我国电子出版物呈缴本制度研究》，文章探索我国数字出版物缴存制度的运作现状、制约因素及优化该制度的措施[①]。此外，国家图书馆翟建雄研究员的课题——《数字出版物呈缴制度研究》，于2012年获得了国家社科基金一般项目的资助[②]，该团队综合运用文献调查、问卷调查、专家访谈、比较研究等多种技术方法，对数字出版物呈缴制度的现状、基本要素、制度框架等内容进行分析，并对我国数字出版物呈缴平台的设计等展开论述[③]。

---

① 王海燕.我国电子出版物呈缴本制度研究[D].广州：中山大学，2005.
② 图书馆·情报与文献学（114项）[EB/OL].[2021-08-01]. http://www.npopss-cn.gov.cn/mediafile/201205/21/P20120521143251 2648828601.xls.
③ 韩新月，吕淑萍等.数字出版物呈缴制度[M].北京：知识产权出版社，2021.

为进一步了解我国关于出版物缴存的研究情况，本研究主要在中国学术期刊网络出版物总库（简称中国知网）上，通过"篇名=（法定呈缴 or 法定缴送 or 呈缴 or 缴送 or 缴存 or 送存）and（出版物）"对相关内容进行文献检索（检索时间为2022年1月1日）。在中国知网上有关"出版物缴存"相关期刊论文共有164篇。时间覆盖1982—2021年，该主题研究被引次数大于10的25篇文章（图2-1、表2-7）。这些文章涉及电子出版物/网络出版物/数字出版物等缴存的文献有10篇。主要的研究内容如下。

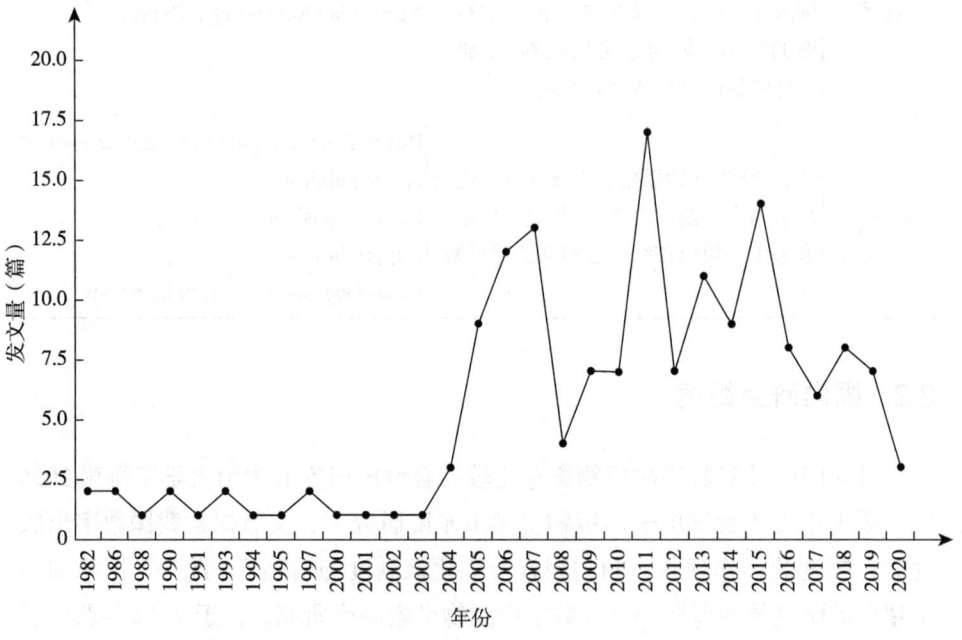

图 2-1　中国知网上有关"出版物缴存"研究现状

第 2 章 国内外研究综述

表 2-7 被引次数大于 10 的文献信息

序号	题名	作者	来源	被引次数	下载次数
1	论出版物样本缴送制度改革——围绕图书馆立法的制度设计研究	李国新	中国图书馆学报	38	629
2	日本呈缴本制度的新动向	缪园	国家图书馆学刊	25	206
3	我国呈缴本制度的立法思考	纪晓平,周庆梅	大学图书馆学报	24	455
4	关于电子出版物缴送问题的探讨	苑克俑,蒋伟明	国家图书馆学刊	24	161
5	网络信息呈缴初探	赵俊玲,杜国芳	图书馆理论与实践	22	261
6	《公共图书馆法》呈缴本制度的立法研究	冯守仁,肖维平,董海,姜建城,吴洪珺	中国图书馆学报	20	901
7	中外呈缴本制度及思考	任大山	图书馆建设	20	399
8	数字出版物法定呈缴客体研究	吴钢	中国图书馆学报	19	765
9	电子出版物呈缴问题探讨	杨道玲	国家图书馆学刊	18	261
10	我国出版物呈缴本制度的回顾与展望	谭英	图书馆理论与实践	18	435
11	法国呈缴本制度简述	石宏如	图书馆工作与研究	17	300
12	国外电子出版物呈缴制度概况及立法借鉴的几个问题	连天奎	现代情报	15	311
13	法国出版物呈缴制度概况及其借鉴	秦珂	图书馆学刊	15	316

续表

序号	题名	作者	来源	被引次数	下载次数
14	中外缴送制度的立法与实践及其对我国制定缴送法规的启示	李华伟	国家图书馆学刊	15	284
15	国外电子出版物呈缴制度及对我国的启示	王运显	现代情报	14	411
16	试论电子出版物呈缴制度设计的若干问题	秦珂	科技情报开发与经济	14	178
17	出版物缴送制度立法	邵文杰	中国图书馆学报	14	163
18	呈缴本制度完善之路——《公共图书馆法》"交存"制度研究	任家洁，金武刚	图书馆	13	560
19	论我国地方性图书馆立法关于出版物呈缴的规定	周淑云，伍丹	图书馆建设	11	232
20	日本国立国会图书馆的缴送管理研究及启示	陈瑜，冷熠，罗栋	图书馆杂志	11	293
21	论出版物缴送方的权益保障	丁明刚	出版广角	11	143
22	试论信息时代我国出版物呈缴制度的完善	王少辉	武汉大学学报（哲学社会科学版）	11	287
23	国外电子出版物呈缴制度及其对我国的启示	刘燕	图书馆学刊	11	187
24	浅谈公共图书馆呈缴本制度	吴俊锋	图书馆界	11	188
25	网络出版物呈缴制度研究	吴钢	情报理论与实践	10	266

2.2.1 国外数字出版物缴存实践宏观介绍

有关国外数字出版物缴存制度的研究中主要是以西方发达国家,如澳大利亚、法国等作为研究对象,介绍这些国家在数字出版物缴存制度建设方面的理论进展与实践操作。

刘家真在当时国家教委九五基金资助下,于1998年编译了《澳大利亚电子出版物的国家策略》。她指出,当时澳大利亚图书馆在对电子文件(或是电子出版物)的长期存取上很难达成统一的意见,主要是电子出版物缺少法定的缴存制度。为此,澳大利亚国家图书馆对电子出版物的存取、版权、合理利用等一系列问题提出了相关的建议,并认为电子出版物法定缴存制度的建立是一件迫切的事情[①]。可以说,这是目前我国最早涉及国外数字出版物缴存制度的文献之一。

1999年,刘忠斌在《国外电子出版物送缴制度初探》一文中,正式界定了需缴存的电子出版物的概念与范围。关于国外界定电子缴存物的版本、无须送缴的电子出版物资料的范围等在文中也有涉及,并提出我国在制定相关的缴存规定时应注意电子出版物的合法使用权、对电子出版物的维护与保存等问题[②]。虽然作者并未细化国外电子出版物缴存制度,但是,作者提出图书馆应该确定自己是否有权利无须付费就能拷贝这些电子出版物的观点至今仍是有益的。

杨道玲介绍了国外电子出版物缴存的两种形式。一种是"缴存立法",这以加拿大、法国等国为代表。另一种是"基于协议的自愿缴存",主要有荷兰等国家。作者在对我国电子出版物缴存现状进行简单评析的基础上,指出我国应该建立和完善网络资源缴存制度并修改相应的知识产权法,以立法的形式确保一个国家生产的网络资源都置于国家的控制之下,并得到最大程度的保存。此外,随着技术的发展,应该不断扩展"出版物"与"出版者"概念并选择适当的缴存方式和格式[③]。总的来说,作者对电子出版物缴存的形式划分较为简单,但是提出应解决的问题和解决方式却值得思考。

如果说,杨道玲对国外的研究是总括性的,郎燕珂则以具体国家为研究

---

① 刘家真.澳大利亚电子出版物的国家策略[J].图书馆理论与实践,1998(1):60-62.

② 刘忠斌.国外电子出版物送缴制度初探[J].江苏图书馆学报,1999(6):41-42.

③ 杨道玲.电子出版物缴送问题探讨[J].国家图书馆学刊,2006(1):44-48.

对象进行相关问题研究。他于2003年从《日本国会图书馆月报》上译介了《电子出版物缴送制度的调查》。这份译稿中，主要介绍荷兰、德国、意大利、法国、英国等国家图书馆有关于电子出版物缴存制度的调查。调查内容包括脱机电子出版物的收集政策、网络电子出版物的收集政策、电子出版物的保存方式等以及与此相关的研究、探讨和实验[①]。

对日本的研究有缪园的《日本呈缴本制度的新动向》，该文具有一定的影响力。文章在介绍日本《国立国会图书馆法》有关缴存制度的修订背景基础上，指出该法修订的内容。文章列举了日本在电子出版物缴存补偿金的确立和最优版本鉴定的做法以及可能会存在的问题[②]。

法国的缴存制度有特殊的划时代意义，主要在于该国在世界范围内第一个提出并建立缴存制度。石宏如对法国缴存制度进行了简述，包括缴存制度的目的、内容、推行机构、历史以及对中国的借鉴意义。此外，作者还提及了因特网资料的缴存备案工作，但是内容并非很翔实[③]。

刘燕选取法国、英国、意大利、德国、荷兰、挪威等较有代表性国家的电子出版物缴存制度进行分析与介绍，认为我国应在此方面加强制定具有法律强制效力的电子出版物缴存制度，在制度设计中应明确电子出版物的缴存范围、规范电子出版物缴存的格式、合理确定电子出版物的缴存份数以及设置合理的缴存补偿机制等[④]。

由于英国制定了2003年《法定缴存图书馆法》，并且在之后的2011年、2013年等不同年份都相继由不同部门就数字出版物缴存的类型、范围等问题进行了会议咨询。可以说，该法是英国进行数字出版物缴存的法律指导，而英国在国家图书馆参与、民众参与、出版商协作等方面，也形成了自己独特的做法并取得了不少的成果。黄红华[⑤]、陈清文[⑥]、张绚[⑦]等分别从不同角度

---

① 郎燕珂.电子出版物缴送制度的调查［J］.图书馆杂志，2003（1）：71–72.
② 缪园.日本呈缴本制度的新动向［J］.国家图书馆学刊，2001（3）：76–78.
③ 石宏如.法国呈缴本制度简述［J］.图书馆工作与研究，2005（2）：20–21.
④ 刘燕.国外电子出版物缴送制度及其对我国的启示［J］.图书馆学刊，2006（1）：61–63.
⑤ 黄红华.英国电子出版物法定缴存研究［J］.图书馆建设，2013（5）：40–43.
⑥ 陈清文.英国数字出版物呈缴立法实践的最新发展及启示［J］.嘉兴学院学报，2012（11）：1–5.
⑦ 张绚.英国数字呈缴制度研究及其启示［J］.图书馆建设，2013（7）：53–56.

撰文，介绍了英国数字出版物缴存制度立法的发展过程，针对2003年《法定缴存图书馆法》中有关数字出版物缴存立法与实践的最新变化进行了分析与研究，并对我国未来数字出版物缴存制度应如何进行立法，提出了相应的建议。

此外，刁一卓对《俄罗斯联邦文献呈缴法修正案》中关于俄罗斯电子出版物缴存工作的梳理[①]、马妮妮对南非《法定呈缴法》及其配套法规《法定呈缴条例》展开研究，探讨南非出版物缴存对我国的启示作用[②]。

2.2.2 对数字出版物缴存相关法律法规的研究

制定法令以保障数字出版物缴存机制的建立是值得提倡的。在众多国内外的相关主题研究中，基本上都达成一个共识，即无论是缴存制度的建立还是实施，都需要有相关法律法规及配套措施才得以在实践中产生有效的成果。以法律法规等形式进行的政策性规定，不仅是数字出版物缴存制度存在的首要条件，也是必要条件。

王少辉在文章中写到，随着信息时代的到来，数字出版物大量涌现。世界上很多国家已经采取修订或颁布新的缴存法规或与出版者协商的方式来解决数字出版物的缴存问题。我国现有缴存法规对于数字出版物的缴存问题只有原则性规定，在很多方面都存在着缺陷与不足。为此，有必要对我国缴存制度进行改进和完善，即尽快制定专门的缴存法规，在法规中确定数字出版物缴存的类型和范围；针对不同类型数字出版物采取不同的缴存方式；确定数字出版物缴存本的格式；解决数字出版物缴存本的使用和经济补偿问题[③]。

苑克俪、蒋伟明主要介绍丹麦、南非、英国等国数字出版物缴存法的特点与相关规定，认为我国应该尽快出台新的且包含全部载体文献的缴存法，授权相关的行政部门对该法的实施行使监督管理职责[④]。

秦珂一直从事有关著作权法与图书馆管理等方面的研究。在有关我国数字出版物缴存制度的设计上，他认为主要应该解决数字出版物缴存制度的法

---

① 刁一卓. 俄罗斯电子出版物呈缴制度的现状及启示 [J]. 图书馆理论与实践，2018（8）：12-16.
② 马妮妮. 南非政府出版物呈缴制度研究及其启示 [J]. 大学图书情报学刊，2019（3）：92-96.
③ 王少辉. 试论信息时代我国出版物呈缴制度的完善 [J]. 武汉大学学报（哲学社会科学版），2007（1）：116-120.
④ 苑克俪，蒋伟明. 关于电子出版物缴送问题的探讨 [J]. 图书馆工作与研究，2002（3）：39-44.

律效力、缴存数字出版物的类型和范围、数字格式、组织体系、合理份数、经济补偿与版权保护等8个方面的问题，这些问题的有效解决关系到相关规范能否科学地确立、顺利地实施与有效地贯彻执行[1]。此外，秦珂还在《国外解决电子出版物呈缴中版权问题的若干方法》一文中从国外的补偿机制、缴存最优版本、立法实践、协议缴存等方面介绍了数字出版物缴存过程中有关版权问题的解决方法[2]。

胡洁等讨论了网络出版物缴存制度设计中的版权问题[3]。此外，胡光耀[4]、李佳佳[5]、李华伟[6]、纪晓平[7]等也从法律法规的角度探讨和呼吁，应该规范出版物缴存本制度，他们的主要观点和以上所列举的基本一致。韩新月认为，我国出版物呈缴统计存在指标覆盖不全、标准不统一、统计方法滞后以及统计数据利用不充分等问题。数字出版物呈缴统计应根据呈缴活动各个阶段统计对象的特点，构建统计指标体系，明确统计范围，遵循一致的统计标准和统计方法[8]。赵志刚作为国家图书馆国内出版物呈缴组组长，对数字出版物缴存主体进行梳理对比，认为要协调好呈缴主体"范围宽泛"的特征与"边界清晰"的要求之间的矛盾，数字出版物呈缴制度设计既要考虑制度的完整性，又要兼顾相关主体间利益的均衡[9]。作为国家图书馆内务司法组组长刘英赫从"受缴主体"的角度提出我国出版物缴存"呈缴多头"的局面，应

---

[1] 秦珂. 试论电子出版物呈缴制度设计的若干问题[J]. 科技情报开发与经济, 2005 (18): 71-73.

[2] 秦珂. 国外解决电子出版物呈缴中版权问题的若干方法[J]. 图书馆建设, 2007 (2): 31-33, 40.

[3] 胡洁, 石鑫. 网络出版物缴送制度设计中的版权问题研究[J]. 国家图书馆学刊, 2011 (4): 18-22.

[4] 胡光耀. 从立法角度试论我国电子出版物缴送制度若干问题[J]. 新世纪图书馆, 2010 (2): 47-48, 55.

[5] 李佳佳, 纪晓萍. 我国出版物呈缴本制度的体系构建[J]. 图书馆论坛, 2007 (4): 39-41.

[6] 李华伟. 中外缴送制度的立法与实践及其对我国制定缴送法规的启示[J]. 国家图书馆学刊, 2004 (1): 47-51, 89.

[7] 纪晓平, 周庆梅. 我国缴本制度的立法思考[J]. 大学图书馆学报, 2009 (3): 18-23.

[8] 韩新月. 我国出版物法定呈缴制度中数字出版物统计问题研究[J]. 图书馆工作与研究, 2020 (9): 13-19.

[9] 赵志刚. 数字出版物呈缴的相关主体及基本诉求研究[J]. 图书馆建设, 2016 (4): 28-33.

该明晰确定受缴主体，在"合理、有限、适当"的呈缴原则下，建立强制呈缴为主，自愿呈缴为辅，补偿、免除呈缴为补的多元呈缴模式[①]。姜晓曦等也基于权利人呈缴意向展开调研，内容涉及呈缴主体、呈缴客体、呈缴方式、接受呈缴单位以及奖惩措施等，并据此提出完善我国数字出版物缴存制度的建议[②]。

需要指出的是，一般而言，法律法规的制定与规范的形成是良好的运行机制的制度基础。由此，相关研究缴存本机制或是制度的文献也可归入此主题。"机制"一词最早源于希腊文，原指机器的构造和运作。在一项事物的发展中，机制起着基础性的、根本的作用。在理想状态下，有了良好的运行机制，甚至可以使事物的发展得以优化发展。机制的建立对于逐步完善数字出版物缴存制度起着极为关键的作用。李英等认为从数字出版物缴存管理过程来看，其涉及因素主要有：法规政策、缴存方式和过程、知识产权、经济补偿、数字出版物利用等。与这些因素相结合就形成了数字出版物有效良好运行的保障机制。具体来讲，数字出版物缴存制度运行机制架构包括法律机制、组织机制、经济补偿机制和长期保存机制等[③]。2018年1月1日正式施行的《中华人民共和国公共图书馆法》是我国图书馆领域的第一部专门法律，第26条对于出版单位应该按照国家有关规定向指定机构缴存正式出版物，但是没有涉及数字出版物缴存，更没有提及网络出版物缴存，李亚云等以《公共图书馆法》为中心谈及我国出版物缴存制度的立法完善[④]。

2.2.3 数字信息资源长期保存

1996年，国际出版商协会（International Publishers Association，IPA）第25届大会通过《关于数字资料保存问题的决议》，对图书馆保存的数字资料的使用做出相关规定，认为国家图书馆拥有保存数字信息的权利。IFLA2000年出版的《法定缴存立法准则》（修订版）（Guidelines for legal deposit

---

[①] 刘英赫.出版物呈缴制度"受缴主体"研究［J］.山东图书馆学刊，2018（2）：40-44.
[②] 姜晓曦，冷熠.我国数字出版物呈缴制度完善建议——基于权利人呈缴意向调研［J］.图书馆工作与研究，2016（12）：37-41.
[③] 李英，侯鹏娟，靳丽.电子出版物缴送制度运行机制研究［J］.图书馆工作与研究，2011（10）：67-69.
[④] 李亚云.论出版物交存制度的立法完善——以《中华人民共和国公共图书馆法》第二十六条为中心［J］.图书馆工作与研究，2019（S1）：54-57.

legislation, rev.ed）对法定缴存的作用做了如下概括：第一，保存国家文化遗产；第二，保障公民自由利用信息资源的民主权利。按照这一概括，建立出版物缴存制度的意义体现在"保存"和"利用"两个方面[①]。而保存数字资源的一个重要举措是开展数字资源国家保存活动。国家保存数字资源活动的形式有多种，其中建立数字资源缴存保存机制是保存本国信息资源较为有效的措施之一。一些文献在探讨数字出版物的长期存取问题时涉及了数字出版物缴存制度，认为建立数字出版物缴存制度是国家保存和控制本国数字出版物的法律保障。

刘家真在这方面有较早和较多的研究。她认为"对任何格式的文献长期存取负有责任的图书馆与收藏部门，不能依赖出版者去履行这种职责，必须与其在缴存本制度的基础上，履行数字信息长期存取保护"。这是维护数字信息长期存取的管理策略之一[②]。

2002年夏明春撰文《电子出版物的长期存取问题剖析》，先分析了数字出版物长期存取的难点在于数字出版物的载体寿命、读取的隐蔽性、对技术的强依赖性和存贮格式的多样性等问题。这些问题的解决并不是易事，且问题解决与否关系到这些电子资源是否能有效地被存取。因此，建立数字出版物的缴存制度显得尤为重要[③]。

宛玲等认为，数字资源缴存保存机制建设的内容包括缴存保存模式、保存管理措施、提交方式、审核体系和使用政策等。此外，以缴存的形式存在的保存机制是国家层面上保护信息资源的重要措施，它的建立和实施必须要体现个人、集体和国家的利益平衡。而这种平衡需要做到法律授权、严格地使用限制和采取相关的互利政策[④]。

张炜在文章中提出缴存制度是数字资源长期保存的基础。作者考察了中外有关缴存制度的立法情况，在界定了数字资源的载体分类以后，认为应确保国家文化遗产收藏的全面性和完整性，而修改原有法律或是制定新的法律，以便把不同载体的数字资源纳入到国家缴存制度是实现数字资源长期保存的

---

① 李国新.论出版物样本缴送制度改革——围绕图书馆立法的制度设计研究［J］.中国图书馆学报，2007（2）：5-12, 32.
② 刘家真.维护数字信息长期存取的管理策略［J］.中国图书馆学报，1999（5）：56-58.
③ 夏明春.电子出版物的长期存取问题剖析［J］.图书情报工作，2002（7）：75-77, 43.
④ 宛玲，杜晓静.数字资源缴存保存机制研究［J］.图书馆工作与研究，2006（6）：34-36, 60.

一条比较可靠的途径[①]。

袁丽华、包平在介绍了国内外数字资源长期保存的发展情况的基础上，认为我国实现数字信息长期保存的策略之一就是建立数字出版物缴存制度，尽可能在制度的保护下获得更多的数字化遗产[②]。

郝明认为网络信息资源保存在法律法规方面，除了著作权等以外，还应建立和完善网络信息资源缴存制度，即任何一家网络信息资源生产单位与出版单位都有责任与义务把生产和出版的信息缴存给国家法定的保存机构，由它们来统一组织与管理这些信息资源。而作者也花了大量笔墨介绍挪威、澳大利亚、美国等国家在网络信息资源保存制度上有关缴存的规定[③]。而刘亮在其硕士论文《网络信息资源保存问题研究》中也对缴存制度持有相近的观点，主要应注意缴存范围、数量、数字格式等[④]。

此外，董光彩[⑤]等也在不同的文章中对数字保存和数字缴存制度的相关问题进行了研究和论述。

2.2.4 网络信息资源缴存

随着网络信息资源数量和内容的不断增长，许多人已经开始关注网络信息的存取问题，而鉴于很多发达国家也已将网络信息资源纳入了缴存的范围，则研究此问题具有现实意义。

赵俊玲、杜国芳在文中提到，目前的技术使得相关的深层网络信息资源不能被有效收集，很多搜索网络信息的工具只能收集浅层网络资源，而深层网络信息资源可能会面临永远消失的危险。作者分析缴存法对于保存网络信息资源的重要意义，并介绍加拿大、新西兰、南非、英国、丹麦等国的网络信息资源缴存的类型、格式、方式、数量、时间等，提出我国缴存制度的变革措施之一即是把网络信息资源纳入到缴存之列[⑥]。

---

① 张炜.数字资源长期保存的法律问题研究[D].北京：中国政法大学，2008.
② 袁丽华，包平.国外数字资源长期保存我国的发展策略[J].新世纪图书馆，2009（2）：9-11.
③ 郝明.网络信息资源保存制度探析[D].哈尔滨：黑龙江大学，2007.
④ 刘亮.网络信息资源保存问题研究[D].北京：北京邮电大学，2006.
⑤ 董光彩.我国数字信息保存研究综述[J].现代情报，2006（9）：27-30.
⑥ 赵俊玲，杜国芳.网络信息呈缴初探[J].图书馆理论与实践，2006（2）：31-33.

徐新功认为建立动态网络出版物缴存制度就是建立一种保障网络信息获取利用的机制。国外现在主要是采取和出版者协商的方式，由出版者自愿缴存动态网络出版物，而我国在此方面则没有明确、具体的相关规定。鉴于此，需要结合多种形式完善我国网络出版物缴存制度[①]。

王玉林从相关的法律出发，提出网络信息资源开发利用实践活动已在很多图书馆开展，而著作权风险、行政法风险及图书馆法律规定不统一造成的"差别待遇"等法律障碍却限制了这项工作的顺利进行。要想清除网络信息资源开发利用的法律障碍，建立网络信息资源缴存制度是解决问题的重要手段[②]。

宋国臣认为国外对网络出版物的缴存制度建设尚处于探索阶段，立法和实践都还不成熟，而国内对网络出版物的缴存问题既无立法又缺少实践，面临的问题很多[③]。尽快建立和完善出版物缴存制度，加强网络资源的缴存立法，以法律的形式保证我国生产的有价值的网络出版物都置于国家的控制之下，并得到最大限度的保存；网络出版物缴存的著作权保护和合理使用问题等都是这个过程中需要加以引导和控制的。

陈清文等关注了网络学术信息资源长期保存问题，提出随着现代信息技术的发展，网络文献日益增多，给人们通过网络获取学术信息带来极大的方便，人们可以足不出户，就能随时通过计算机，并利用互联网检索到所需的学术文献信息。但同时网络学术信息资源数量巨大、变化频繁的特点也带来了一个难题——网络学术信息资源的长期保存问题。在网络技术条件下借鉴传统印刷文献缴存的方式进行保存，以建立网络学术信息资源保存的缴存制度，对于保障网络学术信息资源及时、全面有效保存具有重要意义[④]。

马海群等指出我国现行缴存制度对"出版物"概念的规定存在着局限性。现有数字出版物缴存制度只有原则性规定，缺乏可操作性，我国现有数字出版物缴存制度只针对实体数字出版物，而没有包括网络出版物，应创新适应

---

① 徐新功.动态网络出版物呈缴制度研究［J］.内蒙古科技与经济，2009（4）：430-433.
② 王玉林.图书馆开发利用网络信息资源法律障碍研究［J］.情报理论与实践，2010（3）：41-45.
③ 宋国臣，王运显.网络出版物呈缴问题探讨［J］.图书馆理论与实践，2008（4）：14-15.
④ 陈清文，黄田青.网络学术信息资源呈缴保存制度研究［J］.图书馆，2008（3）：36-37，60.

数字信息时代需求的缴存制度[①]。

付光宇论述了基于缴存本制度的网络信息资源采集策略[②]；朱林提出如何使得图书馆电子资源在典藏管理中实现数字资源的缴存[③]。

2.2.5 我国港澳地区数字出版物缴存

（1）香港地区数字出版物缴存

香港地区目前并没有对数字出版物缴存进行特别规定，其纸质出版物缴存规定主要根据 1976 年的《书刊注册条例》（香港法例第 142 章）的规定：任何新书刊的出版人，须于该书刊在香港出版、印刷、制作或以其他方式制成后 1 个月内，将该书刊 5 本连同附属该书刊的所有地图、图片或其他刻印，免费送交书刊注册组；该等书刊须予妥当钉装、缝线或缝制，并须以印刷或制作书刊及其任何地图、图片或其他刻印所用的最佳纸张制作而成"书刊"包括所有书籍、杂志、期刊、年报，或其他同类的定期刊物。任何人违反《书刊注册条例》，即属犯罪，一经定罪，可处罚款 2000 港币。该工作由香港公共图书馆的书刊注册组负责完成[④]。

（2）澳门地区数字出版物缴存

澳门公共图书馆的《馆藏发展政策》指出图书馆的藏书获取方式主要有购买、交换、赠送以及法定收藏等。其中 4.2 条对法定收藏的定义是指根据第 20/2015 号行政法规关于《文化局的组织及运作》第十一条第一款第六点所定，公共图书馆管理厅具有"执行法定收藏制度"的职权，自一九四一年以来有系统地收集有关澳门的政治、经济、社会、历史及科技等各方面的文献[⑤]。《法定收藏制度》是由公共图书馆获取澳门本地出版物的主要途径。在澳门，《法定收藏制度》于 2008 年进行了重新修订，此外，1990 年的《版权法》、

---

① 马海群，宗诚. 政策法规视角的数字信息资源国家宏观规划与管理［J］. 图书情报工作，2007（12）：84-87.
② 付光宇. 国外网络信息资源采集研究及其启示［J］. 图书情报论坛，2008（4）：40-42.
③ 朱林，许馨. 论图书馆数字资源典藏管理政策［J］. 情报资料工作，2006（6）：49-52.
④ 香港公共图书馆. 服务-书刊注册组［EB/OL］.［2022-05-07］. https://sc.lcsd.gov.hk/TuniS/www.hkpl.gov.hk/tc/about-us/services/book-registration/register.html.
⑤ 澳门特别行政区政府文化局. 澳门出版品法定收藏制度及服务［EB/OL］.［2022-05-07］. https://www.icm.gov.mo/gb/news/detail/16240.

2015年的行政法规《文化局的组织及运作》对出版物的法定缴存都有所规定[①]（表2-8）。

表2-8 澳门不同的法规对出版物法定缴存的规定

法规名称	颁布时间	涉及内容
《出版法》第7/90/M号法律	1990.8.6	一、定期刊物的社长和不定期刊物的出版人，必须在刊物出版后五天内，命令送交或邮寄予下列实体各两份刊物：a. 新闻司；b. Biblioteca Central；c. 澳门的共和国检察长公署。二、寄送上款所指刊物时免付邮费
《法定收藏制度》第72/89/M号法令	1989.10.31	关于重新整理法定收藏制度
修改《法定收藏制度》第10/2008号行政法规	2008.5.5	修改《法定收藏制度》
《文化局的组织及运作》第20/2015号行政法规	2015.12.14	第十一条 公共图书馆管理厅中的第（六）条执行法定收藏制度

电子形式的出版物是《法定收藏制度》的一部分，具体在《法定收藏制度》中规定所收集刊物的主要对象为：

① 凡在澳门特别行政区出版的作品，不论其形式、类别、复制方式，以及作为销售或免费派发，均为法定收藏的对象。

② 必须收藏的对象尤指以印刷形式或电子形式制成的图书、期刊、地图资料、节目表、展览会场刊、明信片、邮品、海报、多媒体资料及缩微资料等。

③ 上述所指必须收藏的对象，不包括名片、信件、有印记的封套、商业发票、有价证券、标签、标纸、月历、填色画册、代用券、商业印刷品及与该等同类的其他资料[②]。

---

① 澳门公共图书馆.法定收藏制度（法令）[EB/OL].[2022-05-07].https://isbn.library.gov.mo/zh/project/legal-deposit-publication/statutory-favorites.

② 澳门公共图书馆.馆藏发展政策[EB/OL].[2022-05-07].https://www.library.gov.mo/zh-hans/aboutus/policy/collection-development-policy.

根据澳门公共图书馆 2021 年年度报告指出,根据其下设的澳门国际标准书号中心(ISBN)申办记录,2020 年度共有 759 种图书计划出版,而根据《法定收藏制度》法令送存到澳门中央图书馆典藏的 2020 年度图书出版数量,有 766 种,包括 696 种实体书、68 种电子书及 2 种其他类出版物[①]。就纸质出版物法定缴存而言,澳门公共图书馆的缴存率达到 92%。

2.3 国内外研究述评

2.3.1 国外研究述评

国外有关数字出版物缴存制度研究历史较早,也很早就开始注重研究数字时代数字文献的保存,从而也出现了有关如何以法定缴存的方式实现对电子文献的全面保存的相关研究文献。国外研究的主要特点如下:

其一,有关数字出版物的缴存制度无论是在法律、政策、技术还是组织层面都有许多问题需要解决,但是国外现有的研究中,较多关注的是技术层面的实现,较少针对管理或组织予以讨论。例如,缴存工作流程的管理、技术需求等。此外,对于出版者与缴存图书馆之间的合作问题、已缴存的数字出版物的合理使用等也是许多国家关注的问题。

其二,近年来,由于数字出版物的不断增加以及范围的不断扩大,各国纷纷针对出版物缴存法律进行了重新修订或是另立新法进行规定。在国外,许多国际组织(如 CDNL、IFLA、UNESCO)等也有诸多合作和提案。从文献形式上看,这些组织机构形成了关于数字出版物缴存制度方面的系列研究,但形式不一,大多是总结报告(Report)、调研报告(Survey)等资料,且比较零散和片面,缺乏总结性、借鉴性的叙述,且涉及方面比较广泛。不过,宽角度、多形式的研究也为我们提供了多方面的借鉴。

2.3.2 国内研究述评

综上所述可以看出,我国数字出版物缴存制度在理论研究方面还比较薄弱,实践上的操作更是处于起步阶段。总的来说,我国相关的研究主要有以

---

① 澳门公共图书馆. 年度报告 [EB/OL]. [2022–05–07]. https://isbn.library.gov.mo/zh/statistics/annual-report.

下特点：

① 紧随国外相关研究的步伐。科学理论没有国界，某一学科或领域的新理论一旦产生便可以被其他学科或领域借鉴并使用。而对于同一学科或相近领域，这种借鉴便显得更加直接和便利。在中国，同样需要面临的是数字出版物如何保存与利用以及技术实现、管理等问题。在国外，已经较为系统地形成了相关的立法实践。时至今日，我国尚未出台正式的图书馆法或是出版物缴存的专门法，也就很难期待以法的形式规定数字出版物缴存的具体内容。虽然，无论是理论上还是实践中我国都有一定的滞后性，但一批实践工作人员或是理论研究者，都不断致力于相关问题的解决，并特别关注了未来网络出版物的缴存。总的来说，相关研究还是在以开放的姿态追随国外相关理论与实践研究的步伐。

② 中国的研究主要以对国外经验介绍为主。虽然，中国的研究基本上与国外的相吻合，但是，由于国外已出现较多的缴存实践，自然也就会出现较多可以介绍的经验，并且国外已产生较多的缴存系统，这使得对国外的研究，会在内容上更加丰富。由于中国尚未有直接的立法规范数字出版物的缴存，许多介绍也都是基于理论上的认识、呼吁，即列举事实、情况和报道成果多于分析和研究，建设性意见较少。

2.4 本章小结

本章节对国内外有关数字缴存的文献进行了综述。其中，国外的研究主要分为7个研究主题，这些研究主题内容主要包括宏观的缴存制度建设、缴存过程中的法律问题解决、长期保存等，微观的内容主要是对具体的国家或地区的缴存实践、网络存档项目中涉及缴存的内容等。在国内综述中，主要有4个主题领域，包括对国外数字出版物缴存实践的研究、网络信息资源缴存的展望等。需要指出的是，无论是国内外研究都比较关注如何在实现数字信息资源长期保存的基础上进行数字出版物缴存制度的建设与完善，或者说，如何以缴存的形式实现更多数字信息资源的收集与保存，两者在一定程度上相互促进、相互发展。在对国内外研究情况进行综述的基础上发现，国内尚未有系统梳理国外数字缴存先进经验做法或是面临的一些问题，这也是本研究的出发点所在。

第 3 章 相关概念释义

3.1 电子出版物、数字出版物与网络出版物

3.1.1 电子出版物

我国在很多场合下都使用电子出版物（electronic publication）这一说法。这主要体现在以下 3 个方面：

首先，根据《国民经济行业分类》分类。该国家标准于 1984 年首次发布，分别于 1994 年和 2002 年进行修订，2011 年第 3 次修订，2017 年第 4 次修订。2017 年的标准（GB/T4754—2017）由国家统计局起草，国家质量监督检验检疫总局、国家标准化管理委员会批准发布，并于当年 10 月 1 日实施。在文化、体育和娱乐业中，单独列出电子出版物出版以及数字出版（表 3-1）。《2017 国民经济行业分类注释》（网络版）并未对电子出版物出版进行定义，只规定电子出版物出版主要包括各学科门类下的电子出版物服务，但不包括软件的设计服务以及电子出版物复制；数字出版活动主要有数字音乐出版、网络音视频读物出版、网络文献数据库出版物服务等[①]。我国的国民经济行业分类（GB/T4754—2017）文化、体育和娱乐业中，单独列出电子出版物出版以及数字出版（表 3-1）。

[①] 国家统计局政府信息公开. 关于印发《2017 国民经济行业分类注释》（网络版）的通知[EB/OL].[2022-03-22]. http://www.stats.gov.cn/xxgk/tjbz/gjtjbz/202008/P020200811608157848094.pdf.

表 3-1　国民经济行业分类（GB/T4754—2017）文化、体育和娱乐业[①]

大类	中类	小类	类别、名称	说明
			文化、体育和娱乐类	本门类包括 86—90 大类
86			新闻和出版业	
	861	8610	新闻业	
	862		出版业	
		8621	图书出版	
		8622	报纸出版	
		8623	期刊出版	
		8624	音像制品出版	
		8625	电子出版物出版	
		8626	数字出版	指利用数字技术进行内容编辑加工，并通过网络传播数字内容产品的出版服务
		8629	其他出版业	

其次，相关的法律法规对电子出版物的概念进行定义。例如，2008 年 4 月 15 日实施的国家新闻出版总署《电子出版物出版管理规定》中所称电子出版物，是指以数字代码方式，将有知识性、思想性内容的信息编辑加工后存储在固定物理形态的磁、光、电等介质上，通过电子阅读、显示、播放设备读取使用的大众传播媒体，包括只读光盘（CD-ROM、DVD-ROM 等）、一次写入光盘（CD-R、DVD-R 等）、可擦写光盘（CD-RW、DVD-RW 等）、软磁盘、硬磁盘、集成电路卡等，以及新闻出版总署认定的其他媒体形态[②]。2015 年 8 月 28 日《国家新闻出版广电总局关于修订部分规章和规范性文件的决定》发布，其中修正的《电子出版物出版管理规定》中延续了原有"电子出版物"的定义。

---

① 国家统计局政府信息公开.2017 年国民经济行业分类（GB/T 4754—2017）[EB/OL].[2022-03-22].http://www.stats.gov.cn/xxgk/tjbz/gjtjbz/201710/t20171017_1758922.html.

② 国家新闻出版署.电子出版物出版管理规定［EB/OL］.［2023-01-14］. https://www.nppa.gov.cn/nppa/contents/770/103252.shtml.

最后，我国一些权威词典专门对电子出版物进行了解释[①]。例如，我国2020年《辞海》（第七版）对把电子出版物定义为，是需要通过电子计算机或其他专门设备才能阅读的出版物。图文声像等信息以数字代码方式存储在磁、光、电等媒质上，可大量复制。与印刷型出版物相比，具有容量大、易传播、检索方便的优点。常见的有软磁盘、光盘、集成电路卡等几种载体。

在国外，加拿大国家图书馆曾发布了《电子出版物收藏试行计划》（Electronic Publications Pilot Project，EPPP），在该计划中，认为电子出版物是经过与传统印刷出版物同样的正式编辑加工的；电子出版物作为出版活动成果产生的、内含用计算机编码、存取和识读信息的一种文件。电子出版物主要分为两大类，一是用光盘、软盘和磁带等实物性媒介发行多份的电子出版物；二是存放在主机上可以通过计算机等网络形式进行存取的电子出版物[②]。

从上述内容可知，对电子出版物的界定主要是以信息存储的方式或载体有关，分为在线出版物和离线出版物。其中，在线电子出版物主要是指内容不断更新的在线数据库和在线期刊等；离线电子出版物主要是指软磁盘、只读光盘等以实物为载体的电子出版物。

3.1.2 数字出版物

数字出版发展的初始阶段，可以大致追溯到1951年美国麻省理工学院的P.R.Bagley，他对利用计算机检索代码做文摘进行了可行性研究。这一研究和尝试导致了后来"电子出版物雏形"的诞生，这也可以说是数字出版最初的形态，但那时对数字出版的内涵和外延都没有一个较为明确的说法。

在我国《新闻出版总署关于加快我国数字出版产业发展的若干意见》中指出：数字出版是指利用数字技术进行内容编辑加工，并通过网络传播数字内容产品的一种新型出版方式，其主要特征为内容生产数字化、管理过程数字化、产品形态数字化和传播渠道网络化。目前数字出版作品的主要形态包括电子图书、数字报纸、数字期刊、网络原创文学、网络教育出版物、网络

[①] 辞海.电子出版物[EB/OL].[2022-03-27].https://www.cihai.com.cn/search/words?q=%E7%94%B5%E5%AD%90%E5%87%BA%E7%89%88%E7%89%A9.

[②] 林穗芳.电子编辑和电子出版物、概念、起源和早期发展（上）[J].出版科学，2005（3）：6-16.

地图、数字音乐、网络动漫、网络游戏、数据库出版物、手机出版物（彩信、彩铃、手机报纸、手机期刊、手机小说、手机游戏）等。由于数字出版作品的传播途径主要包括有线互联网、无线通讯网和卫星网络等，其海量存储、搜索便捷、传输快速、互动性强、成本低廉、环保低碳等特点，已经成为出版业的战略性新兴产业和出版业发展的主要方向[①]。这里所提及的数字出版作品，可以理解为狭义上的数字出版物。

从国外相关法律文本和研究成果中，可以发现"电子出版物"（Electronic Publications）和"数字出版物"（Digital Publications）两个概念的界定中，并不对二者进行严格的规定。例如，《发展与建立电子出版物自愿缴存计划的声明》把出版物的定义认为是在某个国家范围内向公众发行或是提供获取的信息、数据、知识产出；国际图联《15个国家图书馆数字保存网络》的报告中，对数字出版物定义是：为公共获取目的而进行发布，以免费或是付费的方式获取的数字资料[②]。而联合国教科文组织在《数字文化遗产保护指导方针》（Guidelines for the Preservation of Digital Heritage）中用数字遗产来对此进行综合概括，该方针列出了属于"数字遗产"的11类资料或出版物，包括：通过互联网联机检索、光盘、DVD、软磁盘以及各种电子图书；"半出版"资料；电子邮件形式的预印论文和其他在特定范围内使用的各种档案；网络上记录和分析科学、地理、空间、社会、人口、教育、卫生、环境和其他现象的数据集；网络数据库、模型、模拟等软件工具和应用软件，等等。可见，对数字出版物和电子出版物的词义被视为是等同的。

由于国际上对于"数字出版物"概念的理解已经不再是简单地以编辑加工、质量控制等过程作为判定的主要标准。为了能更大程度地囊括数字出版物类型，本研究采用的是国际图联的《15个国家图书馆数字保存网络》报告中的定义，为实现公共获取而发布的，可以免费或是付费方式获取的数字资料，都可以认为是对数字出版物的广义概括。

---

① 新闻出版总署关于加快我国数字出版产业发展的若干意见［EB/OL］.［2022-03-27］. http://www.gov.cn/gongbao/content/2011/content_1778072.htm

② Ingeborg Verheul. Networking for digital preservation：current practices in 15 national libraries［R/OL］.［2021-07-03］. www.ifla.org/files/assets/hq/publications/ifla-publications-series-119.pdf

3.1.3 网络出版物

匡文波把网络出版物（Web/Networked Publishing）界定为，将信息以数字形式存贮在光、磁等存贮介质上，通过计算机网络高速传播，并通过计算机或类似设备阅读使用的出版物。他认为，网络出版物以计算机通信网络为基础，以电子介质为存储媒介，进行实现信息传递、交流和利用，从而达到其社会文化传播、保存的目的[1]。与之类似的观点是王锦贵教授于2001年提出的网络出版的概念。他把网络出版归为电子出版的一种，都是通过计算机技术实现对出版物的制作和发行。电子出版的结果是电子出版物，电子出版物可以光盘、磁盘为载体，也可以网络为载体。因此网络出版物亦是电子出版物的一种类型，与之对应的以光盘、磁盘为载体的是封装型电子出版物。网络出版物和封装型电子出版物的主要区别在于前者是通过计算机网络出版发行的，即其创作、交稿、审稿、编辑、出版、发行等大部分或全部在计算机网络中进行；而后者的发行要通过书刊发行等渠道[2]。

与网络出版等同的是互联网出版，据2002年《互联网出版管理暂行规定》第五条中指出：互联网出版，是指互联网信息服务提供者将自己创作或他人创作的作品经过选择和编辑加工，登载在互联网上或者通过互联网发送到用户端，供公众浏览、阅读、使用或者下载的在线传播行为。其作品主要包括：①已正式出版的图书、报纸、期刊、音像制品、电子出版物等出版物内容或者在其他媒体上公开发表的作品；②经过编辑加工的文学、艺术和自然科学、社会科学、工程技术等方面的作品[3]。

实际上，对网络出版物的定义各国都有不同定义（表3-2），在这些不同国家的定义中，基本上认为，只要能被公众获取并使用，就可以成为缴存的对象，而不是仅仅限定在网络电子期刊、网站、数据库等具体形式上。这也是本研究采用的定义。

---

[1] 匡文波. 在竞争中共同发展——论网络出版物与传统出版物的关系 [J]. 图书馆, 2001 (4): 20-24.

[2] 王锦贵, 王京山. 网络出版探析 [J]. 中国出版, 2001 (5): 37-39.

[3] 《互联网出版管理暂行规定》（全文）[EB/OL]. [2021-08-27]. http://www.china.com.cn/zhuanti2005/txt/2002-07/15/content_5173506.htm.

表 3-2　国外立法对网络出版物相关概念的界定

国家/地区	相关立法	与网络出版物相关的缴存客体定义
新西兰	新西兰国家图书馆法（National Library of New Zealand Act 2003）	出版物（Publication）：是指在提出请求时，以特定的方式向公众提供的、用于公共获取的文献，并不考究公众获取和利用文献是否会受到限制； 电子文献（Electronic Document）：通过电子记录装置、计算机或其他电子载体存储或展示的公共文献，包括因特网文献； 因特网文献（Internet Document）：在因特网上出版的公共文献，不论对其获取是否有限制，包括一个网站的整体或部分
加拿大	加拿大图书馆与档案馆法（Library and Archives of Canada Act）	出版物（Publication）：以多个复本或在多个位置可以获取的任何图书馆资料，不论其是否收费，其可以是向公众提供普遍获取，或者通过订阅方式向部分公众提供获取。出版物可以通过任何载体、格式提供获取，包括纸本资料、在线材料或记录
美国	对仅以在线形式存在的作品的强制缴存（Mandatory Deposit of Published Electronic Works Available Only Online）	出版物（Publication）：以多个复本或在多个位置可以获取的任何图书馆资料，不论其是否收费，其可以是向公众提供普遍获取，或者通过订阅方式向部分公众提供获取。出版物可以通过任何载体、格式提供获取，包括纸本资料、在线材料或记录
挪威	公开获取文献法定缴存法（Relating to the Legal Deposit of Generally Available Document）	通过电信网络、电视、数据通信网络或类似媒体在线传播的电子文献
德国	德国国家图书馆法（Gesetzliber Die Deutsche Nationalbibliothek）	载体（Media）通过电信网络、电视、数据通信网络或类似媒体在线传播的电子文献
意大利	缴存公共文化资料条例（Decreto del Presidente della Repubblica 3 maggio 2006，n.252）	通过电信网络、电视、数据通信网络或类似媒体在线传播的电子文献

续表

国家/地区	相关立法	与网络出版物相关的缴存客体定义
法国	遗产法典（Code du patrimoine）	通过电子方式向公众传播的任何种类的符号、信号、文字、图像、声音或信息
英国	法定缴存图书馆（非印本作品规章）[the Legal Deposit Libraries (Non-print Works) Regulations 2013]	非印本作品（Work Published in a Medium Other than Print）：(a) 离线出版的作品；(b) 在线出版的作品

资料来源：吴钢.数字出版物法定呈缴制度客体研究[J].中国图书馆学报，2014（1）：93-102.

3.1.4 本研究观点

从上述内容可知，对电子出版物的界定主要是以信息存储的方式或载体有关，分为离线电子出版物和在线电子出版物。其中，离线电子出版物主要是指软磁盘、只读光盘等以实物为载体的出版物；在线电子出版物主要是指内容不断更新的在线数据库和在线期刊等。对于数字出版物的界定已经不仅仅局限于传统编辑加工、质量控制等，随着技术的发展，更多的是从资源获取的角度对这一概念进行拓展与深化。综合考虑到世界上主要国家或地区对数字出版物的界定，在没有特殊说明情况下，数字出版物、电子出版物的概念是等同、互换的，也就是二者作为同义词进行处理，对于一些国家（如英国）的非印刷型出版物的规定也视为此范围内。此外，本研究把网络出版物（Networked Electronic Publications）和在线电子出版物（Online Electronic Publications）作为同义词使用（图3-1）。

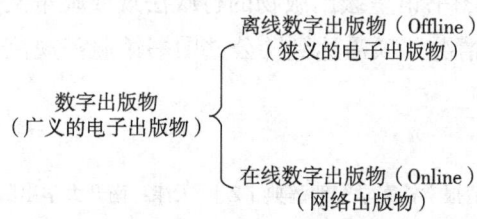

图3-1 本研究对数字出版物类型的划分

3.2 呈缴本、样本、出版物

在我国，国务院行政法规长期使用"样本"的概念，相应建立的是"样本"缴存制度；各级出版规章和公共图书馆法规、规章，则是"地方文献""样本""呈缴本"（如湖北省公共图书馆条例）等。而在国外一般是以"出版物"作为概述，然后再根据出版物所属的不同媒介，划分为在线出版物、离线出版物等。

3.2.1 呈缴本

据《图书馆学情报学档案学简明辞典》定义，呈缴本又称缴存本。为了完整地保存文化遗产，根据出版法规定，凡正式出版单位出版的任何一种新出版物，均应向国家或地方政府指定的图书馆等单位，缴存一定数量的样本。这种依照相关规定进行缴存的样本称为呈缴本，其法律规定为呈缴制度。目前，世界上大多数国家都建立了出版物呈缴制度。中国早在1927年12月20日，当时的大学院就公布了《新出图书呈缴条例》。新中国成立后，政务院于1952年8月6日公布了《管理书刊出版业、印刷业、发行业暂行条例》，指定北京图书馆、中国科学院图书馆等享有接收呈缴本权利。1979年4月18日国家出版局在第193号文件《关于修正征集图书、杂志、报纸样本办法的通知》中，对接受呈缴本的单位和呈缴本数量又作了新的规定。有些省级政府还规定了地方出版物呈缴条例[①]。在《社会科学大词典》中也把呈缴本和样本当作是同样的定义，该定义认为"出版法规定，出版社所有出版物需向国家或地方政府指定的图书馆等收藏单位呈缴一定数量的样本，为呈缴本[②]"。在《文化部办公厅关于开展县以上公共图书馆第五次评估定级工作的通知》（办公共函〔2012〕523号）中指出"呈缴制度"项主要考查所在地是否制订本地出版社向省级图书馆呈缴出版物的行政法规或政策文件，应提供相关政策文本……"执行情况"项需达到《公共图书馆服务规范》中"呈缴本征集

---

① 来新夏.图书馆学情报学档案学简明辞典［Z］.天津：南开大学出版社，1991：507.
② 彭克宏，马国泉，陈有进，等.社会科学大词典［Z］.北京：中国国际广播出版社，1989：727.

的品种、数量应达到地方正式出版物的70%以上"的要求方可得分①。《文化部关于印发〈"十三五"时期全国公共图书馆事业发展规划〉的通知》（文公共发〔2017〕19号）中则要求"进一步落实国家出版物呈缴制度，不断提升国家书目收录内容的系统性与完整性"②。

3.2.2 样本

出版物样本缴存，是一个具有中国特色的称谓，国际上通行的"呈缴本""缴存本"等在中国依然只是学术语言，政策语言或法律语言则称为"样本"。例如，1952年国家出版总署颁布的《关于征集图书、期刊样本暂行办法（草案）》，以及2001年修订的《出版管理条例》《音像制品管理条例》，都以"样本"字样做了明确的规定③。总的来说，我国的"样本缴存制度"主要是以政府部门规章、行政法规的形式进行保障和约束。我国对"样本缴存"的表达表明我国在名义上并没有真正的"呈缴本制度"，而只是"样本缴存制度"。这在一定程度上说明该制度在行政管理上的意义，而非呈缴本制度所体现的文化传播④。

3.2.3 出版物

国外的缴存制度对出版物的规定比较宽泛，不仅涉及现有的各种文献类型，也最大限度地包容今后可能会出现的任何新型载体文献。如《加拿大图书馆与档案馆法》对"出版物"的定义是指以多个副本或在多个位置可以获取的，不论其是否收费，都可以为公众提供普遍获取，或是借用订阅方式向指定或是部分公众提供获取计划。出版物也可以是通过其他任何载体、格式获取，包括纸本资料、在线资料或是记录等。再以2021年10月28日最新修

---

① 北大法宝.文化部办公厅关于开展县以上公共图书馆第五次评估定级工作的通知[EB/OL].[2023-04-19].https://www.pkulaw.com/chl/5c4253f0ae709a9bbdfb.html?keyword=%E5%91%88%E7%BC%B4&way=listView.

② 北大法宝.文化部关于印发《"十三五"时期全国公共图书馆事业发展规划》的通知[EB/OL].[2023-04-19]. https://www.pkulaw.com/chl/b07cbf0640dea3f4bdfb.html?keyword=%E5%91%88%E7%BC%B4&way=listView.

③ 李国新.论出版物样本缴送制度改革——围绕图书馆立法的制度设计研究[J].中国图书馆学报，2007（2）：5-12，32.

④ 何红英，杨忠君.我国呈缴本制度法律保障研究[J].西南农业大学学报（社会科学版），2011（12）：71-74.

订的 2003 年《新西兰国家图书馆法》［National Library of New Zealand（Te Puna Mātauranga o Aotearoa）Act 2003］中对出版物的规定为例，出版物是指在提出请求时，以特定的方式向公众提供的、用于公共获取的文献，并不考究公众获取和利用文献是否会受到限制①。由此可见，出版物的概念内涵丰富，包括所有载体与格式的资料。

3.2.4　本研究观点

本研究主要采用的是"出版物"一说，这主要在于"样本"等概念具有明显的"中国特色"，同时，由于"出版物"涵盖范围广，且在诸多国家或地区有关缴存的法律法规中都使用"出版物"，为此，使用"出版物"进行相关外文文献检索能够提高检全率，也能够根据内容需要扩充为电子出版物、数字出版物等文献类型。此外，本研究主要采用"缴存"一说，意为客体缴存相关物，主体为之存档管理，但对于检索到的文献所出现的"缴存""缴送""呈缴"等视为同一语义。

3.3　出版者

传统意义上的缴存制度，一般是指一个国家或是地区为了完整收藏和保存所有类型的出版物，要求所有出版者、发行者、印刷者或是关系人将其出版与制作的不同类型的媒介形式及版次以一定份数缴存到指定的图书馆或是相关机构。这里所规定的缴存主体，相对来说是宽泛的，包括出版者、发行者、印刷者甚至是与此相关的关系人都可以作为缴存主体而予以规定。如果没有法律作为展开实际工作的依据，对于缴存主体的实际缴存成果就难以保障。在一些国家的立法中为了避免责权不清，明确区分何为"出版"，首先界定清楚的是国内出版、国外进口。其次还在"出版商""出版社""制作者""进口者"等概念上进行严格区分，这样做的目的是为了使不同的参与整个数字出版物发行过程的相关人员都能界定清楚自己的责任，同时能够明确各自在缴存过程中需要执行的义务，避免了"多头缴存"、责权模糊等现象的发生。

---

① 　New Zealand Legislation. National Library of New Zealand（Te Puna Mātauranga o Aotearoa）Act 2003［EB/OL］.［2023-01-14］. https://www.legislation.govt.nz/act/public/2003/0019/latest/whole.html#DLM192229.

对出版者的定义应该在保证缴存主体可拓展性的同时，也能确保缴存主体的稳定性与适应性。综合上述两种定义方式，本研究认为，为了适应未来不断出现的新的出版物类型而非缴存主体范围的变化，也为了避免列举式立法模式会带来的种种限制，对出版者的定义应该是尽量缩小缴存义务人种类，将具有相同或是类似身份的缴存主体归为一类，为的是防止面面俱到而带来的其他方面的遗漏[①]。为此，本研究的出版者，主要是指在本国市场上向公众提供副本的主体或是公众能够借助一定的工具获取资料，这种资料的责任者也就可以被认定为是出版者。

3.4　法定缴存

法定缴存，英文一般译为 Legal Deposit、Copyright Deposit、Mandatory Deposit 等，韩国、日本则称呼为"纳本"，法语则用 dépôt légal 来表示，在中国大陆一般有"法定呈缴""法定缴存/缴送""样本呈缴/缴送"等称谓。

何为法定缴存？1966 年出版的《图书馆事业百科全书》（The Encyclopedia of Librarianship）中，认为法定缴存（Legal Deposit）、版权寄存（Copyright Deposit）、出版印刷税（Copy Tax）或印刷品寄存（The Delivery Of Printed Copies）等概念都是指一个国家、州、省、联邦、本国内的某一个或是多个特定图书馆，经常收到该地区内出版物或是印刷者免费寄送新书的一种方法[②]。Jean Lunn 强调缴存是一项强制执行的法律规定，其根本是任何一种媒体呈现或是以任何步骤制定的所有出版品，缴存至一个或是多个指定机构，并且这些出版品必须是公开发行、租用或是出售的。她还提出缴存是一种法律义务，规定任何商业组织、政府机构或是个人，只要是以大量复本制作的任何形态的文件，都有义务向指定的国家机构缴存一份或是一份以上的相关出版品[③]。

在我国的《中国大百科全书》认为出版物缴存制度是指一个国家或地区

[①] 翟建雄. 图书馆与出版物缴存制度——中外立法比较研究［J］. 法律文献信息与研究，2006（2）：11-23，10.

[②] 闵国棋. 台湾地区出版品法定送存制度实施与作业探讨—以 ISBN 图书为例［D］. 新北：淡江大学，2007.

[③] Jean Lunn. Guidelines for legal deposit legislation［M］. Paris：UNESCO，1981.

为了完整收集和保存全部出版物,要求所有出版者必须向指定的图书馆或出版主管机关缴存一定份数的最新出版物的制度。《图书馆学情报学词典》则是认为:正式出版物的法定缴存制度是根据国家或地方有关法律或法令规定,书刊出版单位必须向指定的文献收藏单位缴存一定数量的正式出版物[1]。概括来说,出版物法定缴存制度是指,根据国家或地方有关法律或法令规定,书刊出版单位必须在一定时间内向指定的图书馆或其他文献收藏机构缴存一定数量的正式出版物,并在进行缴存过程中所形成的各种法律、规章、条例、准则等[2]。

综合以上不同概念,本研究定义的法定缴存制度,首先强调的是法定制度的强制性或者说是法律规定性;其次,接受缴存的单位具有指向性,即事先由国家进行规定;再次,缴存的出版物形式不确定性,这一宽泛的规定便于扩大到日后不断出现的其他形式的出版物;最后,所有相关的出版机构都有义务向国家责任部门以免费或是其他协议的形式缴存相应的、数量不等的出版物。

3.5 本章小结

数字出版物和纸质出版物在形式和传播方式上有极大的差异,因此各国原本所制定的出版物法定缴存法规,并不完全适用于数字出版物。但是,由于数字出版物的发展变化与信息生产、传播技术革新等紧密相关,为此,虽然本研究主要研究的是数字出版物的缴存,但是随着其他数字形式的不断增长与发展,数字出版物的概念与范畴也不断在扩大。因而,在研究的过程中,不仅仅局限于数字出版物这一概念,还会根据研究的需要涉及到其他一些相关的概念。与本研究紧密相关的概念主要有电子出版物、网络出版物、呈缴本、出版物、法定缴存制度等,本章节对相关概念进行了分析与界定,并在此基础上提出本研究所采用的观点。

---

[1] 周文骏.图书馆学情报学词典[Z].北京:书目文献出版社,1991.
[2] 于友先.中国大百科全书(3)[Z].北京:中国大百科全书出版社,2009:573.

第4章　数字出版物缴存制度的源起与发展

4.1 数字出版物缴存制度的源起

4.1.1 数字出版物缴存制度的理论探讨

早期关于数字出版物缴存的主要讨论始于20世纪80年代，讨论的主要内容是数字出版物存档问题。例如，Hills首先探讨了数字出版物存档的一些问题，包括保存格式、存档的技术要求等[①]。之后，她的研究由Monica Blake[②]、Sturges[③]等人持续进行。在这些研究者当中，值得指出的是Blake，她通过结合调查问卷和访谈的形式，对数字出版物的出版商、生产商有关于数字出版物进行保留、存储和获取应注意的相关问题进行了调研。调查发现，虽然一些大型的出版商出于各种不同的目的积极创新，但是很多出版商并没有意识到需制定相关的措施以对数字出版物进行长期保护。在这些出版商中，只有少数的人意识到以项目的形式或是在自愿的基础上向国家存档电子资料。

由于出版商进行数字出版物的存储需要关注的问题很多，包括考虑数字出版物的存档周期、数字出版物的选择标准、出版商自身的存储能力等[④]，这会使得出版商出于成本、利润等问题的综合考虑而放弃对数字出版物的保存。

---

① S.Hills. Electronically published material and the archival library [J]. Electronic Publishing Review，1985（1）：63-79.

② M.Blake. Aspects of electronic archives [J]. Electronic Publishing Review，1986（2）：151-167.

③ P.Sturges. Policies and criteria for the archiving of electronic publishing [J]. Journal of Librarianship，1987（19）：152-172.

④ Monica Blake. Archiving of electronic publications [J]. The Electronic Library，1989（6）：376-386.

为了解决个体保存数字出版物带来的诸多难题，世界上一些国家展开了数字出版物缴存实验。这些国家认为数字出版物的缴存不仅对生产商有利，并且还会有利于国家以及使用这些数字出版物的用户。但是，由于当时的出版物缴存大部分都只是限定在纸质形式，以国家的名义实现对数字出版物缴存的具体实践还很少。为此，一些学者对此问题进行了大量的理论探讨。

具体来说，Hedberg 指出，电子出版的兴盛带来了修改现有纸质出版物法定缴存规章和标准的必要性，包括延伸至相关数字出版物的缴存。他指出，很多国家已经开始了有关于数字出版物缴存的提议[1]。Hoare 指出，他在1989年的调查显示只有 14 个相关的国家图书馆收集电子媒体，如磁盘、磁带等，其中只有 6 个利用法定缴存的形式进行数字出版物的收集。不过，他认为随着数字出版的繁荣以及更多形式数字出版物的产生，许多国家都会考虑到新媒体的发展给保存带来的挑战，为此，对纸质出版物法定缴存的立法进行修订是必然的选择[2]。Vickery 认为进行法定缴存的目的是为了在国家的文化和遗产方面建立和保存更广泛的出版物收藏，为此，数字出版物缴存是必要且重要的[3]。

对于上述问题进行汇总并对数字出版物缴存制度进行较为全面且集中理论阐述的是英国拉夫堡大学（Loughborough University）的 Adrienne Muir 博士。她对数字出版物缴存制度（以英国为主要研究案例）的研究主要集中在她 2005 年的博士学位论文中。该论文谈及了数字出版物缴存制度中的缴存要素、缴存涉及的主要利益者、可能产生的法律问题等。她还就英国在此方面做法的变化历程进行了详细介绍，认为英国从纸质出版物法定缴存到数字出版物缴存的变化正是应对数字环境变化的良好举措，其经验做法值得推广和宣传（图 4-1）[4]。

---

[1] Hedberg, Sten. Authorities and electronic publishing: an overview of the efforts to apply library legislation and established organization patterns to electronic publications[J]. Alexandria, 1996(2): 135–142.

[2] Hoare, Peter. Legal deposit of electronic publications and other non-print material: an international overview[J]. Alexandria, 1997(1): 59–79.

[3] Vickery, Jim. The legal deposit of electronic publications[J]. Against the grain, 1998(1): 36–40.

[4] Adrienne Muir. Legal Deposit of Digital Publications[D]. London: Loughborough University, 2005.

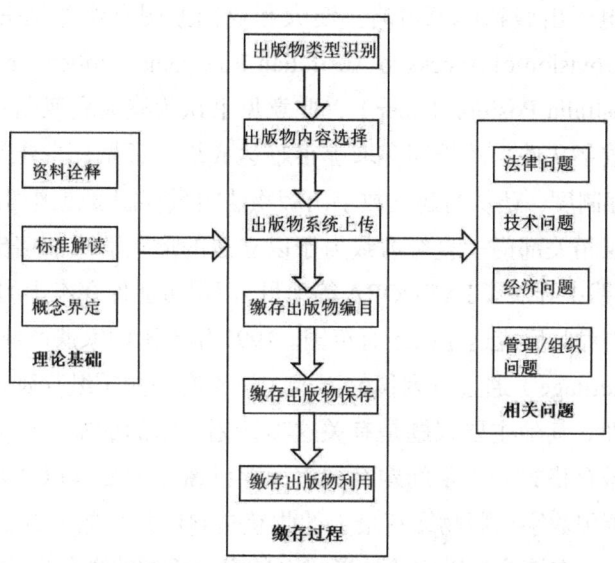

图 4-1　Adrienne Muir 关于数字出版物缴存的研究框架

资料来源：Adrienne Muir. Legal Deposit of Digital Publications［D］. London：Loughborough University，2005.

从上述问题的讨论中，可以得出这些理论研究的基本观点：一是，数字出版物数量的增长给个体出版商的数字保存带来了难题；二是，以法定缴存的形式实现出版物数字保存的做法可行；三是，数字环境的变化应该对纸质出版物法定缴存制度进行调整；四是，许多国家应该积极制定相应对策以适应上述变化。

4.1.2　数字出版物缴存的实施情况

可以说，有关于数字出版物缴存制度的议题在展开理论研究的同时，实践也有所发展。许多学者在提出缴存的必要性时，相应的重要图书馆，特别是以国家图书馆为主导的一些典藏部门也对数字出版物缴存进行讨论，并产生了一些具体的做法。

在 1994 年和 1996 年召开的国家图书馆馆长会议以及 1995 年 12 月欧盟召开的由出版部门与图书馆代表参加的《国家图书馆面临电子出版物法定缴存相关议题》会议上，与会代表都建议各国应建立或修改相应的纸质出版物缴存法规，并对此提供了指导性建议。之后，1996 年，澳大利亚制定了

《澳大利亚电子出版物国家策略：澳大利亚国家图书馆意见书》（National Strategy for Provision of Access to Australian Electronic Publications: A National Library of Australia Position Paper），此意见书认为澳大利亚图书馆在对数字出版物（或数字文件）的长期存取上很难达成统一意见，主要是数字出版物缺少法定缴存制度，还认为建立数字出版物法定缴存制度是迫切的事情[①]。为此，澳大利亚相关部门一直努力致力于以立法的形式解决数字出版物的缴存问题，也在实践中开展了 PANDORA 等项目，以尽可能保存本国的数字出版物。

在实践中对此反应迅速的还有英国。1997 年英国国家遗产部（Department of National Heritage）通过咨询稿的方式，讨论有关法定缴存延伸至非印刷型媒体的必要性。其他主要议题是有关这项计划实施的成本、可能产生的知识产权问题、缴存格式和数量问题、如何保存已缴存的复本以及其他与存档相关的问题。英国数字出版物缴存最大的收获是制定并实施了 2003 年《法定缴存图书馆法》，在该法中以立法的形式对数字出版物的缴存进行规范。

智利的主要做法是借助创建新的部门来开展数字出版物缴存工作。为了提高公共获取能力、增强国家认同以及产出更多的新知识，智利认为有必要创建数字收藏部门（Department of Digital Collections）来专门负责数字出版物缴存。该部门的最大作用在于，能够定义和制定数字出版物法定缴存政策指南，实施软件管理以及管理电子收藏物，并为这些缴存的电子资源提供特殊的阅览室。该部门为了实施数字出版物缴存，首先对智利国家电视网络（Televisión Nacional de Chile）提出了缴存要求。规定该机构缴存所有的播出节目，每天需要提交 4 张 DVD 并正确地标上日期和时间。据统计，智利国家电视网络每年平均缴存 10 T 的数字视频，这些信息同时被存储在机构计算机服务器上。对于私人的广播电视公司（如 Radio Cooperativa），该部门要求其缴存所有的已传输的节目，每年大约缴存 350 G 的数字广播。对于报纸［如《萨尔瓦多日报》、*Diario El Mostrador*］每天用 DVD 以文本的形式缴存电子期刊出版物。

2005 年年底，新西兰开发了电子出版物选择器（Electronic Publications Selectors），以便在特恩布尔图书馆已出版收藏（Turnbull Library's published collections）领域进行工作。电子出版物选择器于 2005 年 9 月开始在特恩布尔图书馆工作，并首先对 2005 年新西兰大选（General Election

---

① 刘家真.澳大利亚电子出版物的国家策略［J］.图书馆理论与实践，1998（1）：60-62.

Event)的信息进行全程收集和保存。电子出版物选择器和电子出版物图书馆管理员（Electronic Publications Librarian）以合作的方式对电子出版物进行收集。此外，还成立了电子出版物小组，以承担所有和电子出版物收藏有关的工作。

虽然很多国家都通过法律的修订规定数字出版物缴存，也设置专门的部门负责数字出版物缴存工作，但是实际上由于数字出版物缴存还有许多未解决的问题，例如，确认与缴存相关的议题（界定何为数字出版物、如何选择、获取、加工、保存等）、缴存中会出现的问题（如法律、经济、技术和管理/组织等）以及实施数字出版物法定缴存的可能性和必要性等。为此，也有些国家在进行数字出版物缴存过程中遭遇了一些困难。在这些案例分析中，以马来西亚数字出版物缴存情况进行说明（表4-1）。

表4-1 1988—2000年马来西亚接受的出版物情况

年份	数量（份）	增长比例（%）	累积数量（份）
1988	233	0.00	233
1989	390	67.38	623
1990	523	34.10	1146
1991	574	9.75	1720
1992	619	7.84	2339
1993	780	26.01	3119
1994	788	1.03	3907
1995	9	-98.86	3916
1996	608	6655.56	4524
1997	1014	66.78	5538
1998	797	-21.40	6335
1999	734	-7.90	7069
2000	857	16.76	7926

资料来源：Shahrazat Ibrahim, N.N.Edzan.legal deposit of electronic publications in Malaysia: 1988-2000[J]. Malaysian Journal of Library&Information Science, 2004（2）: 63-78.

Shahrozat Ibrahim 和 N.N.Edzan 介绍了 1988—2000 年马来西亚数字出版物法定缴存概况。他们以 1986 年实施的《图书馆资料缴存法》（Deposit of Library Material Act，1986）为依据，对马来西亚国家存储中心（National Depository Centre，Perpustakaan Negara Malaysia）所收到的本国数字出版物缴存的数据和登记的情况进行分析，发现在 1988—2000 年，大约有 7926 项出版物按照规定进行了缴存，但 7926 份内容中只有 165 份（约占 2.08%）是数字出版物。这项调查结果还表明，收到且被登记的数字出版物类型仅仅是限于离线数字出版物，如 CD-ROMS、磁盘和电脑软件等。对于在线数字出版物的缴存还需要进一步明晰。他们认为，造成以上情况的主要原因是现存法定缴存立法对数字出版物的规定无效力，没有足够的人员对数字出版物的法定缴存进行宣传，并且公众也没有意识到数字出版物法定缴存的重要性，而出版商对他们自己的数字出版物进行缴存还存在一些疑虑。

但是总体上而言，据 2010 年世界知识产权组织（World Intellectual Property Organization，WIPO）在对不同国家和地区进行调查的统计，这些被调查的国家和地区在 2005—2009 年，相关的数字音乐作品（Musical Works）和数字视听作品（Audiovisual Works）缴存的数量还是呈逐年上升的趋势。

从表 4-2 和表 4-3 的数据可以清晰地看出，这些国家中，比较明显的是阿根廷（Argentina）、巴林（Bahrain）、日本（Japan）、韩国（Korea）、瑞典（Sweden）、挪威（Norway）、西班牙（Spain）、乌克兰（Ukraine）、意大利（Italy）、美国（the United States）等国。据了解，这些国家中大部分都有数字出版物缴存的相关法律或规定，这在一定程度上保证了出版物缴存数量的逐年提升。

以瑞典为例，瑞典有关于印刷型材料的法定缴存开始于 1661 年，而新的文献缴存法于 1993 年制定。在 1993 年修订的法律中，要求缴存手持式（如静态的）电子文献，以及其他非印刷型格式，如缩微印刷品，动态电子文献则不被包含在内。随着数字形式的复杂化以及内容的增多，为了实现全面缴存数字资源，瑞典通过开放存取项目来实现和丰富国家图书馆的缴存内容。通过实施 Kulturarw 3 项目，瑞典实现了对网络信息资源的采集和保存。据相关数据显示，通过该项目，缴存的内容中免费在线出版物占全部数据的数量比例由 2000 年的 4.1% 上升至 2010 年的 13.7%，所有免费在线出版物的文章数量比例由 2000 年的 23.6% 上升至 2010 年的 31.2%[①]。

表 4-2 部分国家数字音乐作品缴存数量

国家	2005 年	2006 年	2007 年	2008 年	2009 年	总计
阿根廷	6316	6890	8465	12 220	10 944	44 835
巴林	253 401	262 125	271 309	271 934	273 695	1 332 464
哥伦比亚	475	951	484	717	690	3317
加纳	709	634	575	499	499	2916
匈牙利	403	344	306	311	284	1648
意大利	1755	1073	983	837	1271	5919
牙买加	40	65	54	72	59	290
日本	15 492	16 673	15 520	16 173		63 858
韩国	10 979	12 860	14 072	15 424	10 138	63 473
挪威	665	542	958	1218	2210	5593
塞尔维亚	95	87	101	120	90	493
南非		160	175	789	5069	6193
西班牙	8315	7868	6991	5396	5954	34 524
瑞典	6108	5608	5967	5474	5718	28 875
乌克兰	610	685	777	707	1044	3823
美国	65 820	67 153	69 186	31 279	55 161	288 599

资料来源：World Intellectual Property Organization.WIPO summary of the response to the questionnaire for survey on copyright registration and Deposit system [R/OL]. [2021-04-05]. http://www.wipo.int/copyright/en/registration/pdf/legal_deposit_summary_responses.pdf.

[①] Jan Hagerlid.The role of the national library as a catalyst for an Open Access agenda: the experience in Sweden [J/OL]. [2021-03-26]. http://www.kb.se/Docs/about/projects/openaccess/2011/ILDS_20110219.pdf.

表 4-3 部分国家数字视听作品缴存数量

国家	2005 年	2006 年	2007 年	2008 年	2009 年	总计
阿尔巴尼亚	13		10			23
阿根廷	729	87	303	159	546	1824
巴林	372 465	389 567	401 692	445 723	486 936	2 096 383
巴西			1683	1954	2352	5989
中国	3784	6681	11 028	17 896	12 676	52 065
哥伦比亚	144	2	55	328	295	824
加纳	50	19	27	53	62	211
匈牙利	2869	2025	2161	2515	1513	11 083
意大利	2789	3271	12 104	11 048	8596	37 817
牙买加	5	2	10	24	10	51
日本	9480	9093	9926	11 068		39 567
韩国	21 812	27 124	29 300	30 352	38 511	147 089
挪威	60 288	58 816	93 066	141 635	136 075	489 880
塞尔维亚		2875	3264	4123	2700	12 962
新加坡	150	20	352	83	219	824
南非	275	300	110	290		975
西班牙	6544	7270	10 048	8501	7015	39 378
瑞典	50 140	70 369	80 509	72 415		273 433
乌克兰	78	70	94	91	89	422
美国	182 616	163 504	180 297	95 691	132 386	754 494

资料来源：World Intellectual Property Organization. WIPO summary of the response to the questionnaire for survey on copyright registration and deposit system［R/OL］.［2021-04-05］. http://www.wipo.int/copyright/en/registration/pdf/legal_deposit_summary_responses.pdf.

由上述内容可以得知，首先，许多国家已经充分意识到数字出版物缴存制度的重要性与必要性；其次，许多国家已经开始采取不同的措施开展数字出版物缴存工作；最后，由于数字出版物缴存制度涉及的问题比较复杂，虽然一些国家取得了一定的缴存效果，但另外一些国家在实际的缴存过程中还处于无效率的状态。

4.1.3 与数字出版物缴存制度相关的报告

数字出版物缴存制度的发展过程中，在国际上产生了一些知名的报告，这也可以看作是对该问题的国际讨论，为整体把握数字出版物缴存制度的发展情况提供了帮助。

（1）1981年《法定缴存指南》

1981年，联合国教科文组织出版《法定缴存指南》（Guidelines for legal deposit legislation，以下简称《指南1981》），由 Jean Lunn 博士编写。《指南1981》共有18章。在书中，作者主要关注的是纸质资料的法定缴存，对法定缴存未来发展的相关问题略有涉及。在该研究发表的20多年之内，世界上许多国家和地区据此对纸质出版物法定缴存规定做了修改或是重新制定。随着数字出版形式的不断变化，新的出版媒介不断形成，使得数字出版物已经成为国家出版遗产中不可或缺的组成部分。这给缴存制度的发展带来了许多新的问题，如何确保国家实现更多类型出版物的保存，成为一个重要的议题。为此，早在1996年8月在北京召开的国家图书馆馆长会议（Conference of Directors of National Libraries，CDNL）上就提出需要重新修订《指南1981》的内容以更好适应新的出版环境；1998年的第二届国家书目服务国际会议（International Conference on National Bibliographic Services，ICNBS）上的与会人员也就如何修订该指南提出了一些具体的意见。

（2）1996年《电子出版物法定缴存制度》

如前所述，1996年的国家图书馆馆长会议上对电子出版物的法定缴存提出了修改意见。该会议的电子出版物法定缴存工作组（Working Group on Electronic Legal Deposit）就此展开了相关的调研工作，调研内容主要包括国家图书馆收藏电子出版物的相关立法问题，也包括出版单位向国家图书馆缴存电子出版物样本的实施办法等[①]。

在该会议上，时任英国国家图书馆馆长布莱恩·朗（Brain Lang）作为组长，向当时的工作会议组提交了报告——《电子出版物法定缴存》（Legal Deposit of Electronic Publications）。报告简介了澳大利亚、加拿大、丹麦、芬兰、法国、德国、意大利、荷兰、挪威、南非、西班牙、瑞典、瑞士、英国、美国等国的数字出版物法定缴存情况，并对加拿大、法国、美国等国的情况作了具体的研究分析[②]。该报告的重要贡献在于指出电子出版物法定缴存的重要性以及应该如何对需要缴存的电子出版物的类型进行界定。

报告指出："电子出版物是存储在计算机内，可以显示在计算机屏幕上供阅读或者打印出来的内容"，其类型主要有：①书刊等印刷出版物的电子版；②存储书目、统计资料、立体数据、图像或文本等文档的交互式数据库；③电子游戏之类的交互式多媒体；④软件和专家系统；⑤新的出版形态，如电子公告文件、讨论组文件和可以通过电子网络供应的电子预印本（Electronic Preprint）。

简单而言，该报告把电子出版物分为离线出版物（Offline Publications）和在线出版物（Online Publications）两大类型。其中，离线出版物是指软磁盘、只读光盘等以实物为载体的电子出版物，属静态的电子出版物（Static Electronic Publications）；内容不断更新的在线数据库和在线期刊等，则属动态的出版物（Dynamic Electronic Publications），也称为在线出版物[③]。

该工作组还认为电子出版物应该包括平行出版物（Parallel Publications），回溯性出版物是指出版物形式原来是以印刷形式出版，后来变成了新的出版形式，如电子形式。这是指原来用印刷形式出版的，后来变成了电子形式的

---

① Shahrazat Ibrahim, N.N.Edzan. legal deposit of electronic publications in Malaysia：1988–2000［J］. Malaysian Journal of Library &Information Science，2004（2）：63–78.

② The Legal Deposit of Electronic Publications［EB/OL］.［2021-08-27］. http://www.unesco.org/webworld/memory/legaldep.htm.

③ Lang B. the legal deposit of electronic publications，report of a CDNL working group［R］. in: the working series of UNESCO general information programme and UNISIST（C11-96/WS/10）. Paris: UNESCO, 1996, 转引自：林穗芳. 电子编辑和电子出版物、概念、起源和早期发展（上）［J］. 出版科学，2005（3）：6–16.

新的出版物①。

具体来说，该工作组提交的报告内容由四个部分和九个附录组成。该报告主要从国家图书馆具有保存国家文化遗产的角度论述电子出版物缴存的范围、如何实施新的与电子出版物有关的缴存立法、国家书目中有关缴存的电子出版物如何进行分类编目、如何调解电子出版物缴存中涉及的利益所有者的利益处理、电子出版物的获取、检索与保存等诸多事宜；在附录中还展示了一些国家实施电子出版物缴存的具体案例。该报告作为联合国教科文组织委托加拿大图书馆学家 Jean Lunn 于 1981 年制定的《样本法定缴存制度立法准则》（PGI-81/WS/23）的补充文件，于 1996 年 12 月由联合国教科文组织发表，以提供各会员国参考。

除此以外，当时较为知名的会议还有于 1995 年 12 月 18 日举办的卢森堡会议②。该会议于 1996 年 2 月发布有关于电子出版物国家收藏的报告（European Commission Directorate General XIII-E/4 A Study of Issues Faced by National Libraries in the Field of Deposit Collections of Electronic Publications），并认为有必要对电子出版物进行法定缴存，出版社有责任并受法律制约，以为合理利用而缴存电子出版物③。

（3）1998 年 Haynes 的调研报告

1998 年 Haynes 曾针对欧洲地区的国家图书馆和电子出版物的出版者进行了问卷调研，以确定他们对典藏电子出版物重要性的看法。此次调研对象主要是欧洲国家图书馆馆长会议（Conference of European National Libraries，CENL）、欧洲出版者联盟（Federation of European Publishers，FEP）联合委员会的成员及其代表。包括欧洲地区 18 所国家图书馆、2 所国家级学术图书馆、7 个出版者协会及 13 家出版社。调研的内容主要是有关电子出版物的定义（应纳入的出版物类型、以何种方式进行规范）、电子出版物的采

---

① CDNL Working Group.the Legal Deposit of Electronic Publications [R]. Paris：UNESCO，1996：4.

② 此次会议主要的与会者包括欧洲联盟（European Union，EU）、欧洲经济区（European Economic Area，EEA）、欧盟自由贸易协会（European Free Trade Association，EFTA）成员国的国家图书馆馆长或是这些馆长的指定代表人、电子出版物出版商以及相关利益代表群体、具有相关经验的技术专家。

③ A Study of Issues Faced by National Libraries in the Field of Deposit Collections of Electronic Publications [R/OL].［2021-09-13］. http://aei.pitt.edu/41245/1/A5283.pdf.

访（包括采购来源、使用方式）等问题。调研结果显示，国家图书馆认为电子缴存（Electronic Deposit）、资料典藏（Archiving）等是最重要的议题之一，并且他们认为电子出版物的存取问题是电子缴存中引起国家缴存机构和出版者冲突的最主要因素。此外，对于这些已经缴存的电子内容的获得方式也是争议的重点问题。

根据 Haynes 的调查，没有一所国家图书馆认为其所典藏的电子出版物只能限制在一台电脑上使用。国家图书馆总体倾向于开放利用，出版商则基于商业考虑倾向于限制使用（表 4-4）。

表 4-4　Haynes 对欧洲地区电子出版物缴存的调研结果

调查项目	国家图书馆	出版单位
缴存出版物	单机使用：3 所 馆内任何电脑使用：13 所 提供外部网络使用：5 所	单机使用：7 家 馆内任何电脑使用：8 家
购买出版物	馆内任何电脑使用：11 所 提供外部网络使用：8 所	根据授权书进行规范
缴存出版物同时间段使用	同时间段超过一人使用：13 所	同时间超过一人使用：9 家 同时间段单人使用：8 家

资料来源：David Haynes. Electronic Publications: an Agenda for National Libraries and Publishers [J]. Alexandria, 1999 (3): 167–179.

（4）2000 年《法定缴存指南修订版》

随着信息技术的快速发展，《指南 1981》已无法适应数字时代缴存需求，为此，需要对部分不符合时代发展的内容进行修订，修订的主要目的在于为数字出版物缴存提供新的立法准则，给尚未立法或准备修改立法的国家提供参考。修订的最大意义是将缴存的范围扩大到数字出版物，以奠定国家机构保存数字出版物的法定基础，避免数字文献遗产的流失。

为此，2000 年加拿大渥太华法律图书馆馆长（Director Law Library University of Ottawa, Canada）Jules Larivière 对 1981 年的版本进行了修订、拓展和更新。此次修订由 IFLA 出版，并由 UNESCO 提供部分的财务支持。报告名称仍为《法定缴存指南》（为了区分 1981 年版，2000 年版称为修订版，本书简称《指南 2000》)。可以说,这两个版本有关于法定缴存的内容,给国际上其他国家提供了权威的解释和参照。《指南 2000》主要分为八个章节及附录,分别介绍法定缴存的性质和作用(第一章)、法定缴存的历史(第二章)、法定缴存的相关法律问题(第三章)、法定缴存方案的组成要素(第四章)、法定缴存目标(第五章)、电子出版物法定缴存(第六章)、国家法定缴存方案的法律框架(第七章)、未来的法定缴存(第八章)、参考书目(附录)[①]。

(5) 2000 年日本的调查报告

2000 年 4 月日本国立国会图书馆修订了缴存制度,对 CD-ROM、盒式录像带等有形电子出版物(或称为脱机电子出版物)作为缴存对象进行了规定。为了了解国外在电子出版物法定缴存方面的具体做法,日本国立国会图书馆收集部收集科缴存制度的负责人芦田淳对荷兰皇家图书馆、德国国家图书馆、罗马国立中央图书馆、佛罗伦萨国立中央图书馆、法国国家图书馆和英国国家图书馆等 6 所图书馆的脱机电子出版物的收集情况和网络出版物的研究与实践情况进行了调研,结果显示[②]:

① 这些国家的脱机电子出版物的收集方式分为两种。一种是按照纸质出版物的缴存方式进行,如法国、德国、荷兰;另一种情况是要求出版商主动缴存电子出版物并已经着手制定相关的法律将其变成缴存对象,如意大利和英国。

② 对于网络出版物,上述国家都还没有以法律的形式对此进行规定。但荷兰已经与出版商协会缔结了脱机电子出版物和网络电子出版物的缴存协议。法国等国家则是在限定缴存者的基础上进行网络电子出版物的收藏。

③ 电子出版物的保存。对于电子出版物的保存技术,一是按照"内容的保存",即将数据用于新的软件来保存;二是"软件的升级",使软件适应新的操作系统。这些图书馆都在进行电子出版物的利用和保存的新系统研发和设备购置。

---

① Jules Larivière. Guidelines for Legal Deposit Legislation [R/OL]. [2021-08-07]. http://unesdoc.unesco.org/images/0012/001214/121413eo.pdf.

② 郎燕珂. 电子出版物缴送制度的调查 [J]. 图书馆杂志, 2003 (1): 71-72.

（6）WIPO 的调查统计

WIPO 对澳大利亚、奥地利等国的网络资源保存计划进行了具体调查。这个调查主要在于了解缴存制度与网络保存的关系，这些保存计划说明缴存制度与网络资源的保护息息相关，并且能起到积极的促进作用（表 4-5）。

表 4-5　国外网络资源备份保存计划具体规定

国家	详细内容
澳大利亚	1996 年开始由国家图书馆主导，选择对国家有意义、对研究者有价值的网络资源，在出版社许可情况下，实现对部分资料内容存取
奥地利	1. 1999 年开始备份保存网络资源；2. 2000 年 7 月法律规定寄存非在线的数字出版品；3. 由奥地利国家图书馆与维也纳科技大学（Vienna University of Technology）的软件技术系（Department of Software Technology）共同合作；4. 搜集保存全奥地利网域（.at）内的资料；5. 2001 年 5 月使用 NEDLI 收割，但因为不稳定，当年 6 月即改采用瑞典的 Kulturarw 计划的联合收割，全局与选择性的备份保存，效果良好；6. 2004 年因经费不足暂停，2005 年重新启动
加拿大	1. 1994—1995 年通过电子出版物先导计划（EPPP）调查在线出版物相关课题；2. 建立电子收藏网站，由各界自愿提供资料；目前收集的数据包括出版业界、非营利机构、个人、联邦政府以及省政府机构的数字出版物；3. 2004 年起，允许网页存档且把法定缴存延伸至在线出版物，并要求密码保护等技术措施，2004 年 5 月自由存取的内容大约总备份的 80%；4. 自 2006 年 1 月起提供数字化经费申请
克罗地亚	1997 年起，通过互联网获取，不限定权限
丹麦	自 2004 年起，由皇家图书馆与城市和大学图书馆共同合作，允许收割互联网内容，只允许个人申请的研究者获取资料
爱沙尼亚	2010 年起，能够收集和获取缴存资料，拥有者有权要求限制性获取
芬兰	由芬兰国家教育部主导，法定缴存允许收割；获取已存档的文献和全文索引只能在法定缴存图书馆的允许下进行
法国	1. 2001 年 6 月开始试行搜集备份；2. 由国家图书馆与负责电视与收音机广播节目部门共同合作，进行网络数据备份保存；3. 兼采全局保存（一年数次）与选择性搜集备份保存（约针对全部网站的 10% 进行频繁的备份保存）

续表

国家	详细内容
德国	1. 由国家图书馆主导；2. 目前数据库中包括由出版者提供的数字数据、博士与博士后论文、德国占领时期的法律文献等；3. 涉及版权与收费性数据仅限德国国家图书馆内使用
以色列	2007年国家图书馆法允许国家图书馆以保存的名义收割互联网网址；教育部和司法部被授权公共获取收割网址
日本	2010年起，允许收割政府和与政府相关的机构网站
新西兰	1. 由国家图书馆主导；2. 2003年立法将缴存范围拓展至在线与非在线资源
挪威	法定缴存始于1990年；收割始于2002年；计划采用挪威网络存档获取工具建置提供用户查询数据系统
立陶宛	1. 由国家图书馆主导；2. 始于2002年10月，2002年11月进行第二次测试性搜集；3. 与出版者洽商，搜集备份立陶宛主要出版社的电子出版物
英国	1. 2001年由英国国家图书馆主导为期6个月的实验性计划Domain.uk；2. 针对所选择网站，一一争取网站所有者之同意；3. 该计划好成功经验，是现今英国国家图书馆网络资源备份保存计划的基础，成为英国网络信息保存联盟（UKWAC）极为重要部分；4. 加入由法国国家图书馆主导的国际互联网保存联盟（IIPC）；5. 2004年国家对缴存数据立法延伸涵盖范围，包括电子书、电子期刊、网站等
美国	国会图书馆、美国政府印刷局、互联网档案馆、北德克萨斯州大学图书馆、加利福尼亚数字图书馆、哥伦比亚大学、哈佛大学图书馆、乔治·华盛顿大学有不同的存档和获取政策

（7）英国国家图书馆调查报告[①]

2009年，英国国家图书馆对相关国家图书馆展开调研以确定这些国家电子出版物缴存的实施概况。英国国家图书馆把问卷发放给所有CENL的代表，这些代表除了欧洲理事会成员，还有其他国家的部分代表。除英国以外，共收到其他34个国家的回复。在这些国家图书馆中，23个来自欧盟国家，另外6个是欧盟之外的国家，包括澳大利亚、加拿大、日本、新西兰和美国等国

---

① British library.International survey on electronic legal deposit［R/OL］.［2021-10-09］. http://www.cdnl.info/2010/CDNL_2010_-_BL_international_survey_on_e-Legal_Deposit.pdf.

（表4-6）。

表4-6　英国国家图书馆对电子出版物缴存进行调查的地区分布　　　单位：个

区域	2011年	2009年
中东	2	0
欧洲	31	30
加勒比海地区	3	0
亚洲	9	1
南美洲	3	2
北美洲	3	2
非洲	3	0
大洋洲	2	2
总计	55	35

为了便于和英国的情况进行对比，该问卷分为离线出版物、免费在线出版物、商业和受保护的在线出版物、结构式问答等几个部分。问卷的主要问题包括：

① 贵国是否有已经实施电子出版物缴存制度或是制定了相关的立法，能否在2010年之前实施；

② 贵国是否已经真正开始实施且执行相应的立法；

③ 贵国是否有相关的材料证明已经在立法的规定下开始实施缴存；

④ 概括如何获得所缴存的数字内容。

调查结果显示（表4-7）：

① 34个国家中有26个（76%）国家已经通过且实施了电子出版物缴存制度（不一定包括在线和离线出版物，但至少是关于离线出版物的缴存）。只有6个国家（18%）没有或是计划通过和实施相关立法。这些国家是澳大利亚、塞浦路斯、马耳他、荷兰、瑞士和美国。其中，澳大利亚国家图书馆在出版商和创造者的允许下可以承担选择性网页存档的责任。荷兰由于是传统意义上的自愿缴存，并不会对纸质图书、期刊进行法定缴存，为此，荷兰国

家图书馆在与出版商的自愿缴存协议上通过电子缴存系统进行收藏。瑞士国家图书馆并没有电子资源法定缴存，因为在瑞士出版商协会（Swiss Publishers Society）的协议下，相关瑞士出版者对于纸质出版物没有向瑞士国家图书馆缴存的义务。但对于电子收藏，瑞士正在逐渐以存储项目的形式进行选择性缴存，对于可以在互联网上免费获取的出版物，瑞士还没有采取相关的立法活动。而美国则正在致力于通过立法的程序允许国会图书馆以建设馆藏的目的接受电子资源缴存。

② 12 个国家图书馆（35%）已经能够在本国法定缴存规定下进行免费在线资料的收藏，如挪威（自 2001 年始）、冰岛（自 2003 年始）、加拿大和丹麦（自 2004 年始）、爱沙尼亚、法国、德国、拉脱维亚、立陶宛、新西兰和斯洛文尼亚（自 2006 年始）、芬兰（自 2007 年始）等。

表 4-7　接受问卷调查的国家对于本国出版物缴存的限制与使用规定

所属国家	免费在线资料	商业和受保护的在线出版物	备注
加拿大	可以在图书馆内无限制远程获取	在图书馆内不限制获取	不能下载/允许电子复印
丹麦	可以在图书馆内无限制远程获取	可以在图书馆内无限制远程获取	只能是研究生以上用于学术性和数据研究
爱沙尼亚	可以在图书馆内无限制远程获取	在图书馆内不限制获取	对一些商业性出版物施加约束
芬兰	在图书馆内不限制获取	在图书馆内不限制获取	
法国	在图书馆内不限制获取	在图书馆内不限制获取	只限于学术研究人员
德国	可以在图书馆内无限制远程获取	每一项只限制在同一个并发用户使用	
冰岛	在图书馆内不限制获取	在图书馆内不限制获取	
拉脱维亚	在图书馆内不限制获取	有限制（未详细列出限制条件）	
立陶宛	可以在图书馆内无限制远程获取	在图书馆内不限制获取	

续表

所属国家	免费在线资料	商业和受保护的在线出版物	备注
新西兰	可以在图书馆内无限制远程获取	每一项只限制在同3个并发用户使用	
挪威	不允许获取	未详细列出限制条件	由于个人数据问题不允许访问
斯洛文尼亚	在图书馆内不限制获取（未来可以远程获取）	在图书馆内不限制获取	

资料来源：British Library.International Survey on Electronic Legal Deposit [R/OL]. [2021–10–09]. http://www.cdnl.info/2010/CDNL_2010_-_BL_international_survey_on_e-Legal_Deposit.pdf.

通过调研得出的主要结论如下：

① 电子出版物法定缴存现在已经得到广泛开展。82%的国家或者已经开始实施，至少开始缴存CD等离线出版物。只有18%的国家正在选择性或是自愿性协议收藏在线资料。

② 为了应对快速增长的在线出版物，46%的电子出版物法定缴存已经开始实施，这些法令允许收藏免费的网站以及商业或是受保护的在线出版物。

③ 国家图书馆能从电子出版物法定缴存中获益以避免数字黑洞现象，35%的回应者称他们正在通过立法以收藏更多的在线资料。

（8）其他调研与报告

最早的调研项目之一是1989年加拿大图书馆向国内所有的图书馆通过问卷的形式收集有关电子出版物缴存和书目控制的信息。其次是英国展开了有关电子出版物缴存的调研工作，该国的英国图书馆研究与创新中心（British Library Research and Innovation Centre）进行了大量研究[1]。这些研究为后来英国国家图书馆制定2003年《法定缴存图书馆法》提供了实践和理论上的准备。

---

[1] Cornish, Graham P. National libraries [M]. London：Bowker Saur, 1998：19–40.

之后的 2001 年，Martin 对网络数字出版物的管理展开了一项全面性调研。这份报告包括缴存立法方面的问题，如进行缴存管理、出版商协议、获取出版物的方式以及实施数字出版物缴存的不同国家的计划和日期。

2004 年，Bazan 对 20 个国家进行了调查，对不同国家的数字出版物缴存立法的不同特征进行了分析，包括数字出版物法定缴存立法中涉及的相关法律问题等①。

以上这些调研工作基于时代需求展开，从客观的角度描述数字出版物缴存的重要性以及不同国家的经验做法，进而为其他的国家或地区进行相关的研究和实践提供参考。可以说，上述报告为各国今后建立或修改相应的缴存法规提供了指导性建议，无论是在理论还是在实践的案例指引上都具有一定的前瞻性②。

4.2　数字出版物缴存制度的发展

4.2.1　数字出版物缴存制度发展的背景

数字出版物的兴起与快速发展是数字出版物缴存制度得以发展的前提条件。相关统计数据显示，2022 年全球数字出版市场规模为 413.5 亿美元，2023 年将达到 459.8 亿美元，复合平均增长率（Compound Annual Growth Rate，CAGR）为 11.2%，受疫情的持续影响下，预计 2027 年全球数字出版市场规模将达到 678.6 亿美元，CAGR 为 10.2%③。以电子书为例，2017 年，全球电子书市场规模为 135 亿美元，2021 年为 158 亿美元，2023 年预计为

---

① Clasudia B.Bazan. Legal deposit and the collection of national publications in Argentina［J］. IFLA Journal，2003（3）：27–29.

② Brian Lang .The legal deposit of electronic publications［EB/OL］.［2021–08–06］. http://www.unesco.org/webworld/memory/legaldep.htm.

③ The Business. Global Digital Publishing Market［EB/OL］.［2022–05–08］. https://www.thebusinessresearchcompany.com/report/digital–publishing–global–market–report#: ~: text=The%20global%20digital%20publishing%20market%20size%20is%20expected, grew%20exponentially%20during%20the%20COVID–19%20pandemic%20in%202020.

170 亿美元，2025 年则预计达到 177 亿美元①。数字出版物的快速增长给保存带来了一定的压力。同时，由于没有得到有效妥善保存，一些重要的数字内容已经丢失。早在 2008 年一项对网址链接引用的调查显示，截至 2007 年，已有超过 60% 的链接成为死链，网页的平均有效时间为 44～75 天，这充分说明了数字资源寿命短暂的性质。但是这些易消逝的数字内容，却是某一国家乃至整个人类宝贵的文化财产。为此，只有定期规范地对数字内容进行抓取和保存，图书馆等收藏机构才能完整保存国家数字记忆。以缴存的形式实现对数字资源的保存成为许多国家选择的方式，实践证明这也是有效的方式。

此外，纸质出版物法定缴存制度本身存在的不足，需要对其进行变革。首先，纸质出版物法定缴存的范围有限。这主要是一方面纸质出版物法定缴存范围以印刷出版物、缩微文献和声像资料为主，而对于数量多、类型各异、保存复杂的数字出版物无法覆盖；另一方面由于数字出版物的特性，纸质出版物法定缴存制度对其操作性不强，很有可能会失去这些数字资源。其次，数字出版物的特点要求纸质出版物法定缴存的立法应不断修订。随着数字出版日益繁荣而数字出版品种日益增加，以图书馆为代表的许多国家级保存机构迫切要求通过一定的立法程序把缴存范围扩大到数字出版物。这主要体现在对数字出版物缴存范围的规定是以载体类型为依据，还是以数字出版物的内容和价值为依据进行缴存。同时，现有的法律还需要解决如何延伸到数字出版物以及未来包括网络出版物等更多、更新的出版物形式。最后，纸质出版物法定缴存制度无法解决数字出版物缴存过程中可能会出现的许多法律问题。为了完整、系统收集本国家范围内的出版物，许多国家的出版物缴存制度开始是与版权制度相联系，进行出版物缴存是出版者获得版权（或是邻接权）的前提条件。到了数字出版物缴存时代，版权的法律问题又成为重点，这主要原因在于接受缴存的机构对已缴存的内容的拥有和使用问题。此外，由于对所缴存的数字出版物进行保存过程中，受到更新、仿真、转换、迁移、再生等技术的限制，数字出版物缴存制度还涉及公共借阅权、个人隐私权等

---

① Statista.Forecast of ePublishing revenue by segment in the World from 2017 to 2025［EB/OL］.［2022-05-08］. https://www.statista.com/forecasts/456813/epublishing-revenue-in-the-world-forecast.

问题，而纸质出版物法定缴存无法规定数字出版物缴存的法律效力、数字格式、组织体系等。为此，纸质出版物法定缴存制度的变革必然会产生，而实行新的、具有针对性的数字出版物缴存制度也是时代所需。

4.2.2 数字出版物缴存制度发展的形式

信息技术的快速发展带来了数字出版业的繁荣与扩张，繁荣与扩张的表现形式之一就是数字出版物种类、数量与日俱增。这种与传统印刷型出版物迥异的形式——数字出版物，同样具有保存价值、传播价值、学术价值以及研究价值。法定缴存是一种以国家强制力实施的普遍性约束，这种理念以制度的形式嵌入到世界上许多国家的法律结构和规章制度的语言中，并且在实际运行中，对这项规定做了预设的合理性的概念解释和范围界定，为相关利益者的遵守与执行提供了合理的框架范围与执行的能动性。为了应对这些变化，总的来说，数字出版物缴存制度主要有以下的发展与变化形式。

（1）对原有纸质出版物法定缴存内容进行部分修订与调整

对印刷型出版物而言，法定缴存制度是许多国家图书馆获得全面收藏的主要做法。随着数字技术的进步，数字出版物在信息资源中的比重不断加大，以前主要是针对印刷型出版物的缴存制度或与缴存相关的法律法规已经不能完全适用于数字出版物或者不能完全囊括数字出版物的全部内容。但是，数字出版物缴存制度在缴存目的、缴存理念等还是与传统缴存制度一脉相承的。为此，一些国家的应对方式是在原有的纸质出版物法定缴存规定的基础上进行部分修订。这种方式主要解决离线出版物的缴存，但对于在线出版物仍无法涵盖。

（2）重新制定缴存法或是与此相关的法律法规

20世纪80年代以来，随着信息技术的迅猛发展及其在社会生活领域中的广泛运用，以光盘、磁盘和互联网为载体的数字化产品不断出现并得以发展。与此相对，图书馆馆藏资源也由以往以纸本文献为主扩展到数字资源。馆藏资源载体的变化不仅对图书馆业务流程、馆藏政策和服务理念以及手段等方面产生了重要影响，同时也使得存在了数百年的纸质出版物法定缴存制度发生了变化，并且在缴存对象的规定上面临着技术更新的不断挑战。在具体实施上，有些国家认为只是就原有的纸质出版物法定缴存进行局部的修订无法真正解决由于数字出版物的生产者、资源种类和传播方式的多样性及其在采集、保存和服务等环节中涉及经济、技术和法律等而引起的问题。故简单地将建立在纸质出版物基础上的缴存制度套用在数字出版物上会产生诸多不适。数字环境下的缴存由于其独特性，如哪些出版物应被视为缴存法所规定的数字出版物类型，如何修改缴存法才能把国家图书馆应保存的数字化资料都包括进去等。因此，需要对原有的缴存制度做些改进或是调整，面向数字出版物的新型缴存制度也就应运而生①。

重新制定新的法定缴存法是一些国家的主要做法。例如，挪威早在1989年制定的《公开发行书刊资料缴存法》就对出版物的缴存制度进行了重新规定。在挪威的法律中规定，缴存的书刊包括电子资料，如磁盘、磁带、光盘；并且发行50份以上的电子资料都要由出版商缴存两份，如果出版者在国外，则由进口商缴存两份。这是在尽可能扩大缴存对象的基础上实现更多出版形式的缴存。另外，1997年，丹麦在《出版物著作权缴存法案》中就已经意识到新技术的应用会使新的出版物不断出现，因此，在修订的法案中除了传统的印刷型出版物等有所规定以外，实体电子出版物、静态网络出版物及未来可能会出现的其他载体形式的出版物都纳入到法定缴存范围。日本、美国、瑞典、德国等国家也借助信息技术发展的契机，对新的缴存法进行了重新制定并颁布实施。可以说，通过制定或是颁布新的法规解决实体数字出版物法定缴存的问题是一种常见也是比较有效的选择方式，这也是数字出版物缴存制度的最大发展之一。

（3）借助多种形式逐步实现网络出版物的缴存

1991年，Jan.T.Jasion在《国家出版物法定缴存指南》中曾提出了法定缴存立法的4个主要特征：穷尽性（Exhaustiveness）、可保存性（Preservation）、公开性（Publicity）、可获取性（Accessibility）。其中穷尽性是指一国所有已出版的文献，不论其载体、生产者、出版方式或者格式，均应依法向国家图书馆等法定文献保存机构进行缴存，网络出版物当然不能游离于该项制度之外。但是网页寿命非常短暂，平均每个网页的寿命仅为44天②。以2007年法国总统选举期间里昂图书馆（Library of Lyon）的调查为例，421个有关于

---

① 马费成.数字信息资源规划、管理与利用研究［M］.北京：经济科学出版社，2012：428-429.

② National Digital Information Infrastructure and Preservation Program［EB/OL］.［2021-01-04］.http://www.dlib.org/dlib/april02/friedlander/04friedlander.html.

第4章 数字出版物缴存制度的源起与发展

选举的网站，已经有52%的网站在选举结束之后的5个月内已经完全或是部分关闭[①]。

为此，实现网络出版物的保存也同样成为许多国家关注的重点。但是，由于网络出版物的复杂、易变、多样化等原因，一般都对实体数字出版物进行强制性规定，对网络出版物则没有过多强制性要求。但没有强制性要求并不意味着没有缴存的必要。著名图书馆学杂志《图书馆评论》（*Library Review*）Nicholas Joint编辑就亲自撰文，对比纸质出版物缴存的国家收藏管理原则，回顾了数字出版物法定缴存和数字保存的一些综合性工作成效，认为国家要想实现全面地收藏数字资料需要更加智慧的方案，不仅需要数字出版物进行缴存，未来也需要关注更广范围的出版物形式，如网络出版物[②]。相应地，斯洛文尼亚存在法定缴存法（Legal Deposit Act）和数字出版物法定缴存的类型和选择标准规章基础上，规定网络出版物（Web Publications）也要在法定缴存规定下进行收藏。自2006年斯洛文尼亚实施法定缴存法以来，国家和大学图书馆（National and University Library，NUL）已经在收藏网络出版物的法定缴存方面实施了诸多活动。NUL能免费搜索、收藏和获取网络出版物，但是需要为出版商和知识产权所有者提供相关证明[③]。

除了强制性缴存以外，也有一些国家主要是借助与出版者协商自愿的形式为主，荷兰是这方面的典型。因为荷兰并没有相关的出版物缴存法，而是采取政府与国家出版商和书商协会签订协议的形式。1995年荷兰国家图书馆与3个主要的电子出版商试验合作，1996年变成常规合作。对于动态出版物（如数据库）等则采取与出版商进行协商的"快照"方式进行。荷兰出版商协会、书业协会也同意缴存刊载在它们网站上的网络数字出版物[④]。另外一些国家则是在国家的网络存档（Web Archive）中进行网络资源的采集，如澳大利亚的

---

① La netcampagne des législatives 2007 en Rhône-Alpes: la course au Net et après [EB/OL]. [2021-03-27]. http://www.pointsdactu.org/article.php3？id_article=863.

② Nicholas Joint. Lagal deposit and collection development in a digital world [J]. Library Review, 2006 (8): 468-473.

③ Janko Klasinc, Irena Sešek. Collecting legal deposit of web publications in the National and University Library, Slovenia legal provisions and practice [J]. Knjižnica, 2010, 54 (1-2): 121-135.

④ 王少辉. 试论信息时代我国出版物呈缴制度的完善 [J]. 武汉大学学报（哲学社会科学版），2007 (1): 116-120.

PANDORA 计划就是与其他 11 个澳大利亚各地的图书馆和文化遗产机构进行合作，实现澳大利亚网络资源的保存。这些在一定程度上意味着法定缴存范围不断地扩大。

从原则上讲，早在《数字文化遗产保护指导方针》中就已经指出各种网络出版物都应纳入缴存范围并合理缴存给指定的图书馆。但是各个国家的具体情况有所不同，网络出版物缴存制度的适用程度也不尽相同，一方面鉴于网络出版物分布特点，对所有网络出版物全部缴存的操作性不强；另一方面会加重受缴图书馆的工作负担和国家的经济压力。同时，还可能涉及其他法律问题，如对缴存的个人资料包含的隐私保护问题等。因此该方针只能为各国提供一个参照体系，网络出版物的具体缴存范围应当由各国自行决定。例如许多国家并不把电子游戏列为缴存对象，不含文字、图像、声音的程序语言也不在缴存之列，如股价指数等经常变动的出版物、广告宣传品、公司内部的出版物、电子邮件和个人网站中的资料也不在缴存的范围内[①]。

4.3 本章小结

出版物的缴存制度为实现本国信息资源的保存提供了重要的保障作用。在数字环境下，为了能够有效地将数字出版物纳入到国家信息资源保存体系中，缴存制度还需要发挥更重要的作用。本章系统梳理了数字出版物缴存制度发展的脉络，包括在这个过程中出现的一些重要的、有代表性的研究报告与调查统计。此外，还概括了当前数字出版物缴存制度发展与变化形式，即对原有纸质出版物法定缴存内容进行部分修订与调整；重新制定缴存法或是与此相关的法律法规；借助多种形式逐步实现网络出版物的缴存。

---

① 刘亮. 网络信息资源保存问题研究 [D]. 北京：北京邮电大学，2006.

第 5 章　国外英美法系国家数字出版物缴存制度代表性实践[①]

5.1　英国

英国是世界上少数几个以单独立法的形式对数字出版物法定缴存进行规定的国家之一。在制定单独的法定缴存法之前,英国主要通过公众意见咨询、成立专门的法定缴存委员会、制定多项配套措施等方式以保证数字出版物法定缴存法的顺利实施,以预先了解法律实施过程中可能会出现的一些问题。

---

① 世界上不同国家、地区对数字出版物缴存的具体规定存在着许多差异,真正以"法"的形式较为完善地规定数字出版物缴存的国家还"寥寥无几"。为了能进一步了解国外有关数字出版物缴存制度的实施与运转情况,本章节主要选取英国、澳大利亚、美国、加拿大等英美法系的国家作为案例。本章和第 6 章一共选取英国、加拿大、美国、荷兰、丹麦、澳大利亚、法国等 7 个国家作为主要的研究对象。这 7 个国家都能在不同程度上代表数字出版物缴存发展的现状与特征,同时这些国家能在一定程度上反映未来数字出版物缴存发展的基本方向。对这些国家的选择,主要是以英美法系(common-law system)和大陆法系(civil-law system)进行划分,以进一步了解这些国家在数字出版物缴存方面的主要做法,并在此基础上归纳并分析这些国家的经验,以期对其他尚未或正在制定相关法律、规章的国家或地区有所启示。实际上,德国、意大利、新西兰、日本、奥地利等国在相关的立法建设与实施上,虽然也有许多值得借鉴的地方,但是,由于篇幅的限制,对这些内容并不单独列举与总结,而是分别以不同形式在本研究的不同章节中进行提及和探究。选取英国的主要原因在于,英国已经拥有了独立的数字出版物缴存立法,并且通过多种配套措施不断完善离线数字出版物、在线数字出版物等形式的缴存。选取美国作为代表性国家的原因在于,美国结合多种缴存的形式实现数字出版物的缴存。特别是对于政府数字出版物缴存的规定,能在很大程度上满足收藏机构保存数字内容的需求,加拿大也有类似的规定。对于澳大利亚,虽然这个国家并没有在法律中明确地规定对本国的数字出版物进行法定缴存,但是该国在澳大利亚国家图书馆的领导下,联合多个机构,积极推动相关立法的完成。可以说,上述这些国家都能从不同的侧面反映着数字出版物或是网络出版物缴存的概况。

长期以来，英国国家图书馆一直把法定缴存作为馆藏政策的重要组成部分[①]。从1610年开始，英国法定缴存制度经过400多年的变化和发展（表5-1），取得了良好的效果。即使受疫情影响，法定缴存政策仍得到较好地执行。以接受法定缴存之一的英国国家图书馆为例，2020—2021年，共接收了61 398册纸质出版物（包括报纸、图书及连续出版物），1 130 000册数字出版物（包括电子期刊、电子图书及连续出版物）[②]。即便是疫情高发期，2021—2022年，英国国家图书馆共接收了294 000册纸质出版物（包括报纸、图书及连续出版物），1 960 000册数字出版物（包括电子期刊、电子图书及连续出版物）。同时，英国网络存档（UK Web Archive）收集了237TB的内容[③]。据统计，英国国家图书馆印刷型出版物的缴存率分别是84%（2010年）、98%（2011年）、99%（2012年）。

表5-1　英国出版物法定缴存制度溯源

时间	发展历程	内容
1610	托马斯·博德利爵士与伦敦出版公司协议	伦敦出版公司把出版的每一本图书的一个复本缴存给博德利图书馆
1637	星法院法令	达成私人协议
1662	出版执照法	接受缴存的图书馆有：牛津大学博德利图书馆、剑桥大学图书馆、皇家图书馆
1709	版权法（也称安娜法）	再次确定图书缴存制度，有权接受缴存的图书馆从3所增加到9所，包括爱丁堡大学、格拉斯哥大学、圣安德鲁斯大学等图书馆
1801	版权法	在1709年规定的基础上再增加两所接受缴存的图书馆

---

① British Library. The British Library's Content Strategies–Meeting the Knowledge Needs of the Nation［R/OL］.［2022-05-10］. http://www.bl.uk/reshelp/findhelpsubject/busmanlaws/contentstrategy.pdf.
② British Library. Annual Report and Accounts 2020/21[R/OL].[2023-05-14]. https://assets.publishing.service.gov.uk/government/uploads/system/uploads/attachment_data/file/1002601/British_Library_Annual_Report_and_Accounts_2020-21_FINAL.pdf.
③ 同②。

续表

时间	发展历程	内容
1811		要求法定缴存图书馆数量增加到 11 所
1836	版权法	接受缴存图书馆减少至 5 所：博德利图书馆、剑桥大学图书馆、英国博物院图书馆、爱丁堡律师学院图书馆、都柏林圣三一学院图书馆
1842	版权法	在整个英国拓展出版物法定缴存的范围
1911	版权法	要求出版商必须在出版物出版后的 1 个月内上缴所有在英国出版的图书复本到英国国家图书馆，其余 5 所图书馆（苏格兰国家图书馆、威尔士国家图书馆、牛津大学博德利图书馆、剑桥大学图书馆、都柏林圣三一学院图书馆）有权在出版物出版后的 12 个月内提出接受缴存请求
1969		把法定缴存范围拓展到胶片
1996	非印刷型出版物缴存建议书	英国国家图书馆和其他法定缴存图书馆向国家遗产部提交建议书
	英国国家图书馆研究与发展报告	建议拓展缴存范围至数字出版物
1997	政府公共咨询报告	国务大臣安东尼·肯尼建议成立由出版商和图书馆代表共同组成联合工作小组；文化、媒体和体育部认为短期内很难拓展缴存范围至数字出版物
1998	国务大臣成立工作组	与英国国家图书馆、其他法定缴存图书馆探讨如何在减少出版商压力的基础上拓展缴存范围
	Kenny 工作组关于法定缴存报告	关于自愿性缴存的立法和原则建议
	国务大臣答复议会	建议把自愿性缴存当作短期措施
1999	非印刷出版物自愿缴存准则	对英国非印刷出版物中缩微胶片及离线数字出版物的自愿缴存做了规定。其中，1 月，出版商与图书馆共同起草自愿缴存框架；7 月，出版商与图书馆建议成立自愿缴存联合委员会；9 月，自愿缴存准则修订发布
2000	2000 年版权法与相关权利法案	规定爱尔兰出版商和发行者需要向都柏林圣三一学院图书馆呈缴所有作品的一份纸质版本[①]

续表

时间	发展历程	内容
2003	法定缴存图书馆法	重申印刷出版物缴存的规定，并给予国务大臣扩展非印刷出版物形式的权利
2013	《法定缴存图书馆法》（非印刷型出版物）条例咨询草案	规定接受法定呈缴的图书馆保存和获取电子图书、文章、网页和在英国境内出版的其他电子文献，规章还特别指出法定呈缴图书馆需要一年内至少合作一次以收集英国网页资源[②]

目前，英国共有6所法定缴存图书馆。为了保证法定缴存的顺利开展，英国国家图书馆成立了法定缴存联合委员会（The Joint Committee on Legal Deposit，JCLD），该委员会由缴存图书馆和出版行业协会的代表组成，涉及图书馆、出版商协会、媒体、公司等（表5-2）[③]。其主要目的是支持出版商和缴存图书馆之间的合作，以有效实施法定和自愿缴存工作。委员会的主要工作还包括就非印刷品收藏政策进行探讨，以及就出现的问题达成共识，评估缴存工作的发展并根据发展需要建立试点工作计划。

表5-2 法定缴存联合委员会主要成员表

序号	姓名	职务	所属机构
1	Angela Mills-Wade	欧洲出版商理事会执行主任	欧洲出版商理事会
2	Liz Jolly	图书馆馆长	英国国家图书馆
3	Richard Ovenden	馆员	牛津大学博德利图书馆
4	Jess Gardner	图书馆馆长	剑桥大学图书馆
5	John Scally	图书馆馆长	苏格兰国家图书馆
6	Pedr ap Llwyd	图书馆馆长	威尔士国家图书馆

---

① The Library of Trinity College Dublin.Legal Deposit（Copyright Libraries）[EB/OL].[2021-05-07]. https://www.tcd.ie/library/about/legal-deposit.php.
② Legislation.gov.uk. The Legal Deposit Libraries (Non-Print Works) Regulations 2013 [EB/OL]. [2021-05-07]. https://www.legislation.gov.uk/uksi/2013/777/part/3/made.
③ British Library.The Joint Committee on Legal Deposit [EB/OL]. [2022-06-04]. https://www.bl.uk/legal-deposit/joint-committee.

续表

序号	姓名	职务	所属机构
7	Andrew Yeates	知识产权顾问	专业出版商协会
8	Anne Joseph	欧洲公共政策部负责人	RELX
9	Catherine	律师	新媒体
10	Amy Warner	学术资源部副主任	博德利图书馆
11	Chris Fell	无	学会与专业协会出版商协会
12	Dan Conway	对外事务主任	出版商协会
13	Stephen Godsell	总顾问和公司秘书	英国卫报媒体集团
14	Patricia Killiard	学术服务部副主任	剑桥大学图书馆
15	Trevor	公司总经理	欧睿公司
16	Robin Barry	出版总监	英国皇家音乐学院

5.1.1　1999年《非印刷型出版物自愿缴存准则》

英国对出版物法定缴存立法规定得较早的是 1911 年版权法第 15 条（Copyright Act of 1911，section 15），该条例规定凡在联合王国境内出版的每种图书、连续出版物或已出版的其他印刷品均应自出版之日起 1 个月内向英国图书馆无偿缴存 1 册（件）。另外，前述其他 5 家图书馆亦可自出版之日起 12 个月内向出版者提出书面索书请求；出版者应自收到书面请求之日起 1 个月内（如该请求系于出版前提出的，应自出版之日起 1 个月内）向请求馆无偿缴存 1 册。出版者未能履行缴存义务的，将被课以该书定价及 50 镑以下的罚款[①]。由于时代的原因，当时的立法并不可能规定任何非印刷型出版物的缴存，这也就意味着不可能覆盖数字出版物。在之后数次的版权法修订中，也并未就法定缴存的范围进行延伸和扩大，如 1988 年《版权法》修订版（Revision of the Copyright Act，1988）在法定缴存方面的规定也没有产生任何变化，仍将缴存对象限定为印刷型资料，不包含数字出版物等。

随着时代的发展以及出版物形式的不断丰富，英国的一些部门和机构已经

[①] 翟建雄. 英国出版物法定缴存制度及其最新立法介绍[J]. 法律文献信息与研究，2006（1）：10-13.

逐渐意识到版权法中对出版物法定缴存规定的局限性。为此，1996年1月，英国图书馆在都柏林圣三一学院（Trinity College Dublin）和英国电影协会（British Film Institute，BFI）支持下，向当时的国家遗产部提请缴存数字资料，并建议对非印刷型出版物（Non-print Publications）进行法定缴存。他们认为非印刷型材料是国家智力遗产的重要组成部分，并且这方面的内容已经逐渐多于纸质型出版物，很有必要把这些出版物形式完整地纳入到国家收藏体系中。

当时，英国政府为此成立了一个工作组以研究该项立法问题，该工作组认为非印刷型出版物的缴存应该是以立法的形式进行单独规定。之后，经过工作组的努力，英国政府就缴存立法的问题于1997年2月发布《出版物法定缴存：咨询稿》（Legal Deposit of Publications：A Consultation Paper），并在咨询稿中指出，为了保存国家已出版的内容，有必要将法定缴存的范围拓展到数字等物理形式的出版物。但是，考虑到多方利益，该咨询稿也强调对于非印刷型出版物应该先进行过渡性的自愿缴存。

为了能更好地实现对非印刷型出版物的缴存并且解决缴存过程中可能会出现的一些细节问题，1998年1月，当时的英国文化、媒体与体育部（Department for Culture, Media and Sport，DCMS）大臣宣布成立法定缴存工作组（Working Party on Legal Deposit），并由安东尼·肯尼爵士（Sir Anthony Kenny）担任主席。该工作组对如何延伸法定缴存的范围至非印刷型材料进行了数次讨论。之后，该工作组发表一份报告，报告首先强调，为了确保出版物得到代表性和全面性地保存，只有自愿缴存是不够的。从长远来看，只有以立法的形式实现缴存才足以确保完整的国家出版档案得到保存。其次，该报告再次重申对非印刷型出版物进行缴存的必要性和紧迫性[①]。

1998年12月，DCMS大臣对法定缴存工作组的报告进行了回应，要求相关部门起草非印刷型出版物自愿缴存的实施措施和计划。1999年，经过多方努力，《英国非印刷出版物自愿缴存准则》（Code of Practice for the Voluntary Deposit of Non-print Publications）最终确定，并从2000年1月4日开始生效。该准则的主要内容涉及出版商的定义，出版物缴存的范围、形

---

① British Library.Report of the Working Party on Legal Deposit［R/OL］.［2021-09-18］. http://www.bl.uk/aboutus/stratpolprog/legaldep/report/index.html.

式、数量等（表 5-3）。

表 5-3　非印刷型出版物自愿缴存准则主要内容

内容	释义	备注
出版商定义	向公众发行或发布出版物的人或机构	首次在英国出版，或是最初在国外出版的英国出版商
缴存范围	缩微和离线电子文献的非印刷出版物	离线电子文献是指磁带、磁盘或某种类型的光盘（CD-ROM 或 DVD）等的数字文献
缴存形式	缩微胶片；离线出版物；多格式出版物	缩微胶片以缩微平片或卷轴缩微胶卷；离线出版物以公众可获取的格式进行缴存，同时附上任何相关的软件、手册及能被用户使用的材料；多格式的出版优先选择 IBMPC 兼容格式
缴存数量	一个复本	英国国家图书馆将发布所收到的项目清单给其他缴存图书馆及版权代理处，这些图书馆可以各自通过版权代理申请复本，出版商自行决定是否进行缴存

资料来源：British Library. Code of Practice for the Voluntary Deposit of Non-print Publications［EB/OL］.［2021-01-03］. http://www.bl.uk/aboutus/stratpolprog/legaldep/voluntarydeposit/.

该准则的目的是在最后的法定缴存立法之前在国家已出版物的档案中引入非印刷型出版物，并对其自愿缴存提供参考。该准则主要强调的是自愿性缴存，并且详细规定了出版物应缴存的类型。

具体而言，在英国应缴存的出版物是以缩微形式和以离线电子媒体方式存在的非印刷型出版物。其中，离线电子媒体主要是指磁盘、磁带或是更普通的一些光盘类型，如 CD-ROM 或是 DVD。对于一些自愿缴存的项目，在准则内可以自由裁量。如缩微形式出版物在英国销售 6 个复本以上才进行缴存，离线出版物形式则是在英国销售 12 个复本以上才进行缴存，这可以说是对出版商利益的极大保护。此外，对于非印刷型出版物的电子下载、使用等也都有详细规定[①]。

---

① British Library.Code of Practice for the voluntary deposit of non-print publications［R/OL］.［2021-09-18］. http://www.bl.uk/aboutus/stratpolprog/legaldep/voluntarydeposit/index.html.

在附录中，有关于在线出版物的界定、是否应缴存、网络出版物缴存和获取机制、法规影响分析或法规影响评估（Regulatory Impact Assessment，RIA）等都有具体的说明。可以说，这是对数字出版物相关规定的详细补充，也尽可能在出版商和缴存图书馆之间进行平衡，为真正的缴存法制定进行了前期铺垫。

由于该准则考虑了多方利益，它的生效也得到了英国出版协会（Publish Association，PA）、学术与专业学会出版商协会（Association of Learned and Professional Society Publishers，ALPSP）和期刊出版商协会（Periodical Publishers Association，PPA）[①]等机构的支持。

5.1.2 2003年《法定缴存图书馆法》

（1）2003年《法定缴存图书馆法》主要内容

由上述可知，法定缴存制度在英国的重要性以及在丰富国家收藏方面所取得的成果，但英国一直都在版权法中的一部分对缴存进行规定。直到2003年10月30日，英国议会通过了专门的出版物缴存法——2003年《法定缴存图书馆法》（Legal Deposit Libraries Act 2003），并于2004年2月1日起生效[②]。该法成功参考和借鉴了1911年《版权法》（Copyright Act 1911）、1932年《英国博物馆法》（British Museum Act 1932）、1972年《英国图书馆法》（British Library Act 1972）、1999年《威尔士国民议会〈职能转交〉令》（National Assembly for Wales〈Transfer of Functions〉Order 1999）等法案。该法的颁布，意味着英国图书馆界产生了首部关于图书馆以及出版物法定缴存的专门法。

[①] 英国期刊出版商协会是英国期刊业的行业组织，代表并保护英国消费类和商业类期刊出版商以及媒介内容提供商的利益，并维护行业的出版标准。协会拥有约300家会员出版公司，出版超过2500种消费类、商业类和专业类杂志。此外，还包括展览、名录黄页和交互式产品，有些会员还拥有与杂志主题相关的电视和广播节目品牌。协会会员的年营业额占英国期刊出版市场年营业额的80%。PPA成立于1913年，原名是周报和期刊业主公会（Society of Weekly Newspaper and Periodical Proprietors），1967年成为现在的期刊出版商协会。PPA在苏格兰和爱尔兰设有分支机构。它每年颁发的马库斯·莫里斯奖创立于1990年，是英国期刊界最高的行业奖项。PPA是英国出版媒体联盟（UK Publishing Media Alliance）的成员之一。

[②] British Library.Legal Deposit Libraries welcome the Government's response to consultation on non-print legal deposit［R/OL］.［2021-08-23］. http://www.tcd.ie/Library/collection-man/Legal%20Deposit%20Response%2008-04-11.pdf.

第 5 章　国外英美法系国家数字出版物缴存制度代表性实践

该法已取代英国原有之法定缴存本法源——《版权法》，并将非印刷型资料正式纳入法定缴存中。由于最初英国法定缴存图书馆并没有被授权接受非印刷型出版物（如缩微胶片等），该法不仅在相应的条文中对此进行规定，还对数字出版物缴存也做了相应规定。为此，该法是继1972年《英国图书馆法》（British Library Act）之后，英国图书馆界最重要的立法，为英国已有四百年历史的缴存制度翻开了历史性新的一页。

具体而言，该法共有六部分17条（表5-4）。内容主要有缴存义务规定、免责、非印刷型出版物、印刷型出版物等。可以说，该法关于非印刷型出版物缴存的规定具有提纲挈领性的作用，在原则性条文的指导下，通过其他法规文件和政策规范来充实和细化，以确保法律的宗旨能够实现，如表5-4所示。

表5-4　2003年《法定缴存图书馆法》各章节内容（部分）

	缴存义务（Duty to Deposit）
第一部分	出版物缴存（Deposit of Publications）
9	该部分规定出版商有义务向缴存图书馆提交已出版的任何媒介形式的内容。
10	该部分规定纸质出版物必须缴存，同时提供在规章中规定的必须缴存的非印刷型作品。
第二部分	新版本和可替代的版本（New and alternative editions）
11	该部分讨论可复制出版物的相关问题。
第三部分	强制执行（Enforcement）
12	该部分指出对不提供缴存的出版商应采取的措施。
	纸质出版物（Printed Publications）
第四部分	纸质出版物：英国国家图书馆（Printed publications: the British Library）
13	该部分重新规定了大英委员会有权获得每部印刷出版作品的副本。
第五部分	纸质出版物：其他图书馆（Printed publications: other libraries）
14	该部分重新规定了其他5个缴存图书馆（苏格兰国家图书馆、威尔士国家图书馆、牛津大学博德利图书馆、剑桥大学图书馆和都柏林三一学院图书馆）有权要求提供每件印刷作品的副本。
	非印刷型出版物（Non-Print Publications）
第六部分	规章：非印刷型出版物缴存

续表

	15	该部分规定了英国大臣可以就非印刷材料的缴存问题制定条例。
第七部分		对印刷型出版物相关行为的限制
	16	本部分规定了图书馆、代表图书馆的人和读者不得使用缴存出版物进行相关的改编等活动。
	17	本部分特别规定缴存材料的使用目的。
	18	对作为苏格兰法律出版物缴存图书馆的规定。
	19	本部分规定违反行为将作为违反法定义务而被起诉。
第八部分		对印刷型出版物相关行为的限制
	20	本部分在1988年《版权、工业品外观设计和专利法》第1部分第3章中加入了第44A节。
	21	新的第44A条规定了根据1988年法律制定条例的权力。
豁免责任（Exemption from liability）		
第九部分		豁免责任：出版物缴存等
	22	与第一部分相对应。
第十部分		豁免责任：与出版物相关的行为
	23~28	该部分主要是缴存图书馆如接收诽谤性特征出版物时应承担的责任说明。
规章（Regulations）		
第十一部分		规章：总则
	29~33	条例规定的例外情况。
第十二部分		规章：苏格兰和威尔士
	34~35	对苏格兰和威尔士缴存的情况说明。
第十三部分		规章：圣三一学院，都柏林
	36	苏格兰和威尔士缴存的情况说明。

资料来源：legislation.gov.uk. Legal Deposit Libraries Act 2003[EB/OL].[2022-05-05]. https://www.legislation.gov.uk/ukpga/2003/28/notes#:~:text=The%20main%20purpose%20of%20the%20Legal%20Deposit%20Libraries,on-line%20publications%20%28e.g.%20e-journals%29%20and%20other%20non-print%20materials.

2003年《法定缴存图书馆法》的第6～8条是对非印刷型出版物缴存制度的规定，重点内容和详细规定主要有（表5-5）：

① 所有阅读非印刷型出版物的软件、操作手册或其他伴随作品的附件，均需一同缴存；

② 如非印刷型形式出版物以不止一种形式发行，由接受缴存图书馆决定应缴存的版本格式（对非印刷型出版物缴存主体、时间、方式、出版物质量、出版物格式、种类等在第6条——非印刷型出版物缴存条例）进行规定；

③ 缴存的非印刷形式出版物，除了规章规定的许可人员外，版本图书馆及其代理人和读者不可以使用资料或加以复制、出借给第三方，也不可以用电脑程序或是资料库进行修改（具体的使用、复制、出租、转让、处置出版物等在第7条"非印刷型出版物相关活动限定"有所规定）。

表5-5　2003年《法定缴存图书馆法》对非印刷型出版物缴存的具体规定

项目	具体内容
法令依据	2003年法定缴存图书馆法
缴存媒体形式	缩微及各种具体形式的数字出版物，如磁带、光碟等
缴存数量	以一份为原则，由英国国家图书馆典藏，其他缴存图书馆如有需要可通过版权机构（Copyright Agent）向出版者索取
缴存期限	出版发行一个月内
不缴存的例外情形	该非印刷形式出版物目前馆内已有同一出版者的纸本形式复本；只供私人内部使用或不允许公开的出版品；过去版权法已明确不需缴存的数据类型或是娱乐性产品，例如：游戏软件、计算机作业软件
缴存格式	非印刷型形式出版物以不止一种的形式发行，由缴存图书馆决定应缴存的版本格式
缴存地理范围	凡英国境内出版均需缴存，应缴存的英国出版物不限于在英国出版者，海外出版但在英国发行流通者，也应在缴存之列
使用与检索限制	缴存的资料通常允许读者基于研究需求限馆内1人使用；如图书馆希望在馆内区域网络提供服务，需要与出版商另行协商并取得同意，等等

韩新月，吕丽萍，等．数字出版物呈缴制度［M］．北京：知识产权出版社，2021：25．

（2）2003年《法定缴存图书馆法》的价值

该法的主要目的是授权国务大臣根据非印刷型资料的发展趋势，逐步和有选择性地拓展法定缴存制度的范围，以涵盖各种非印刷载体出版物，包括各类离线出版物（如 CD-ROMS 和缩微制品）、在线出版物（如电子期刊）和其他非印刷型资料。该法将保证所有重要的出版物，不论其出版时的载体如何，均可被收集并作为国家文化遗产的一部分而被保存下来[①]。

此外，该法区分了国家图书馆（即英国国家图书馆）和其他指定图书馆接受缴存时，出版物不同版本的要求。英国国家图书馆要求的缴存标准是最优版本，其他法定缴存图书馆要求的缴存标准是与最大发行数量相同质量的版本。一种文献有超过一种以上的载体形式，且实质内容一样，则只需缴存其中一种即可。在英国，接受缴存的图书馆在义务人违反缴存义务的情况下，可以要求法院强制履行[②]。

由于该法是对英国传统缴存制度的突破，这部法律是对现存纸质法定缴存法律的重申。此外，值得关注的是，这部法律第一次提出了非印刷型出版物法定缴存的概念，包括有形的形式，如缩微胶片和 CD-ROMS 等大部分内容以及一些在线形式，如网站内容（声音和动态影像除外）。为此，该法的制定与实施在英国引起了很大反响。Gibby（时为英国国家图书馆法定缴存图书馆委员会项目负责人之一）等人认为，该法是 1974 年之后法定缴存持续发展的最高点[③]。主要原因在于，当时在英国已经接近有上百亿的电子文献，许多有形出版物如 CD-ROMS，大部分都是在线获取。如不能有效保存这些电子形式的出版物，毋庸置疑，它们将会消失殆尽或是面目全非。在法案出台之前，英国网络保存联盟（The UK Web Archiving Consortium，UKWAC）等其他机构也对此做出了很多努力。

在英国，该法非常受到重视。在英国国家图书馆《2011—2015 年应对知识增长：英国图书馆战略》的第 3 条指出，要充分利用有限资源，优先实现

---

① 翟建雄.英国出版物法定缴存制度及其最新立法介绍[J].法律文献信息与研究,2006(1):10-13.

② British Library.Legal Deposit Libraries Act 2003［R/OL］.［2021-05-29］.http://www.legislation.gov.uk/ukpga/2003/28/pdfs/ukpga_20030028_en.pdf.

③ Richard Gibby, Andrew Green. Electronic legal deposit in the United Kingdom［J］. New Review of Academic Librarianship, 2008（14）：55-70.

下列内容：一是与文化、媒体与体育部、出版商、法定缴存图书馆以及其他相关机构合作，出台相关条例，确保 2003 年《法定缴存图书馆法》的顺利实施[①]，并将自愿和法定缴存资源转化为纯数字化内容；二是对自愿和法定缴存资源的入馆和存放工作进行良性管理。由此可见，英国国家图书馆在未来的战略规划过程中对该法案的重视以及期待该法在实际缴存工作、保存英国数字资源方面发挥应有的作用。

（3）2003 年《法定缴存图书馆法》的完善

为了有效全面收藏国家各类出版物，英国法定缴存小组于 2006 年还委托电子出版服务有限公司（Electronic Publishing Service Ltd，EPS）针对 2003 年《法定缴存图书馆法》进行重新审视，并完成《适合法定缴存的电子出版物更新全图》（Refining the Map of Universe of Electronic Publications Potentially Eligible for Legal Deposit）。该方案把出版物的范围进行了更加详细的分类，对数字出版物范围进行更新，并且详细描述了其中的 19 种资源，以改善 2003 年《法定缴存图书馆法》中对出版物缴存范围规定的不足（图 5-1）。

由于数字出版物类型的不断更新，很难完全按照数字出版物范围地图更新版的内容进行分类，于是新增了图书馆数字出版物补充分类方式。主要是从 4 个方面进行补充。

---

① British Library.Growing Knowledge：The British Library's Strategy 2011-2015［R/OL］.［2021-09-16］. http://www.bl.uk/aboutus/stratpolprog/strategy1115/strategy1115.pdf.

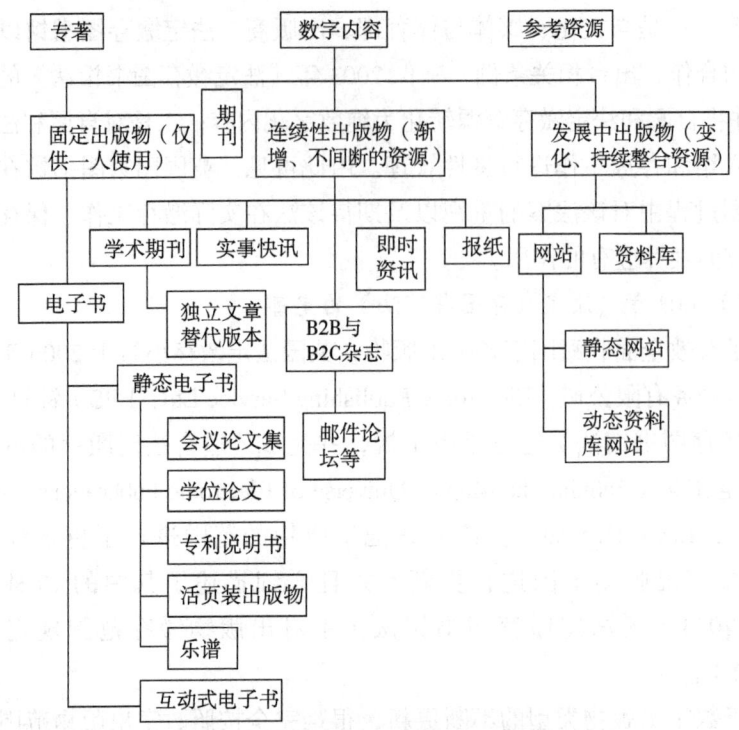

图 5-1 英国数字出版物范围更新

注：时事快讯、即时资讯、数字乐谱为新增数字出版物类型。

资料来源：（1）Electronic Publishing Service Ltd，EPS.Refining the map of universe of electronic publications potentially eligible for legal deposit［R/OL］.［2021-02-24］. http://www.pdfio.com/k-23 117.html#download_area.

（2）韩新月，吕丽萍，等.数字出版物呈缴制度［M］.北京：知识产权出版社，2021：26.

① 把数字出版物分为复合型（Composite）和探究型（Enquiry-driven）。复合型是指数字出版物由一个或多个独立的档案构成，内容有图片、照片等，其个别元素可以单独被浏览或阅读；探究型是指出版物形态可以让读者检索，但读者不会阅读全部内容，而是借助对其进行检索获得所需材料，如对数据库的使用。

② 按照资料的传输方式分为离线和在线出版物。离线是指不需要借助网络就能使用的出版物，反之则是在线。

③ 从读者获取资料方式，把数字出版物进行分类，如为在线出版物，读者是被动的接受（Delivery）资料；主动搜集（Collect）资料，读者就是被动接收离线出版物。

④ 从出版物提供给读者的方式来分，读者可以直接获得数字出版物，或是需要经过许可（如进行注册或是支付使用费等）才能获得资料。

5.1.3　2010年《数字缴存方案评估》

2010年《数字缴存方案评估》主要是对英国离线和在线出版物缴存方案的影响进行评估，每个评估部分都有4种缴存方案。主要内容包括分析和证明（如方案执行的净收益、年平均成本和总成本）；执行、实施和广泛影响（所覆盖的地理范围、政策执行的日期、执行机构、机构的年度成本等）；具体影响测试的因素（如法定平等义务、经济、环境、社会、可持续发展影响）。具体的方案为：

离线出版物的4种缴存方案[①]：

方案1，出版商自行归档；

方案2，不受管理的自愿准则，缴存图书馆不主动要求；

方案3，自动调整的自愿计划，图书馆主动要求；

方案4，法定条例。

对这4种方案进行比较，可以得知：

① 方案1，接受缴存的图书馆损失小，管理成本低，但由于是出版商自行归档，因此图书馆无法统一集中处理所归档的离线出版物。由于归档没有法律保护，归档过程中产生的成本负担将转嫁给缴存图书馆和用户。

② 方案2，虽然出版商能自主选择缴存内容和方式，但没有来自专业团队的管理和额外支持。由于出版商缴存是出于自愿，缴存图书馆不主动请求出版物的缴存，所以图书馆获得缴存的出版物较少，为此，图书馆仍需购置大量出版物。

③ 方案3，为英国正在实施的自愿计划。该计划包括了一个正式的、持久的协议，构建了一个由法定缴存咨询委员会（Legal Deposit Advisory

---

① British Library.Self-regulated code for the voluntary deposit of microform and offline（hand held）electronic publications［EB/OL］.［2021-01-03］. http://www.bl.uk/aboutus/stratpolprog/legaldep/offlinevoluntary/offline.html.

Panel，LDAP)①进行管理的框架。该计划还包括图书馆和出版商签署的谅解备忘录、监控和年度报告方案、对计划效益及相关出版物数量趋势的五年一度审核。这个缴存方案对出版物的收藏较为全面，但管理成本相对前两项较高。

④ 方案4，除了全面收藏离线出版物外，相对于前3项的最大优势是法律给予保护，对缴存图书馆和出版商提供第三方版权侵犯、许可侵犯及潜在的法律责任（如诽谤和诋毁）的免责保护②。

由于离线出版物法定缴存的实践在英国已经较为成熟，特别是在2003年《法定缴存图书馆法》的支撑下，英国继续支持以法律的形式进行缴存，实现了对离线出版物的全面收藏。

在线出版物的4种缴存方案③：

方案1，负责缴存的图书馆不作为，归档责任放任给市场；

方案2，自愿缴存计划，缴存图书馆经过出版商的许可接受缴存及出版商主动缴存需要许可外的其他作品；

方案3，法定条例允许图书馆直接采集免费网络内容，对于收费和受制于公共访问限制的在线出版物自愿缴存计划；

方案4，法定条例即使规定图书馆可以获取在线出版物，出版商在接到通知后也要缴存其他作品。

对比上述方案可知：

① 方案1不现实。由于在线出版物的数量庞大且具有重要的保存价值，不可能对其采取完全交与市场来完成缴存的目的。

---

① LDAP是非政府部门公共组织，于2005年9月形成，共有15位成员组成。5位图书馆员，5位出版商和5位独立的成员。它的职责是向DCMS的国务大臣提供印刷型出版物和非印刷型出版物的规章性和非规章性建议。LDAP第一年主要关注的焦点问题是分析非印刷型出版物的类型，主要评估3种缴存类别：离线出版物，这是指便携式的CD和DVD（不包括2003法案中没有覆盖的声音和动态影像）；免费的英国在线出版物，是指通过电子商务或是订购可以没有障碍就能免费在英国网站上公共获取的内容；其次是学术性电子期刊。目前，LDAP已就数字环境下"英国"这一地域性范围和数字环境下出版物范围达成了一致意见。
② 张绚.英国数字呈缴制度研究及其启示[J].图书馆建设，2013（7）：53-56.
③ British Library.Regulation for the Legal Deposit of UK Online Publications [EB/OL]. [2021-01-03]. https://www.gov.uk/government/consultations/consultation-on-the-draft-legal-deposit-libraries-non-print-works-regulations-2013.

② 方案2，由于没有强制性，不能系统地收集材料并且获取数量有限。根据DCMS对在线出版物缴存数量的评估，经过10年的自愿缴存，只有0.1%免费访问的网站和出版物以及40%～50%的其他出版物（有访问限制）进行了存档；此外，方案2中出版商的缴存得不到法律保护，因此出版商容易侵犯版权，缴存图书馆也可能因为存档网站快照或其作品的缴存复本中存在侵权内容而造成侵权，涉及诽谤的归档材料有可能因为用户继续使用归档复本而加剧诽谤。

③ 方案3和方案4对于免费访问的网站和出版物收集全面，但方案4对其他出版物收集更加全面；方案3没有法定保护出版商缴存，出版商可能会因为侵权而被索赔。

④ 方案4最大优势在于缴存图书馆从网络获得复本可以享受免责，并且缴存图书馆和出版商可以享受第三方版权侵犯、许可侵权及潜在的法律责任（如诽谤和诋毁）的免责保护[1]。

该评估方案的目的在于强调说明：无论是离线出版物或是在线出版物，只有以法律作为缴存的保障才能实现全面收集出版物，同时也能保证相关机构和部门进行缴存时受到法律的保护。

5.1.4　2011年《法定缴存图书馆法〈非印刷型出版物〉条例咨询草案》

2010年3月，DCMS和英国商业创新和技能部（Department for Business Innovation & Skill，BIS），在法定缴存咨询小组建议的基础上，完成了一项关于免费、无障碍获取离线和在线出版物的公共咨询。该项咨询从2009年12月开始持续到2010年3月。BIS认为在不给出版商增加明显的额外负担基础上，对缴存规定做一些细化，主要是对非印刷型在内的出版物进行了更为细致的规定。为此，英国国家图书馆于2010年12月20日发布了2011年《法定缴存图书馆法〈非印刷型出版物〉条例咨询草案》[Consultation on the Draft Legal Deposit Libraries（Non-Print Publications）Regulations 2011]，该咨询草案的有效期是2011年4月6日至2018年4月5日。

咨询草案的内容包括非印刷型出版物法定缴存的内容、法定缴存适用的时间、如何获取缴存作品、缴存作品的质量、形式、法定缴存图书馆如何处

---

[1] 张绚.英国数字呈缴制度研究及其启示[J].图书馆建设，2013（7）：53-56.

理缴存作品等。但凡在缴存过程中会出现的问题以及相应的解决方案，草案都会有详细阐述，并对出版商责任、缴存图书馆义务以及读者使用权利等都进行了清晰界定。此外，国务大臣需要在2017年4月5日之前对条例运作和效果进行评估。评估结果包括，是否允许条例终止、是否在有效期前废除这些条例、在修正或不修正的情况下是否延长条例时间[①]（表5-6）。

表5-6 2011年咨询草案中对不同类型出版物的内容分类

分类	具体内容
非印刷型出版物	（a）数字出版物，如书籍、地图等； （b）免费或付费获取； （c）不包含声音录音、胶卷或是这些材料的附属物； （d）在条例形成之后出版的作品
离线出版物	是指不是通过互联网的形式获取或是传播，如CD-ROM，DVD等
永久馆藏	是指在这些条例要求下由储存图书馆保存的非印刷型作品
个人数据	与1998数据保护法案的第一部分规定相同
隐私作品	（a）使用一些私人网络的形式（如内部专用网）通过互联网进行共享的作品； （b）作品中包含个人数据并且这些数据限制在一定人群中流通

资料来源：British Library.The Legal Deposit Libraries（Non-print Publications）Regulations 2011［R/OL］.［2021-05-29］. http://www.culture.gov.uk/images/publications/draft-regulations-legaldeposit-nonprint-publications.pdf.

5.1.5 2013年《法定缴存图书馆法〈非印刷型出版物〉条例咨询草案》

为了能持续性、全面地获取出版商、法定缴存图书馆、公众等对2003年《法定缴存图书馆法》的建议、意见，英国国家图书馆于2012年4月17日公布了一份2013年《法定缴存图书馆法〈非印刷型出版物〉条例咨询草案》［Consultation on the Draft Legal Deposit Libraries（Non-Print Publications）

---

① British Library.Consultation on the Legal Deposit of Non-Print Works［R/OL］.［2021-08-22］. http://www.culture.gov.uk/images/publications/Cons-non-print-legal-deposit-2011.pdf.

第5章　国外英美法系国家数字出版物缴存制度代表性实践

Regulations 2013〕，并于2013年4月正式通过英国非印刷型出版物法定缴存（UK Non-Print Legal Deposit，NPLD）。相比较2011年的咨询稿，此次的咨询草案在内容上增加了关于因特网复制作品等内容[①]，尤其是正式公布的缴存规章，对之前的一些表述性错误以及新的内容都进行了更正与强调，使得有关于非印刷型出版物缴存的规定更加完善和符合客观环境的变化。

为了确保2013年《法定缴存图书馆法〈非印刷型出版物〉条例咨询草案》的顺利执行，法定缴存图书馆机构（The Agency for the Legal Deposit Libraries，ALDL）制定了《电子法定缴存：2013—2014年法定缴存图书馆收藏计划》（Electronic Legal Deposit：Legal Deposit Libraries' Collecting Plans for 2013—2014），对主要的缴存内容进行了规划与说明[②]（表5-7）。

表5-7　电子法定缴存：2013—2014年法定缴存图书馆收藏计划

出版类型	说明/规定
CD-ROM、缩微胶卷	以自愿缴存为主
网站和网页	英国国家图书馆代表法定缴存图书馆通过自动爬虫或是按照收割流程从公开的互联网上免费存档可获取的英国网站和网页
电子期刊	（1）任何电子期刊出版商都可以通过一个安全的保存门户网站上传内容以供国家长期保存 （2）2013—2014年，英国国家图书馆代表法定缴存图书馆与200～300家英国电子期刊出版商接洽 （3）苏格兰国家图书馆和威尔士国家图书馆分别与苏格兰和威尔士生产非XML格式的出版商接洽 （4）英国国家图书馆与Portico签订合同，为任何同意以XML或SGML格式缴存学术电子期刊的出版商提供接收和缴存服务 （5）英国国家图书馆代表法定缴存图书馆与10～15家出版商达成协议，并实现约2500～2600种期刊的缴存

---

① DCMS.Guidance on the Legal Deposit Libraries（Non-Print Works）Regulations 2013〔R/OL〕.〔2022-06-03〕. https://assets.publishing.service.gov.uk/government/uploads/system/uploads/attachment_data/file/182339/NPLD_Guidance_April_2013.pdf.

② ALDL.Electronic legal deposit: Legal deposit libraries' collecting plans for 2013-2014〔EB/OL〕.〔2022-06-05〕. https://www.legaldeposit.org.uk/electronic/2013-2014-collecting-plans.html.

续表

出版类型	说明/规定
电子图书	2013—2014年，英国国家图书馆代表法定缴存图书馆，与25家英国大型图书出版商接洽，主要以学术图书为主，为所有以ePub格式出版的新书安排并实施缴存。缴存可以直接与出版商达成，也可以是出版商授权其分销商、零售商或其他第三方代表实施缴存
电子出版的新闻与杂志	英国国家图书馆和报纸出版业的代表讨论潜在的联合行动，这些行动涉及数字出版的新闻和用于印刷报纸的"印刷前PDF"文件副本的缴存和存档
其他电子出版类型	只要内容的类型和格式出版商可以处理，法定缴存图书馆将努力满足个别出版商要求，实现电子出版物保存。图书馆如若受技术、财务等方面的限制，尚不能处理出版商的电子内容，则推迟实现个别出版商缴存的时间

此外，英国还有其他关于法定缴存的条例政策。如2013年1月28日，英国缴存联合委员会向议会提交2013年《图书馆缴存本〈非印本资源〉条例》《英国法定缴存框架》（Framework for UK Legal Deposit）[1]等。以2013年《法定缴存图书馆法〈非印刷型出版物〉条例咨询草案》为例，该条例发布了以下声明[2]：试图确保缴存图书馆以既不偏向出版商的既得利益、又尊重版权、所有权的方式，将英国的非印本出版物实现国家存档，例如网站、博客、电子期刊和电子书等；力图解决后代保存全国数字遗产遇到的挑战。

5.1.6 数字出版物法定缴存效果

经过多年发展以及英国国家图书馆的不懈努力，2020—2021年，英国国家图书馆接受数字内容的缴存超过了纸质内容（表5-8）。除了数字出版物，UK Web Archive已经在法定缴存法律规定下收割了大量的网络资源，2021年从1000个网站上共收割到20亿的内容，大约85TB的数据。英国国家图书

---

[1] British Library.Legal Deposit [EB/OL]. [2022-06-03]. https://www.bl.uk/legal-deposit/web-archiving.

[2] British Library.Non-print Legal Deposit Regulations to be Implemented [EB/OL]. [2021-01-03]. http://www.bl.uk/catalogues/search/non-print_legal_deposit.html.

馆的 UK Web Archive 服务小组也持续 15 年获得了国际数字保存组授予的"安全保护数字遗产"（Safeguarding the Digital Legacy）奖励。

表 5-8　英国国家图书馆 2020—2021 年接受不同类型出版物缴存情况

出版物类型		数量
纸质内容	报纸	61 398
	图书	47 755
	连续出版物	59 514
数字内容	期刊	989 000
	图书	104 600
	连续出版物	36 500

资料来源：British Library. British Library Annual Report and Accounts 2020/21［R/OL］.［2022-03-02］. https://assets.publishing.service.gov.uk/government/uploads/system/uploads/attachment_data/file/1002601/British_Library_Annual_Report_and_Accounts_2020-21_FINAL.pdf.

牛津大学博德利图书馆作为英国法定缴存馆之一，为了加大对缴存内容的利用，该馆规定，使用该馆资源发现系统 SOLO 可以查找到法定缴存的电子文献；对于如何获取电子法定缴存内容，可以借助该馆的电子法定缴存指南[①]。经过多年的发展，自 2016 年起，该馆接受的数字出版物法定缴存数量超过纸质出版物（表 5-9）。此外，都柏林圣三一学院图书馆接收的数字出版物数量也超过纸质出版物（表 5-10）。

---

① Bodleian Libraries.UK Web Archive［EB/OL］.［2021-05-07］. https://www.bodleian.ox.ac.uk/collections-and-resources/legal-deposit/uk-web-archive.

表 5-9　2014—2019 年牛津大学博德利图书馆法定缴存概况[①]

出版物类型	2018—2019	2017—2018	2016—2017	2015—2016	2014—2015
纸质出版物	71 051	79 417	92 068	124 062	128 298
电子出版物	184 066	140 140	94 575	88 200	12 000
纸质连续出版物	26 528	26 620	26 755	26 585	26 268
电子连续出版物	13 750	9449	7076	7549	4457

表 5-10　2016—2019 年都柏林圣三一学院图书馆法定缴存概况[②]

出版物类型	2018—2019	2017—2018	2016—2017
英国&爱尔兰图书、地图等	47 902	49 287	54 463
英国电子连续出版物	1 837 336	160 000	1 507 166
电子专著	196 004	125 182	85 755

5.1.7　可借鉴之处

Jasion Hoare 列举了适用于世界范围内的缴存制度的基础，主要包括：议会条例或法律、内阁法令和命令、行政规章和法规、政府部门命令、通告、市政条例等[③]。她认为缴存制度建设需要自上而下各种政策的配合，方得以实现。英国作为世界上最早建立出版物缴存制度的国家之一，在以立法形式形成缴存制度保障数字出版物的做法上与 Jasion Hoare 所列举的标准不谋而合。它的主要特色在于：

① 法律、规范、标准的相互配合。这主要体现在以 2003 年《法定缴存图

---

① Bodleian Libraries Year in Review 2017/18［R/OL］.［2021-05-07］. https://www.bodleian.ox.ac.uk/sites/default/files/bodreader/documents/media/bodleian_libraries_annual_report_18-19.pdf.

② The Library of Trinity College Dublin. Annual Report［R/OL］.［2021-05-07］. https://www.tcd.id/library/about/about/annual-reports.php.

③ Adrienne . Legal deposit and preservation of digital publications: a review of research and development activity［J］. Journal of Documentation, 2001（5）：652-682.

第5章 国外英美法系国家数字出版物缴存制度代表性实践

书馆法》为主线,辅以相关的法典、条例,进而不断完善其数字出版物缴存制度。其中,2003年《法定缴存图书馆法》的配套章程主要是有关法律的实施细则以及依法制定的各种政策规章和政策文件等。这样做的最大可取之处在于能使法定缴存规定置于公众之下,增进公众对数字出版物法定缴存的了解,并且通过法律进行强制性规定的同时,根据客观环境的变化,不断修改相关的配套措施与细则,进而减少因法律滞后性而带来缴存内容的减少,实现缴存的持续性与全面性。

② 成立专门的法定缴存委员会。为了能使该法顺利执行,在执行中及时发现存在的问题,并进行有效解决,英国成立了法定缴存咨询委员会,该委员会早期主要是负责有关数字出版物缴存问题的调研工作。2007年,该委员会还成立了政策、项目与研究办公室(Policy, Project and Research Office),之后还配备了一名行政助理,以开展并完成日常委员会活动。该委员会的功能在于监督法案的运作和实行情况;执行所有与法案相关的职能;对法案运行的过程提供意见和咨询等。法定缴存委员会以独立的身份负责英国数字出版物法定缴存制度的实施与执行,并在发现、解决相关缴存问题上发挥重要作用。除此以外,除了大英国家图书馆以外,为了保证法定缴存工作的顺利开展,其他5所法定缴存图书馆(牛津大学博德利图书馆、剑桥大学图书馆、苏格兰国家图书馆、都柏林大学圣三一学院图书馆、威尔士国家图书馆)组成了法定缴存图书馆机构[①]。

③ 有序地实现离线、在线出版物甚至网络出版物的缴存。早期,英国经过试验,成功实现了离线出版物的自愿缴存。但是随着网络的快速发展,离线数字出版物逐步被在线数字出版物替代。在LDAP的推动下,英国把离线出版物自愿缴存政策变成强制性的法定缴存。同时,该委员会采取与离线出版物不同的缴存方式,有步骤地开展在线电子期刊等存档工作,并对在线数字出版物的缴存技术等进行规范,包括传递的技术、内容模式、包装机制、管理或控制程序等。正是根据离线出版物、在线出版物等不同数字资源的不同特点,使得数字出版物缴存规范有序、具有可操作性,也能保证所缴存的数字资源的长期可用性。此外,根据2013年《图书馆缴存本〈非印本资源〉

---

① Agency for the Legal Deposit Libraries [EB/OL]. [2022-06-03]. https://www.legaldeposit.org.uk/about.html.

条例》规定，英国网络档案馆都会收集能够识别的所有英国网站的"快照"。每年能收集400万个网站，几十亿份文件[①]。这对于广泛收藏英国数字文化遗产具有非常重要的现实意义。

5.2 加拿大

自1953年加拿大成立国家图书馆以来，法定缴存就一直有效。从最初缴存主要适用于纸质书籍，后来扩展到连续出版物（1965年）、录音（1969年）、多媒体工具包（1978年）、缩微印刷品（1988年）、盒式录像带（1993年）、CD-ROMs（1995年）、地图材料以及在线或数字出版物（2007年）（表5-11）。

表5-11 加拿大法定缴存内容的变化过程

时间	缴存的具体内容
1953	图书
1965	连续出版物
1969	录音资料
1978	多媒体套件
1988	缩微胶卷
1993	视频录音资料
1995	CD-ROMS
2004	在线出版物
2007	制图资料以及在线或数字出版物

尤其值得一提的是，2003年10月2日，加拿大图书馆和档案馆（或称加拿大国家图书档案馆，Library and Archive of Canada，LAC）正式成立，率先开展了图书馆与档案馆一体化服务。这是加拿大为了适应信息技术发展，

---

① British library.Legal deposit and web archiving［EB/OL］.［2022-06-03］. https://www.bl.uk/legal-deposit/web-archiving.

第5章　国外英美法系国家数字出版物缴存制度代表性实践

在图书情报和档案领域寻求知识保存、利用和合作的新方式。LAC隶属于"文化、历史与体育"（Culture，History and Sport）和"科学与创新——开放数据、统计数据和档案"（Science and Innovation-Open Data，Statistics and Archives）两大板块，承担保护加拿大文化遗产、维护加拿大历史记忆、服务加拿大社会公众等重要职责。与此相适应，加拿大于2004年4月22日经国会审议通过了2004年《加拿大图书馆和档案馆法》［或称《加拿大图书馆和档案馆法》，Library and Archives of Canada Act 2004］，该法以提供持久国家记忆为发展目标，通过获取、处理、保存与提供公民文献遗产，为加拿大政府及其相关机构构建数字记忆[①]。在最新公布的《2019—2022年三年规划》（Three-year Plan 2019—2022）仍然强调其"为当代和后代保存加拿大的文献遗产""成为加拿大政府和各组织的持续记忆机构"等职能[②]。该法的特征之一是对出版物缴存的相关内容进行了修订与更新，为加拿大收集更多形式的出版物提供了便利。实际上，法定缴存也一直是加拿大国家图书档案馆获得在加拿大发行的各类出版物的主要机制。

虽然有关出版物缴存条款的规定最初仅限于非印刷型出版物，但是，之后由于信息技术的迅速发展，数字出版物逐渐崭露头角，新的出版形式与出版类型不断冲击和挑战传统出版市场，对于如何收集、保存、管理这些日益丰富的出版物类型也是加拿大国家图书档案馆面临的新问题。在这个变化的过程中，加拿大采取了以下系列措施。

5.2.1　制定《电子出版：加拿大出版商最佳实践指南》

为了适应数字出版的环境以及让作者和出版社知晓缴存制度的重要性，进而能够清晰地了解数字出版物缴存的范围，加拿大图书馆和档案馆于2001年提出了《电子出版：加拿大出版商最佳实践指南》（Electronic Publishing: Guide to Best Practices for Canadian Publishers）。该指南一方面对数字出版物档案格式及技术标准提出了具体的建议，以便于数字出版物的生产者能够在作品出版发行之际，拥有统一一致的标准格式；另一方面说明国家图书馆对

[①] 龙家庆，姚静，魏彬冰. 加拿大国家图书档案馆（LAC）参数字政府建设实践与启示［J］. 兰台世界，2021（1）：23-28.
[②] 贺宇，韩秩男，孙晓红. 加拿大图书馆和档案馆2019—2022三年规划［J］. 兰台世界，2020（9）：60-62.

于数字出版物缴存的处理与开放服务的重视，使出版商能够了解他们所缴存的内容最终是为了给用户提供更加便捷的服务，进而推广他们的数字内容。

总的来说，加拿大图书馆和档案馆为了能够收藏到当时所有类型的数字出版物，也为了让出版商更加了解需要缴存的数字出版物类型，该指南对当时缴存的数字出版物进行了分类，以让出版商充分明确所需缴存的出版物类型。

从这份指南中可以清晰地看到，当时加拿大对于所需缴存的数字内容规定的范围比较大，基本上涵盖了所有市面上可能会出现的数字出版物类型。但是也正是因为以具体的形式对缴存的范围进行规定，技术的发展可能会造成其他一些新的出版形式无法被包括在其中。

为此，考虑到数字内容格式的不断变化，对于需要存档的格式标准也不会一成不变。LAC 于 2004 年 6 月又重新制定了一份《计算机档案类型、交换格式及信息标准指南》（Guidelines on Computer File Types, Interchange Formats and Information Standards），提供各种电子档案格式标准建议。新的标准把电子格式分为"推荐"（Recommended）和"可接受"（Acceptable）格式。如文字内容推荐的格式是 XML、XHTML、HTML、SGML，可接受的格式是 .txt、.doc、PDF、wps 等，以期待电子档案在生产时就能遵照一致的规范形式，便于缴存图书馆进行合适的存档。

5.2.2　颁布 2004 年《加拿大图书馆和档案馆法》

加拿大图书馆和档案馆作为联邦机构，承担组合和继承着前加拿大国家图书馆和国家档案馆的收藏和服务等工作。该机构成立后，制定了《加拿大图书馆和档案馆法》（Library and Archives Canada Act），并于 2004 年 5 月 21 日生效。该法更新了原有的出版物缴存体系，介绍了如何能使加拿大图书馆和档案馆通过互联网找到保存加拿大文献遗产的新方法（表 5-12）。

表 5-12　加拿大出版物法定缴存的具体规定

主要问题	具体规定
在线出版物是否强制性缴存	依据 2004 年《加拿大图书馆和档案馆法》规定，在线出版物或是网络出版物需要向加拿大图书馆与档案馆缴存
缴存主体	加拿大境内的出版商，包括个人、协会等

第 5 章　国外英美法系国家数字出版物缴存制度代表性实践

续表

主要问题	具体规定
在线出版物缴存的内容	可供大众获取到的图书、连续出版物、年度报告、工作报告等在线内容
不需要缴存的内容	未出版的专著、未正式发行的内容、个人邮件、广告等
缴存格式	HTML、PDF、RTF 等
缴存方法	加拿大图书馆与档案馆网站、Email、FTP、CD 等
缴存内容的获取	分为开放获取和限制性获取
阅览服务	加拿大书目查询系统、数字出版物查询系统等

通过该法，加拿大图书馆和档案馆的总体目标是获取和保存加拿大的文献遗产，以便于加拿大人和关注加拿大的任何人方便获取与加拿大相关的文化、社会和经济发展的文献。为了实现这些目标，法律规定加拿大图书馆和档案馆有权获得相关的出版物和记录资料并对这些内容进行管理、保存和控制。除此之外，加拿大图书馆和档案馆也有权对相关的、有代表性的文献资料，通过互联网或任何类似的介质对加拿大公众进行无限制地开放。同时，加拿大图书馆和档案馆也有权采取措施对这些出版物和记录资料行进行编码、分类、识别、保存和恢复。

为了确保加拿大图书馆和档案馆可以实现上述目标，该法对数字出版物甚至是网络资源的法定缴存进行了新的规定。规定要求出版商对已出版的作品在 7 天之内向 LAC 提交 2 份复本；对于在线出版物则可以只缴存 1 份。对于已出版且少于 4 份复本的可以申请不缴存。通过这种方式，已提交的复本成为 LAC 馆藏内容。如若未能遵守该法则会被认为是触犯了联邦法律，经简易程序定罪后，个人最高罚款可达 2000 加元，组织则为 100 000 加元[①]。

为了能使法定缴存的规定更加具体化，加拿大图书馆和档案馆还在 2007 年 1 月颁布实施了出版物法定缴存规章（Legal Deposit of Publications Regulations），该规章作为 2004 年《加拿大图书馆和档案馆法》的配套措施，

---

① Library and Archives Canada.Legal Deposit of Publications Regulations ［EB/OL］.［2021-03-05］. http://laws-lois.justice.gc.ca/eng/regulations/SOR-2006-337/ .

对一些重要内容做了补充性的规定。该规章和法案同时定义了一些关键术语，如"出版商"和"出版物"。根据出版物法定缴存规章规定，"出版物"的概念是指：任何一种图书馆材料都能在多个复本或是多个地点被一般公众或是符合资格的市民通过购买或是其他方式获取，无论是否收费，出版物可以通过任何一种媒介且任何一种形式获取。它不是以具体的媒介类型作为界定，而是以能否获取作为缴存的依据，能在一定程度上避免因为出版物类型的多样化而造成疏漏。对于"出版商"是指在加拿大出版且被授权复制或控制这些出版内容的个人或团体。它不包括只流通一种出版物的个人。这项定义涵盖了所有个人、团体、贸易和期刊出版商，也包括音频、视频、多媒体和以物理格式进行发行的数字出版物的出版商以及其他在线出版商。

根据规定，出版商在缴存之前需要对加密的数字出版物进行揭秘，存取限制的安全机制也相应地要移除。在缴存时，出版商需要提供数字出版物的相关软件、使用手册、技术手册或相关文件，以及数字出版物书目资料，包括书名、作者、语言、出版日期、格式、标题及版权信息等。

考虑到缴存文献的数量、大小以及复杂程度等因素，加拿大规定出版商可以采用诸多方式进行缴存。如果需要缴存大量文献或是大型文献，出版商可以把文献转为 CD-ROM 或是 DVD-ROM 的形式且把 CD 或是 DVD 邮件给 LAC。同样，出版商也可以通过文献传送协议（File Transfer Protocol，FTP）的形式以电子传输到 LAC。对于少量或是小型文献，出版商可以以邮件附件或是独立上传的形式到 LAC 网站。对于复杂的网站，LAC 能直接从出版商的网站上下载相应内容。

在规章中可以看出，加拿大对于应缴存的数字出版物并没有列出具体的类型，而是以能否在线获取对其进行界定，这在一定程度上能够灵活应对出版形式的快速变化。如今，LAC 的数字收藏包括数字出版物、网站、博客、电子政府记录、数字照片和艺术、数字视听、地理空间信息、加拿大大学的电子论文、数字技术和建筑图纸等。

5.2.3　实施网络信息资源归档

2004 年 4 月 22 日，LAC 提出应该实行网络信息资源归档，并对加拿大有代表性的网站进行收集和保存。在之后的 2005 年 3 月，LAC 管理委员会批准了"馆藏发展框架"（Collection Development Framework，CDF），提出

第 5 章　国外英美法系国家数字出版物缴存制度代表性实践

LAC 应该与其他加拿大机构实行协作式的方法以采集网络资源。

为了完成这项任务，LAC 于 2005 年 12 月开始对加拿大政府网站资源进行收集。由于资源的收集得到了法律的许可，进展顺利。如在 2005—2006 年度，LAC 完成了对"gc.ca"域名网站的"网络收割"，收藏了所有加拿大联邦政府网站。收集的工作每半年进行一次，收集的网站数据主要保存在 LAC "加拿大政府网络归档项目（Government of Canada Web Archive，GCWA）"网站服务器上，现在 GCWA 已经存档了超过 1 700 000 000 个联邦政府数字对象[1]。用户对 GCWA 内容的利用可以通过关键词、机构名称和 URL 地址查询全文本内容，也可以实现对特定类型格式文件的查询，如 pdf 文件[2]。同时为了实现 LAC 数字馆藏建设和管理"可靠数字仓储"（Trusted Digital Repository，TDR）项目，2006—2007 年度，LAC 完成了 TDR 第一阶段的功能和技术说明以及一项技术架构，该架构被称之为"虚拟装载码头"（Virtual Loading Dock，VLD）。VLD 有助于数字资料出版商自动地向 LAC 提供数字资料，并完成所有的信息描述工作。最初阶段，LAC 可以利用 VLD 辅助数字出版物的法定缴存和进行政府数字信息纪录的采集。《2008—2011 年加拿大国家图书馆和档案馆战略计划》曾明确指出，加拿大图书馆和档案馆将致力于加拿大政府网站信息资源的开发与管理，并制定政府网站信息存储计划和新的存储模式。此外，《2018—2020 年加拿大开放政府国家行动计划》（Canada's 2018—2020 National Action Plan on Open Government）明确指出，LAC 作为"数字政府与服务"版块的主要牵头部门，应完成包括"为联邦公共服务制定加拿大政府数字政策和数据战略蓝图"在内的 6 项任务[3]。经过数年的努力，LAC 对政府网站信息数据库收集的内容几乎涵盖了加拿大所有政府机构的公共获取信息[4]。

除了对网络信息资源进行选择性归档以外，加拿大还以法定缴存的形式

---

[1] Library and Archives Canada.Government of Canada Web Archive [EB/OL].[2021-03-11]. https://www.collectionscanada.gc.ca/webarchives/index-e.html.

[2] 李书宁.加拿大国家图书馆和档案馆的加拿大政府网络归档项目正式提供服务[J]. 现代图书情报技术，2008（2）：103.

[3] 龙家庆，姚静，魏彬冰.加拿大国家图书档案馆（LAC）参数字政府建设实践与启示[J]：兰台世界，2021（1）：23-28.

[4] 邓青.国外图书馆政府网站信息保存的实践与启示[J].图书馆建设，2012（12）：32-35.

规定，只要是在加拿大出版流通的出版物，无论形式如何，都需要按照规定缴存一定的份数到指定负责缴存的机构。对于网络信息资源来说，在加拿大出版的出版者包括以下条件之一：

① 出版物的地址（如 URL）的后缀为".ca"的域名；

② 出版物的域名在加拿大注册；

③ 出版物或附带的说明材料（如作者或是出版者制作的元数据）中有加拿大的地理位置；

④ 从其他来源的出版物，但出版者的地理位置在加拿大①。

5.2.4 提供缴存本服务

（1）合理使用服务

对于所缴存出版物的合理使用，在1985年加拿大《版权法》（Copyright Act）中进行了规范。其第29条规定，若读者的使用目的为研究与私人学习，则允许图书馆在业务范围内将数据进行重制，但图书馆不可以此获利。对于通过网络方式向读者提供数字出版物借阅服务，加拿大图书馆和档案馆提供两种方式，让出版者自行选择并给予读者使用的权限：一是开放使用，任何读者皆可通过网络阅览与下载出版物；二是限制使用，读者仅能通过加拿大图书馆和档案馆内的计算机进行使用，且不允许读者进行打印、下载或传输档案。出版者可以依据自身出版物的情况采取不同的授权形式。

（2）书目服务

依据1953年《加拿大国家图书馆法》、1995年修订的《国家图书馆图书缴存规章》以及之后的《加拿大图书馆和档案馆法》等规定，加拿大图书馆和档案馆有权对所缴存的数字出版物进行处理并提供开放检索的服务。这些规定同时也都指出：所有的数字出版物公开发行时，需要缴存至加拿大图书馆和档案馆以进行典藏，而图书馆对于所缴存的数字出版物的承诺是：

① 书目信息供全球使用。所缴存的数字出版物书目信息将会在加拿大图书馆和档案馆高使用量的查询系统中出现，并且收录在加拿大国家书目资料库中，这可以提升所缴存的数字出版物被全球使用者的了解与熟知程度。

---

① 孙洁玲. 加拿大图书馆和档案馆数字馆藏及发展政策述评［J］. 河北科技图苑，2013（4）：11–14.

② 提供资源的分类组织。加拿大图书馆和档案馆对缴存的出版物加以编目，提高潜在使用者接触数字出版物的机会与可能。

③ 提供免费的备份机制。加拿大图书馆和档案馆对缴存的数字出版物保证提供免费的备份机制并能实现长期安全的维护条件。

（3）其他服务

加拿大图书馆和档案馆对于缴存的数字出版物还提供其他服务，包括申请国际标准书号（International Standard Book Number，ISBN）以及提供在版编目（Cataloging In Publication，CIP）服务，并帮助出版商推动新书服务计划。所谓新书服务计划是加拿大图书馆和档案馆建立的虚拟馆藏，通过建立一个互动的新书咨询网，出版社可以利用在线方式申请在版编目的形式，同时上载新书信息，并提供所有新书的书目、封面、简介、作者或插图者介绍、书评或获奖纪录等。这也可以说是以加拿大图书馆和档案馆之名对数字出版物进行宣传。通过这些鼓励措施能够扩大出版物在公众中的影响力，目的在于鼓励更多的出版商能够积极、主动地向图书馆缴存数字出版物。

5.2.5　可借鉴之处

① 法定缴存范围随着时代的发展不断进行更新与扩大。1952 年加拿大《国家图书馆法》除了为国家图书馆的建立和运营提供法律依据外，还重新确立了加拿大的缴存制度，当时的加拿大国家图书馆成为全面收集和保存加拿大出版物缴存本的法定机构。1953 年，加拿大国家图书馆依据当时的《国家图书馆法》建立了出版物缴存制度，要求各种资料媒体的出版物均需缴存。1969 年，联邦议会颁布修订的《国家图书馆法》，规定国家图书馆成为法定的版本图书馆和全国书目中心，在业务上组织协调全国各类型、各机构的图书馆，为全国各级各类图书馆协作提供支持，从而确立了国家图书馆作为全国"图书馆的图书馆"的地位[①]。1985 年《国家图书馆法》（National Library Act 1985）与 1995 年《国家图书馆图书缴存规章》（National Library Book Deposit Regulation 1995）共同规范其缴存制度，要求加拿大境内出版者须在出版 7 天内，将出版物缴存至加拿大国家图书馆，须缴存的出版物包含图书、小册子、连续性出版物、微缩数据、录音数据、录像数据、实体形

---

① 李国新. 国外公共图书馆法研究 [M]. 北京：国家图书馆出版社，2013：78.

式数字出版物、音乐录音著作等。1995年颁布了已修订的国家图书馆法案和国家图书馆典藏制度，要求各种物理格式的数字出版物都需要缴存。为了适应时代的发展，2004年颁布的《加拿大图书馆和档案馆法》，将国家图书馆与档案馆合并，并废除原先《国家图书馆法》［其中第198款制定《出版物法定缴存规章》］。在新的法律中补充了非印刷出版物的缴存规范，并说明非印刷出版物缴存时，须缴存数据包含在线出版物（电子书、电子期刊、电子杂志），这些出版物需要先解除密码、移除出版物的存取限制，出版者须提供使用出版物的相关软件、使用手册，而网站、数据库、论坛数据等在线资源，则是收到图书馆提出要求后才须缴存。在不断更新过程中，加拿大拥有了较为完整的法定缴存体系，缴存内容几乎涵盖了所有的出版物形式。

② 重视网络资源的采集。《加拿大图书馆和档案馆法》第8条（2）规定，在第8条（1）（a）条款的规定下，为了保存的目的，馆员可以在特定时刻，通过合适的方式，采集通过网络或其他相关媒介不加限制地向公众开放的、对加拿大有一定意义的档案（文件）资料的代表性样本。这一规定的目的是支持建立基于互联网内容的更加完整的馆藏，以促进和完善加拿大图书馆和档案馆对各类资源的采集[①]。

③ 对进行法定缴存的出版商给予一定税收优惠。虽然作为具有市场价值的、对LAC进行法定缴存的出版物并不能直接进行所得税抵扣，但是出版商能够把所缴存的出版物作为业务费用支出进行一定的税收减免。费用支出包括生产出版物副本的人工成本和材料制作成本，这部分成本支出将从出版商的总体出版业务收入中扣除。有关扣除的最高限额及税收的豁免，由加拿大税务局（Canada Revenue Agency）规定[②]。

④ 在加拿大，对于数字出版物的缴存不断受到重视还与政府出版物实行数字化政策紧密相关。据报道，为了打造绿色政府以及削减与生产、印刷、配送和储存文件有关的成本，2012年7月，加拿大出版与缴存服务部宣布将

---

① 郑雅婷.《加拿大图书馆和档案馆法》及其对我国图书馆立法的启示［J］.知识管理论坛，2013（6）：56–62.

② Library and Archives Canada. Services for Professionals Legal deposit［EB/OL］.［2021-09-22］. https://www.bac-lac.gc.ca/eng/services/legal-deposit/Pages/legal-deposit.aspx.

停止印刷所有出版物，转而采用电子版出版物。该部门负责为加拿大的各级政府和公共部门印刷和配送各类出版物，2014年年底前将所有印刷版出版物转变为电子版[①]。由于加拿大图书馆和档案馆接受缴存的内容一大部分来源于政府出版物，这也为加拿大全面收集政府数字出版物带来了极大便利[②]。由于政府主动且全面地缴存政府数字出版物，这给其他出版商的缴存起到了良好的示范作用。

5.3 美国

法定缴存是对国家出版资产征集、记录、典藏与提供利用的公共政策，它是国家文化政策中重要的一环，也被视为自由获取信息，以及编辑国家出版书目的基础政策。有效的法定缴存，对内能保证公众获得研究资料，对外将可实现全球书目控制及全球出版物共享。出版物缴存制度现今的目的之一也是为保护著作者及出版者的知识产权，这也给图书馆提供典藏全国出版物和利用的机会[③]。可见，缴存制度与版权之间的关系息息相关。这种关联尤为体现在美国的出版物缴存制度设计与执行上。

美国主要有三种出版物缴存制度的形式，一是以获得版权保护为目的并向联邦版权局缴存样本的版权缴存制度（Copyright Deposit）；二是保存国家出版物文化遗产、面向国会和公众服务，并以国会图书馆（Library of Congress）为缴存地的法定缴存制度（Mandatory Deposit）；三是以保存政府文献并向公众免费提供使用的政府出版物缴存（Government Publications Deposit），并在全国范围内形成诸多的寄存图书馆以实现这些内容的保存。

5.3.1 数字出版物的版权缴存

从18世纪开始，美国缴存制度就与版权紧密相关。在美国，对纸质出版

---

① 中国新闻出版网. 加拿大政府出版物将全部转变为数字版本［EB/OL］.［2021-02-27］. http://data.chinaxwcb.com/epaper2012/epaper/d5299/d6b/201205/22051.html.

② Electronic Publishing: Guide to Best Practices for Canadian Publishers［R/OL］.［2021-10-07］. http://www.collectionscanada.gc.ca/obj/p13/f2/01-e.pdf.

③ 数位典藏 Blog. 美国国会图书馆 American Memory 计划之著作权申请及法定寄存制度简述［EB/OL］.［2021-07-02］. http://content.teldap.tw/index/blog/? p=468.

物缴存的要求最早只是作为1790年版权法的一部分内容。1790年的版权法源于1709年英国版权法——《安妮法》的相关规定，把缴存当作是获得版权法定保护的一个正式形式。为了得到版权保护，该法要求出版者缴存作品的九个复本缴存，这些缴存的作品会被分配到不同的图书馆。

随着时代的发展，到了1970年，美国通过版权立法建立了出版物缴存制度。之后，1976年修订的版权法第408款规定：美国各出版机构必须缴存所有在美国出版的作品。1978年修订的版权法对于缴存的载体形式则不予以强制规定，凡是在美国境内流通的知识创作作品，均为版权法所保护，也是需要缴存的对象。其后，根据美国版权法的这一精神，缴存的作品不以其外在载体形式为限，相关部门对此的解释可以随着时代技术的演进而有所变化。当时对于光碟、资料库等机读格式著作，只要公开发行传播即属于需缴存至版权办公室与美国国会图书馆的范围，只是实务上限于未完成版权登记程序者，并无法进行催缴。目前，国会图书馆保存的实物藏品已超过1.7亿件，是收藏书籍、地图、电影、音频等各种形式资源最大、最全的图书馆，一些珍贵原件藏品具有重大的历史价值。版权法规定美国境内出版物必须向图书馆缴存样本，国会图书馆通过出版物缴存制度收藏了大量资源，成为展现美国创造力的平台。依靠版权法缴存制度，国会图书馆收藏了大量国内作品。如果一部作品注册版权时提交了样本，那么国会图书馆就会将该作品纳入到馆藏中。如果注册版权后没有提交样本，那么图书馆可以单独要求出版商提供该作品的样本。

在这之后，美国都在相应的缴存规定中不断纳入新的出版物形式。例如，为了简化缴存程序，美国在线作品的自愿缴存通过版权电子登记记录及缴存系统（Copyright Office Electronic Registration, Recordation & Deposit System, CORDS）来完成，该系统是版权办公室与斯坦福大学合作开发用于在线版权申请登记，新增加的功能允许缴存者以电子形式通过网络完成电子作品的在线缴存，很多类型的电子作品可以通过它注册电子版权和进行典藏。为此，1989年，计算机程序、机器可识别的出版"数据"，成为强制典藏对象。1993年，又规定缴存物质载体的数字出版物，但没有明确把网络数字出版物纳入缴存范围。需要指出的是，对于网络出版物，美国版权法中规定："出版"与传播联系在一起，在网络上创建复本被认为是出版过程或展示的自然组成部分，而不是正式的"出版"。存取方面的限制和在线资料的复制被定义为"有限出版",依据版权法被认为"未出版"而不强制收藏[①]。目前,美国具体的缴存范围由美国版权局规定。

2010年2月24日颁布了《美国联邦法规》,其中第202.24条《仅在线出版的电子出版物缴存》(Deposit of Published Electronic Works Available Only Online)规定,在符合国会图书馆采购政策下,版权局对在线电子作品提出缴存要求时,著作权人或是作品专属权人须缴存著作,且版权局、国会图书馆与图书馆授权的使用者必须能使用与检阅缴存后的复本或是唱片。从2010年2月24日起,根据美国版权权法新修订的条款,美国国会图书馆开始接受仅以网络形式出版的出版物的缴存。此次政策修订的背景为,自1989年以来的20年间,网络出版逐渐成为基本的出版方法,近5000种学术电子期刊逐渐转为仅以网络形式出版。根据新规定,在美国国内仅以网络形式出版的电子出版物中(2010年2月24日之后发行),电子期刊首先要根据版权局的要求进行缴存。仅以网络形式发行的电子期刊的著作权人或者拥有排他发行权的人,在接到版权局的通知后,必须在3个月内缴存一份完整的拷贝(或录音光盘),以及这些电子期刊的元数据、格式码。此外,还规定缴存的拷贝(或录音光盘)必须能让版权局、国会图书馆或得到两个机构授权的读者能持续访问阅读。但是,考虑到仅以网络形式出版的电子期刊的缴存还会涉及通信技术等具体问题,2010年之后,此政策将会在采纳各方意见的基础上继续进行修订[②]。

5.3.2 数字出版物的法定缴存

美国的法定缴存与国会图书馆相关。国会图书馆成立于1800年4月,最初是为美国国会服务的学术图书馆,其最早的馆藏来源是美国总统杰弗逊所捐赠,其后国会图书馆被赋予法定缴存的角色,进而得以持续地扩充馆藏。该馆陆续推动的"美国记忆"(American Memory)、"国家数字图书馆计划"(National Digital Library Program,NDLP)等为其不断充盈数字馆藏提供了便利。作为缴存主体,美国国会图书馆在《2011—2016年国会图书馆战略规划》(The Library of Congress 2011—2016 Strategic Plan)中指出,应通过法

[①] 朱林,许馨.论图书馆数字资源典藏管理政策[J].情报资料工作,2006(6):49-52.
[②] 王志庚,陈瑜.国外网络信息资源缴送动态及对我国的启示[J].图书馆杂志,2011(10):79-82.

定缴存制度继续加大电子资源的收藏；加强新型和现有格式数字资源的接管、认证及存储能力；帕卡德视听资料保存区于2007年7月开放，大大加强了图书馆保存电影和音频资料的能力和效果；增加可获取的在线数字资源的数量等[①]。

虽然美国版权缴存与法定缴存都是为了实现国家的完整收藏，而且两种政策也并行不悖地进行着，但是二者无论是在缴存目的、缴存人范围、缴存作品的性质等方面还是存在一些差异（表5-13）。

表5-13 美国出版物版权缴存与法定缴存对比[②]

项目	版权缴存	法定缴存
缴存目的	对申请作者及其作品的版权给予法律确认，并通过版权公示行为，赋予法律权益	保存国家文化遗产、满足大众科研、学习需求
申请人意愿	自愿申请	强制执行
期限	作品出版后5年内都能办理	作品出品后3个月内进行
缴存人范围	通常为作者	包括作者、出版商（包含作品在国外出版后在美国境内发行的外国出版商），但以出版商为主
作品的种类	已出版和未出版的作品	已出版的作品
缴存的作品性质	缴存作品为样本书，通常不纳入国家藏书体系	成为国家藏品，非经法定程序和事由不得随意处置

5.3.3 政府数字出版物缴存

在《图书情报学百科全书》（Encyclopedia of Library and Information Science）中，把缴存的客体简要地分为两种主要类型：版权材料（Copyrighted

---

① Library of Congress .The library of congress 2011–2016 strategic plan [R/OL]. [2021-08-23]. http://www.loc.gov/about/strategicplan/strategicplan2011–2016.pdf.

② 韩新月，吕丽萍，等.数字出版物呈缴制度 [M]. 北京：知识产权出版社，2021：35.

Materials）和政府出版物（Official Government Publications）[①]。其中，政府出版物应向指定的图书馆缴存相应的出版物份数，也被认为是保存国家信息资源的重要制度[②]。相应地，在美国图书馆体系中，除了联邦级的国会图书馆、各州的公共图书馆、高等院校和中小学图书馆以及社会各类机构设置的专门图书馆外，另有一类是专门从事政府出版物保存和对公众服务的机构——寄存图书馆或是托存图书馆（Depository Library）。该类图书馆根据法律或者合同约定接受联邦政府提供的政府出版物并向公众提供免费服务[③]。

自1813年创建寄存图书馆以来，美国联邦政府和州政府通过不同的立法形式设置了联邦及各州的寄存图书馆体系。例如，1859年的联邦寄存图书馆计划（Federal Depository Library Program，FDLP）、1895年的《综合印刷法》（The General Printing Act of 1895）、1945年加利福尼亚州的《图书馆藏品分布法》（Library Distribution Act）、加利福尼亚州寄存图书馆计划（California State Depository Library Program）、1962年的《寄存图书馆法》（Depository Library Act of 1962）等。正是在这些法律政策的指导下，经过200年的发展，美国已经组建了位于联邦和州的大约1000多所寄存图书馆（表5-14），并且公众可以通过互联网获取所需的联邦政府的电子信息。

表5-14 美国寄存图书馆目录

寄存图书馆类型	数量（单位：所）	比例（单位：%）
学术图书馆	648	52
公共图书馆	229	18
法律图书馆	154	12
社区学院图书馆	63	5
联邦图书馆	43	4

---

① Allen Kent. Encyclopedia of Library and Information Science（Volume 14）[M]. NewYork：MarcelDekker，Inc，1991：140.
② 吴钢. 政府信息寄存制度的保存功能与实施模式探析[J]. 图书馆理论与实践，2011（11）：26-29.
③ 翟建雄. 美国图书馆复制权问题研究[M]. 北京：国家图书馆出版社，2010：246-247.

续表

寄存图书馆类型	数量（单位：所）	比例（单位：%）
州图书馆	41	3
州法院图书馆	37	3
专业图书馆	15	1
联邦法院图书馆	13	1
美国原住民部落大学图书馆	5	1
军事院校图书馆	4	1

资料来源：Federal Depository Library Program.Designation Handbook for Federal Depository Libraries［R/OL］.［2021-10-17］.http://www.lib.noaa.gov/collections/gov/FDLP_Designation-handbook.pdf.

但在数字环境下，政府信息资源的类型和传播方式发生了巨大变化，数字政府信息资源逐渐成为主流，政府出版物主要通过在线传播的方式提供公共获取，政府出版物发展政策也随之有所变化。早在2009年就有相关数据统计显示，在美国大约97%的政府信息资源以数字化形式传播获取，有大约3/4的政府出版物仅以数字形式存在[①]。

为了适应新形式的发展和变化，美国研究图书馆学会（Association of Research Libraries，ARL）和州立图书馆机构主管会（Chief Officers of State Library Agencies，COSLA）资助的《记录数字民主：21世纪的联邦寄存图书馆计划模式》（Documents for a Digital Democracy：A Model for the Federal Depository Library Program in the 21st Century）的研究报告曾提出，联邦政府寄存图书馆计划的发展应朝着5个发展方向，主要包括：新发布的政府数字信息应尽可能以数字形式提供并免费提供获取，也必须能够长期保存；一些

---

① Roger CSchonfeld. Documents for a Digital Democracy：A Model for the Federal Depository Library Program in the 21st Century［R/OL］.［2021-05-30］.http://www.arl.org/bm~doc/documents-for-a-digital-democracy.pdf.

原始的纸本资料必须继续保存[①]。

在美国一些州立法中，也已经改革政府信息寄存制度以更好地适应政府信息资源类型变化的时代需要。具体来说，亚利桑那州图书馆负责收集州政府出版物，以确保政府信息可以被立法机关和公众永久获取。州立法要求政府机构在网络上出版年报，同时要求报告的纸质版本要送交到图书馆。虽然建立州政府出版物的图书馆馆藏需要不小的开支，但是经历信息丢失的风险和成本会更大[②]。为此，这种将数字政府信息资源以纸本形式寄存到图书馆中的方式确保了对其有效长期保存。同时，美国另一些州已通过立法要求开展对数字政府出版物的寄存。如在科罗拉多州，2003年的法令要求将州政府部门寄存的政府出版物范围延伸至电子出版物，其出版物的范围包括了通过公用电信网络获取的资源。对于这类型出版物，一份电子复本或出版通告应以指定的格式寄存到州立图书馆中，寄存应在出版物出版10天内完成。立法要求州立图书馆协调州政府机构、寄存图书馆和其他机构的活动开展，确保对州政府出版物的永久公共获取，而不论其载体形式如何。在伊利诺伊州，修订后的州立图书馆法推动了政府电子出版物寄存的实现。如果文献以指定的格式提交到州立图书馆，则可以相应地减少寄存的纸本文献数量，法规中对"出版资料（Published Material）"的定义是：以纸本或数字格式复制的资料，包括可以从公共渠道获取的网络中下载的资料[③]。

以上立法模式的变化将数字形式的政府信息资源纳入到寄存活动中，通过界定相关范围，使图书馆可以接收数字政府信息资源，为政府信息资源的长期保存和获取利用创造了条件[④]。

5.3.4　可借鉴之处

① 关注网络出版物的存储。数字信息的生产、传播和利用可以提高获取

---

① 吴钢. 政府信息寄存制度的保存功能与实践模式探析［J］. 图书馆理论与实践，2011（11）：26-29.

② Roger CSchonfeld. Documents for a Digital Democracy：A Model for the Federal Depository Library Program in the 21st Century［R/OL］.［2021-05-30］. http://www.arl.org/bm~doc/documents-for-a-digital-democracy.pdf.

③ Judith Cobb, Gayle Palmer. Managing and Sustaining A State Government Publications Program in Caliifornia［R/OL］.［2021-10-16］. http://www.library.ca.gov/gps/docs/OCLCFIN.pdf.

④ 同上。

效率、可检索性和可获取性，但也对保存机构带来了许多新挑战：信息资源的长期保存问题就是其中之一。大部分数字化的信息都具有永久的法律、立法和文化等方面的价值，但是由于易于损坏的载体、技术过时和其他原因，这些信息资源处于严重的丢失风险中[①]。美国学者提出，传统载体的文献信息很难被毁灭，因为其被分发至多个物理实体机构中，但是现在大量的信息只能在网络上获取，纸质文本不再生产，它们可能因为几个击键动作就会带来无可挽回的损失[②]。例如，政府机构一般只关注于发布、提供当前的信息资源，忽视对以往信息的保存，政府机构网站文档的生命周期一般只有4个月[③]。由上述可知，对于记载着国家发展与变化的网络文献更需要得到存储。为此，美国也通过多种措施对此进行关注，如在版权的相关立法中进行规定等。

② 三种缴存方式相结合，有助于全面收藏国家资源。美国法律规定在美国出版的版权作品缴存于国会图书馆，此外，美国要求出版者按国会图书馆馆长确定的最佳版本缴存两件复制品，如果这些版本未缴存，版权局局长有权要求其缴存。尽管这些缴存往往作为美国登记制度的一部分进行，但是这两种制度在技术上还是可以被区分开的。而面对庞大的政府数字资源又采取与其相适应的寄存制度，三种方式的结合能够实现不同类型数字资源的收藏。

③ 重视政府数字出版物的缴存。通过缴存政府出版物，赋予履行缴存职能的图书馆和档案馆接收、保存并尽可能广泛地传播这些政府作品的能力。在美国法定缴存涉及两种情况：一种是私人出版者和作者在美国出版作品后必须进行的法定缴存；另一种是旨在传播政府作品的法定缴存。第二种缴存不涉及版权问题，因为美国不对出自本国政府的作品主张版权。除非受制于国家安全、隐私和其他非版权问题等限制。即使美国很多管辖地区对政府作品主张版权，在这种情况下，美国仍然认为应该有一种政府文件的缴存制度，

---

① Hyuckbin Kwon, et al. Interorganizational Collaboration and Community Building for the Preservation of State Government Digital Information: Lessons from NDIIPP State Partnership Initiative [J]. Government Information Quarterly, 2009, 26 (1): 186-192.

② Peter Hemon, Robert E.Dugan. The US Government and E-Government: Two Steps Forward, One Step Backwards? [J]. Advances in Librarianship, 2004 (28): 121-149.

③ Chi-Shiou Lin, Kristin R. Eschenfelder. Selection practices for Web-based government publications in state depository library programs Comparing active and passive approaches [J]. Government Information Quarterly, 2008, 25 (1): 5-24.

而图书馆应该订立包含必要的版权例外和限制的特殊协议,以便政府作品能够更广范围地传播给大众[①]。

5.4 澳大利亚

5.4.1 澳大利亚电子出版物的国家策略

1996年10月,澳大利亚国家图书馆发布了《澳大利亚电子出版物的国家策略》报告,对本国电子出版物的保存及缴存提出了国家性的战略要求[②]。该报告是澳大利亚早期对建立电子出版物缴存制度的重要设想,也是后来澳大利亚积极促进修改1968年版权法,并推动相关部门着手进行电子出版物缴存立法的主要依据。该报告主要涵盖的内容有:

① 对电子出版物进行定义。该报告认为,电子出版物可以分为两类,一种是在形式上可以以多份复本进行传播,另一种是连在主机上并可以通过通信网络进行检索。

② 电子出版物长期存取与法定缴存制度的制定。对于赋有保存电子出版物责任的图书馆与其他收藏部门,应该采取新的方式实现对电子出版物的存取,法定缴存制度是保证这些信息实现长期存取的关键因素。澳大利亚在1968年的版权法对纸质出版物法定缴存制度已经作出了具体规定,这是国家级法令;同时在州一级也通过了类似的法案,这些法律为澳大利亚地方出版物的保存铺垫了基础。但是,澳大利亚并未把法定缴存制度延伸到电子出版物,面对这种易损坏的出版物,澳大利亚相关部门应成立专门的保存机构并授权有关的部门有权获得各种形式的出版物。

③ 具体行动。澳大利亚国家图书馆与国家影片、录音档案馆提出了"给版权法检查委员会的提议",在提议中要求对电子出版物进行法定缴存。通过版权保存机构确定了出版物的选择原则,扩大了出版物的定义,使得法律对出版物的范围能够延伸到电子格式。同时,1996年,澳大利亚国家图书馆建立了一个电子部门以开发图书馆网络化电子资料馆藏,还建立对电子格式

---

① 世界知识产权组织. 版权及相关权常设委员会第二十四届会议 [R]. 世界知识产权组织, 2012: 17-21.

② 刘家真. 澳大利亚电子出版物的国家策略 [J]. 图书馆理论与实践, 1998 (1): 60-62.

文件进行管理的委员会。此外，承担长期保存澳大利亚电子出版物责任的国家图书馆，也在计划中公布如何对这些电子出版物进行全国性馆藏安排与建设，并于1994年向版权局提出修改版权法以进行电子出版物的法定缴存。

④ 对策建议。澳大利亚图书馆应该与出版者、作者等进行多方合作，以制定让多方满意的电子出版物法定缴存制度；图书馆对印刷出版物的复制权也应在电子环境中存在；维持版权所有者与公共存取之间的平衡；电子环境下也应该允许保护性复制。等等。

5.4.2 澳大利亚电子出版物采购/收录选择原则

由于无法完全通过制定新的缴存法以获取到所有的电子出版物，为了最大限度地保存各种类型的出版物，澳大利亚图书馆针对电子出版物的采购或是收录制定了选择原则，通过了两项重要政策作为收集电子馆藏的依据，并作为补充馆藏发展政策的原则性描述。一是，《澳大利亚实体形式电子出版物征集指南》（Acquisition Guidelines for Australian Physical Format Electronic Publications），针对具体形式的电子资源，说明缴存与主动征集的收录原则；二是，《澳大利亚在线出版物选择指南》（Guidelines for the Selection of Online Australian Publications），是处理如何选择在线出版物的相关规定。主要内容如下。

（1）澳大利亚实体形式电子出版物征集指南

在该指南中列出了载体形式为电子出版物的收录原则，首先确定了不收录的电子出版物，包括：以碟片储存的音乐、影像或软件，特别是软件即使自动缴存也不收录；其他影音光盘，应该转至"影音澳大利亚"计划进行收藏；计算机游戏软件即使自动缴存也不收录，少数例外是对于有关澳大利亚的游戏软件可一年可以酌收6件；剪接转录作品也不收录。其他规定如下[①]：

① 无论来自缴存或通过采购取得，国家图书馆对于内容与澳大利亚有关，且载体格式为电子出版物，应尽可能收录完整。

② 如果一个文献内容同时存在纸本、光盘或磁盘等版本，除非电子版的光盘或磁盘，具有较佳的检索优点，否则图书馆应优先收录纸本版。

③ 如果是同时有在线版与光盘版，图书馆应优先收录在线版本，但如果

---

① 李丹，乔冬梅.国外电子出版物研究与发展综述［J］.中国图书馆学报，2005（4）：72–77.

两者内容有所差异，应两者兼收。

④ 图书馆应定期拜访出版单位鼓励其自动缴存，对于拒绝缴存的电子资源，图书馆因典藏需求可以采购符合收录原则的电子资源。

（2）澳大利亚在线出版物选择指南

由于澳大利亚国家图书馆在版权法中列出了需缴存的数据类型，只包含具有载体形式的电子资源，并未包含在线网络资源。所以，该馆制定了《澳大利亚在线出版物征集指南》，作为鼓励在线形式电子资源缴存或主动采选的标准，不仅成为业者遵循的规范，也是图书馆处理电子资源缴存的依据。对于拒绝缴存的电子资源，国家图书馆因典藏需求，可以通过采购方式收录符合馆藏发展需求的电子资源，特别是内容有关澳大利亚联邦及地方政府的出版物，国家图书馆需要进行特别完整的收藏。

5.4.3 澳大利亚电子出版物缴存的国家规定

经过20多年发展，以澳大利亚国家图书馆为主导的诸多机构一直积极推动本国缴存制度的立法改革，以争取通过现有缴存机制收集和存储各类正式电子出版物和政府机构数字信息产品。

在澳大利亚，明确缴存电子出版物具体内容之前，已对不同部门和领域进行了数次意见咨询。这些咨询意见对确定电子出版物缴存范围、类型等规定都起了推动作用。例如，1995年，澳大利亚国家图书馆和国家电影档案馆（National Film and Sound Archive）联合向版权法律评审委员会（Copyright Law Review Committee）提议延伸法定缴存至非印刷型（电子）出版物。该提议认为法定缴存内容还应继续留存在版权法中，而不是移至国家图书馆法（National Library Act）或是建立一个单独的法定缴存法（Legal Deposit Act）。2007年10月，澳大利亚通信信息技术与艺术部（Department of Communications, Information Technology and the Arts, DCITA）和司法部（Attorney-General's Department, AGD）开始评审延伸澳大利亚法定缴存体系的可能性。在政府进行结构性变革之后，同年11月，评审由澳大利亚宽带通讯和数字经济部（Department of Broadband, Communications and the Digital Economy, DBCDE）、环境、水资源、遗产和艺术部（Department of Environment, Water, Heritage and the Arts, DEWHA）以及遗产部等部门联合进行。评审会目的是建立延伸至视听和电子出版物法定缴存的可行性。讨论文件在评审会开始便在网上公布，征求意见于 2008 年 5 月结束，讨论文件和 27 份建议分别来自图书馆、出版商和非营利组织。内容主要有：视听和电子出版物材料是否应该被包括在法定缴存项目中；如何定义缴存规定中的电子出版物；澳大利亚之外的在线出版物是否应该包括在法定缴存项目中；在电子出版物保存中，如何解决技术保护问题；如何对此进行获取上的限制等。咨询意见结果是，大部分机构和部门都支持把视听和电子出版物材料纳入法定缴存项目[①]（表 5-15）。

表 5-15　澳大利亚电子出版物缴存的国家具体规定

项目	具体规定
法令依据	1968 年版权法
缴存媒体形式	增列电子出版物，但不涵盖在线电子资源，在线资源以 PANDORA 计划收集
数量	缴存 1 份
缴存期限	各区域规定不同，以 1～2 个月为主
催缴方式	根据国家书目资料抽样或因采购、读者推介发现未送缴，则再以信函方式催缴，期限最长为 5 年
不缴存的例外情形	1.学龄前程度出版物；2.资讯内容短暂的电子出版物；3.与网络连接并同使用的光碟产品；4.电脑游戏软件；5.剪接转录的作品
缴存格式	一个文献内容同时存在纸本、光碟或磁盘时，除非电子版的光盘或磁盘，具有较佳的检索优点，否则图书馆应优先收录纸本
使用与检索限制	以典藏为主，使用需要授权

韩新月，吕丽萍，等.数字出版物呈缴制度［M］.北京：知识产权出版社，2021：41.

---

① Abi Paramaguru, Sophia Christou. Extension of Legal Deposit：Recording Australia's Online Cultural Heritage［J］. SCRIPTed, 2009, 2（6）：411-432.

5.4.4 澳大利亚电子出版物缴存的地方规定

澳大利亚是联邦制国家，各州和领土都有独立的立法权，在各州境内执行本州的法律。澳大利亚图书馆管理体制是一个以州为基础，各系统图书馆分立，全国图书馆相互协调的管理体制。在图书馆事业发展上，根据本州和本地区实际情况和需要，制定图书馆法律、发展政策和管理方式。如，1960年颁布了《澳大利亚国家图书馆法》，此外联邦和各州至少有一部图书馆专门法和一部条例。如昆士兰州的2002年《公共记录法案》。塔斯马尼亚州除了图书馆法案和条例外，还有1966年《图书馆和艺术博物馆协定法案》、1989年《图书馆修订条例》。西澳洲有1955年《图书馆理事会（行动引导）条例》和1985年《图书馆理事会（注册公共图书馆）条例》等[1]。对于图书馆法或是条例，也存在着联邦法律和州并行的地方缴存规定（表5-16）[2]。

表 5-16 澳大利亚部分地方缴存规定

州名	具体条例	接受缴存的图书馆及数量	缴存范围	上缴期限	处罚
维多利亚州（Victoria）	1988年图书馆法（第49条）（Libraries Act）	理事会（1册）	初次出版的出版物；修正、修订等与原版不同的内容；形式和版式不同的出版物	2个月	出版物的价值；或是不超过200澳元；其他费用规定
昆士兰州（Queensland）	1988年昆士兰图书馆法（第68条）（Libraries Act）	昆士兰州立图书馆（1册）；议会图书馆（1册）	图书或是图书的卷、册；报纸、杂志、期刊、手册、数字出版物或是以其他方式制作的视听和信息的载体、电影、磁带、光盘	1个月	2000澳元

---

[1] 张绚.澳大利亚图书馆法探析——以新南威尔士州为例[J].河南图书馆学刊,2013(3):138-140.
[2] 韩新月,吕丽萍,等.数字出版物呈缴制度[M].北京:知识产权出版社,2021:42.

续表

州名	具体条例	接受缴存的图书馆及数量	缴存范围	上缴期限	处罚
南澳大利亚州（South Australia）	1982年图书馆法（第35条）；1989年图书馆法修正案（Libraries Act）	理事会（1册）	图书或是图书的卷、册；报纸、杂志、期刊、手册、磁带、光盘、其他可被公众利用的存储视听和信息的载体	1个月	不超过2500澳元
塔斯马尼亚州（Tasmanian）	1984年图书馆法（第22条）（Libraries Act）	图书馆（1册）	初次出版的出版物；修正、修订等与原版不同的内容；缩微照片、手稿、录像、地图等	1个月	240澳元
西澳大利亚州*（Western Australia）	1895年西澳大利亚版权法（第4，7—9条，这项法律于1994年修改，随之向州图书馆缴存变成自愿性）	西澳大利亚州立图书馆		2个月	
北领地（Northern Territory）	2004年出版物（法定缴存）法（第7，13条）	北领地州图书馆（1册）		2个月	
新南威尔士州（New South Wales）	1879—1952年版权法（第5—7条）（Copyright Act）	州议会图书馆（1册）	初次出版的纸质出版物、手册、地图、图表、剧本、报纸等	2个月	出版物的价值不超过55澳元

注*：该州的出版物缴存制度原来是隶属于1895年《版权法》（Copyright Act 1895），但是该法律于1994年被废止，同时出版物缴存制度的规定就被转移到《文化、图书馆和艺术法案》（Culture，Libraries and Arts Bill）中，不过该法律在1998年后也不再实行。目前，该州政府根据州总理的部署，在继续履行缴存的政府文件资料的义务，而出版商也基本上能够继续履行缴存纸质出版物的义务，但是其他一些音乐、电影类以及数字出版物等出版物则基本上得不到缴存。

澳大利亚出版物的缴存依据是1968年《版权法》，该法规定出版物送至国家图书馆1份，但也有适合于地方出版者缴存的额外规定。也就是说，澳大利亚具有多个法定缴存中心，包括澳大利亚国家图书馆和地方不同的中心图书馆。1968年《版权法》第201条规定：在澳大利亚范围内的每个州和领地都可在自己所辖区域内规定出版商（包含个人、俱乐部、教堂、协会/学会等）一定时间内向指定图书馆进行缴存。

从表5-16中可以看出，各州基本上是对纸质出版物进行了缴存规定。但是，在相应地方立法中，北领地（Northern Territory）明确规定了电子出版物缴存。北领地2004年《出版物（法定缴存）法》[Publications〈legal deposit〉Act 2004]规定缴存制度，此法目的是为了协助保存北领地出版的数字文化遗产。第7条要求在北领地以任何工具出版或创作的出版物（包含图书、报纸、杂志、期刊、报告书、时事快讯、工商名录、手册、指南、乐谱、地图、小册子等资料）与储存记录于任何载体、电脑或其他电子装备的形式（如卡式录音带、录影带、电影、多媒体工具、光碟、网站和PDF文档等）需要在出版后2个月内缴存至北领地图书馆（Northern Territory Library）；第13条对互联网出版物（Internet Publications）的缴存进行了规定，即如果没有经由网络出版且无印刷版本的出版物需要在首次出版后2个月内缴存该出版物[①]。也有一些州在宏观层面上对电子出版物缴存做了规定。如南澳大利亚州（South Australia）在1982年《图书馆法》（Libraries Act 1982）第35节提到南澳大利亚州出版者须在出版物出版后1个月内缴存至南澳大利亚州立图书馆与南澳大利亚国会图书馆，须缴存的出版物包括图书、报纸、杂志、期刊、小册子、地图、计划书、插图、乐谱、唱片、卡式录音带、电影、录影带、磁碟片，或是以视觉图像、声音、资讯等向大众呈现的方式[②]。

此外，在昆士兰州，为方便数字出版物的缴存，该州的州立图书馆网站——昆士兰州图书馆（State Library of Queensland）专门开辟了一个缴存平台——"缴存精灵"（Deposit Wizard），用于提交电子书、电子期刊、电子报告等数字

---

① Northern Territory Government.Publications（Legal Deposit）Act 2004[R/OL].[2021-10-08]. http://www.austlii.edu.au/cgi-bin/download.cgi/cgi-bin/download.cgi/download/au/legis/nt/consol_act/pda2004263.pdf.

② Government of South Australia. Libraries Act 1982 [R/OL].[2021-12-08]. http://www.legislation.sa.gov.au/LZ/C/A/LIBRARIES%20ACT%201982/2010.01.31/1982.70.UN.PDF.

类型的出版物。此外，出版者在缴存超过 25 MB 的数字出版物时，可以选择存储在光盘、可移动硬盘中以邮寄的方式完成缴存，缴存需要填写的内容有书籍名称、书籍出版年份、书籍出版地、书籍出版商等（表 5-17）。

表 5-17 昆士兰州立图书馆电子书缴存需填写内容

填写内容	备注
*Title	书籍名称（必填）
*Year of publication	书籍出版年份（必填）
*Place of publication	书籍出版地（必填）
*Publisher	书籍出版商（必填）
Organisation name & Author	组织名称 & 个人
Organisation name	组织名称
Author	个人名称
*Description	对书籍的摘要或内容概况进行描述（必填）
Web address（URL）	如果书籍可以在线获取，标明网址
Your name	缴存书籍的联系人，此信息保密
Your email	联系人电子邮件，此信息保密
Your contact details（phone，address）	联系人电话、住址，此信息仅用于业务联系

资料来源：State Library of Queensland.State Library of Queensland-eBook submission form［EB/OL］.［2021-02-19］. http://www.slq.qld.gov.au/__data/assets/word_doc/0019/211 960/ebook_submission_form.doc.

5.4.5 澳大利亚电子出版物保存——PANDORA 计划

缴存电子出版物的最终目的是为保存国家文化遗产，澳大利亚并未能一步到位全面实行电子出版物法定缴存立法，在拥有完整的缴存立法之前，通过国家力量对大量电子内容以逐步扩大的方式进行保存。最初电子出版物包括只读光盘、交互式多媒体、软盘和在线电子出版物。1993 年，当时技术服务部（Technical Services Branch）在一份调查中，认为广义的电子出版物是指

第 5 章　国外英美法系国家数字出版物缴存制度代表性实践

用于公众传播的作品，但是并没有列举出具体作品内容。随着信息技术发展，电子出版物形式和内容不断延伸与拓展，电子出版物或材料在相应缴存中成为特别难解决的问题之一，主要在于这些出版物或是材料的多样性和动态化。此外，易于传播、复制、获取以及缺乏物理实体加剧了缴存立法的困难。加上形式多样的在线出版物，如博客、电子邮件、电子公告、在线广播、评论等广泛地存在于网络中，要进行这些内容的缴存面临着很大挑战。对于物理实体的电子出版物，澳大利亚与出版商和创作者主要在自愿缴存协议的基础上进行[①]。

为了解决免费在线资源的问题，澳大利亚实行在线出版物保存战略——PANDORA（Preserving and Access Networked Documentary Resources of Australia）计划，又称潘多拉计划。这项计划创建于 1996 年，由澳大利亚国家图书馆主导，包括维多利亚州立图书馆（State Library of Victoria）、南澳大利亚州立图书馆（State Library of South Australia）等参与，所有这些参与计划的图书馆或研究机构等都对与自身相关的内容进行收集、编目和保存。

PANDORA 保存的网络资源主要包括：政府公开出版物、教育机构出版物、会议论文、电子期刊、在某主题领域运行 3 年以上和记载当前社会重要新闻等网络内容，提供艺术与人文、历史与地理、科学与艺术、社会与文化、教育、健康等多个主题的网络信息资源[②]。PANDORA 项目主要是对网络资源进行选择性搜集，一般情况下是对网站资源进行采集，有时只会选择一部分，如对于一个较大网站只会采集电子期刊、科技报告等网络出版物。进行选择性采集时，依据制定的相关采集指南，PANDORA 项目会在采集前征求所有采集对象所有者的许可，对于外部链接，如果不在采集范围内，或没有征得所有者的许可是不会采集的。采集的格式主要有 HTML、JPEG、PDF、TXT 等。

由于选择性采集的主观性，人为地割裂了网络资源之间的联系，为了完整反映网络信息资源的全貌，从 2005 年开始，PANDORA 还进行了 3 次大规模的采集，第 1 次是基于时间限制对 .au 域名进行采集，后两次基于文档规模，

---

① Lesley Bezear.Defining the National Library of Australia's Role in the Acquisition, Control and Preservation of Australian Electronic Publications［C/OL］.［2021-10-17］. http://www.nla.gov.au/openpublish/index.php/nlasp/article/viewArticle/959/1234.

② PANDORA Australia Web Archive［EB/OL］.［2021-08-27］. http://pandora.nla.gov.au.

限定最小采集对象为 5 000 000 000 个独立的 URL[①]。此外，该项计划对网络出版物的自愿缴存范围进行了限定，将聊天室、公告板、新闻组、游戏、个人文章、有印刷版的在线日报新闻、以组织因特网信息为唯一目的的门户网站、推销和广告网站、对其他来源信息进行编辑，不具有原创性内容的站点等被排除缴存范围外[②]。

由于 PANDORA 项目的实施，特别是 2016 年 2 月 17 日，对 1968 年《版权法》的修改生效，将法定缴存条款的覆盖范围扩大到电子出版物，包括在线材料，澳大利亚得以存档了大量的网络资源（表 5-18）。这些网络资源涵盖了澳大利亚商业、教育、政府等领域的内容。

表 5-18　PANDORA 网络存档规模与每月增长概览（截至 2020 年 6 月 26 日）

	当月	上月	增长
存档标题数量	65 035	64 478	557
网页快照存档数量	225 411	220 736	4675
文档数量	842 450 515	840 875 962	1 574 553
原始数据大小	53.93（TB）	51.91（TB）	2068（GB）

资料来源：PANDORA Australia Web Archive. Statistics［EB/OL］.［2022-05-11］. http://pandora.nla.gov.au/statistics.html.

5.4.6　可借鉴之处

① 以国家图书馆为主导，多个部门积极参与。澳大利亚国家图书馆在试图建立电子出版物缴存立法的推动上，始终扮演着主导角色。它的主导性角色突出表现在鼓励许多机构参与电子出版物缴存的立法工作。如澳大利亚电影委员会（Australian Film Commission，AFC）是政府机构，它作为负责联邦

---

① 闫晓创. 国外 Web Archive 项目对我国的启示——以澳大利亚 PANDORA 为例［J］. 浙江档案，2011（10）：29-32.

② Online Australian Publications：Selection Guidelines for Archiving and Preservation by the National Library of Australia［EB/OL］.［2021-08-27］. http://pandora.nla.gov.au/selectionguidelines.html.

电影项目的机构,责任在于确保澳大利亚电影内容的创造、保存。AFC 通过生产国家性有竞争力的视听内容来提升澳大利亚国家文化身份,同时也为大众创造澳大利亚视听内容和文化,形成和保存全澳大利亚声音和动画影像等内容的收藏。2008 年,AFC 支持把法定缴存优先拓展到视听和电子出版物。澳大利亚版权委员会(Australia Copyright Council)也在提请延伸法定缴存范围至电子出版物方面提供了诸多建设性意见。如有关于"图书馆资料"(Library Material)方面的定义,认为应该界定一个更加技术中立(Technologically Neutral)的定义等。此外,还有许多机构也都参与了提请把电子出版物纳入法律中。

② 国家与地方法规并存。由于澳大利亚是联邦制国家,除了澳大利亚国家图书馆可以依法接受出版物缴存以外,在澳大利亚范围内的每个州和领地都可在自己所辖区域内规定出版商(包含个人、俱乐部、教堂、协会/学会等)按照当地的具体情况对此作出相关规定,这可以说是对国家立法的极大补充。为了能确保国家与地方在实现数字出版物缴存最终目标的一致,澳大利亚通过国家电子缴存(National eDeposit,NED)项目来实现国家、州、地方之间的合作。NED 为整个澳大利亚数字出版物缴存的保存、管理、存储、发现、运行、编目、索引等提供全面的服务。NED 成员主要包括澳大利亚国家图书馆、澳大利亚首都地区图书馆、塔斯马尼亚图书馆、北领地图书馆、新南威尔士州图书馆、昆士兰州图书馆、南澳大利亚州图书馆、维多利亚州图书馆和西澳大利亚州图书馆。政府与地方规定并存既能保证政府获得充足的电子出版物来源,也能使地方根据现实情况丰富地方电子出版物的资源数量。

③ 在不能一步到位实现数字出版物法定缴存立法之前,通过数字保存战略——PANDORA 来实现数字出版物的收集、编目和保存。事实上,澳大利亚不仅有 PANDORA 计划,还制定了其他阶段性的澳大利亚国家图书馆数字化发展战略,这些数字化战略的目标之一就是实现全方面保存国家文化遗产的目的,而通过缴存措施实现这一目标又在这些战略中不断被提及。可以说,澳大利亚通过这些措施逐步实现物理电子出版物和在线电子出版物的缴存。

5.5　本章小结

近年来,数字出版物快速增加,成为记录信息和知识的重要载体,如何将这些内容全面、有效地保存下来，是各国相关典藏机构积极努力的方向。缴存制度是国家收集出版物的方法之一。在本章节的案例中，英国首先以立法的形式规定数字出版物的缴存，同时辅以多种配套措施，并根据时代的发展，不断地改进和完善这一制度，且在实践中取得了良好的效果。加拿大、美国都是非常重视政府数字出版物向公共图书馆免费缴存工作。IFLA颁布的《法定缴存立法准则修订版》曾指出，任何国家的出版物缴存制度，都应把政府出版物列入缴存的范围，即使该国的缴存制度没有强制性[①]。实际上，美国早在1895年就出现了规范政府出版物固定分配非指定图书馆以供公众借阅的法律。1962年又对这一法律规定进行了修改，主要是进一步扩大指定图书馆的范围，增加图书馆获得政府出版物的品种和数量，以便于更多人获取和利用[②]。特别是随着政府出版物逐步实行数字化，负责接受缴存的机构获得了更多的政府数字出版物。此外，还需要指出的是，虽然澳大利亚并没有以立法的形式直接规定数字出版物的缴存，但是以澳大利亚国家图书馆为首的主导部门，在不断寻求立法契机的同时，正在借助多种数字保存计划与管理机制逐步进行数字内容的收藏。这些国家对于本国数字出版物缴存的规定与发展基本上是采用相似的原理和方法。

---

① 王明玲.《法定送存立法准则修订版》介绍［EB/OL］.［2021-01-09］.http://www.ncl.edu.tw/upload/P0930929009/cats/8704.pdf.
② 方绍富，余伯森.美国联邦政府图书馆法规［J］.高校图书馆工作，1982（4）：55-61.

第6章 国外大陆法系国家数字出版物缴存制度代表性实践

6.1 荷兰

荷兰出版物主要以协议的形式进行缴存，较为完善的出版物缴存规定始于1974年，当时主要收藏本国出版的纸质出版物，如图书、期刊、报纸、学位论文和政府出版物等，直至1994年荷兰皇家图书馆（即荷兰国家图书馆，Koninklijke Bibliotheek，KB）才开始实行电子出版物缴存制度。1999年，荷兰出版商协会和荷兰国家图书馆对缴存电子书的问题上开展合作，并于2005年开始执行电子书缴存计划。此外，荷兰国家图书馆根据网络化欧洲存储图书馆计划（Networked European Deposit Library，Nedlib）[1]、荷兰电子出版物保存计划（Deposit of Dutch Electronic Publications，DDEP）、BIBLINK[2]等，规定出版商需要缴存的电子出版物包括在线数据库、光盘数据库、电子期刊、

---

[1] 该计划于1998年至2000年期间推行，以荷兰国家图书馆为首，发展于欧洲地区。参与的国家主要有荷兰、芬兰、法国、挪威、瑞士等8个国家图书馆、1个国家档案馆、2个信息通信科技组织以及3家出版社。该计划的目的是要发展欧洲地区各国共同的电子出版物缴存系统（Deposit System for Electronic Publications，DSEP），并且确保电子出版物能在未来使用。其最重要的贡献是各国图书馆都能独立使用该系统但又能达到共享缴存信息的目的。参见：Deutsche National Bibliothek. NEDLIB-networked European Deposit Library [EB/OL]. [2021-06-29]. http://www.dnb.de/EN/Wir/Projekte/Abgeschlossen/nedlib.html.

[2] BIBLINK项目从1996年4月1日起至2000年2月15日止，由欧盟委员会的技术运用项目（Telematics Applications Programme）资助，目的是为了建立国家书目机构和电子出版物出版商之间的关系，以建立有利于二者的授权书目信息。国家图书馆需要了解最新的电子书目信息，以便于把这些内容纳入到国家图书馆书目信息建设中，出版商也有义务向国家图书馆登记新的电子出版物信息（无论这些电子出版物是在线形式还是类似于CD等离线形式）。参见：BIBLINK [EB/OL]. [2021-06-29]. http://hosted.ukoln.ac.uk/biblink/.

电子图书等[①]，所有进行缴存的内容都可以通过荷兰书目在线（Netherland Bibliography Online）进行检索和查询[②]。在没有强制性法律的规定下，荷兰对于符合缴存的出版物类型的标准是"符合荷兰文化遗产的一部分"就应该进行缴存。

6.1.1 荷兰电子出版物缴存计划

1974 年 KB 开始实行纸质出版物的缴存并且允许用户能够通过在线公开目录（Online Public Access Catalogue，OPAC）检索到所缴存的内容。KB 从 20 世纪 80 年代开始接收光盘缴存。但是，当时 KB 并没有可供阅读这些电子文献的设备，该馆对所缴存的光盘进行处置的方式就是把光盘等像书一样放置在书架上。20 世纪 90 年代，KB 意识到电子出版物已经成为信息时代出版的主要形式，有必要对其进行全方面收藏。为此，1994 年，KB 首次在其发展报告中提及收藏电子出版物的目标。为了实现这一目标，KB 启动了荷兰电子出版物缴存计划。该计划的发起人是荷兰科技信息提供创新领导小组（Steering Group of Innovation of Scientific Information Supply），该小组联合了荷兰大学图书馆、皇家科技学院（Royal Academy of the Sciences）、荷兰的研究机构以及 Elsevier 和 Kluwer 学术出版商等多家机构和单位探讨如何实行该计划。

经过数次研究和多方讨论，该计划的主要内容包括：

① 定义电子出版物并对其进行类型划分。电子出版物是指能被公众借助软硬件以及网络设备等形式获取的内容。电子出版物分为离线电子出版物和在线电子出版物，其中，离线电子出版物是指以 CD-ROM，闪盘、磁带等电子存储媒介为载体的内容。在线电子出版物（或称在线资源）是指在电子存储媒介上保存并在线获取的内容，包括电子期刊、网页、在线数据库等。

② 界定电子出版物生产者。由于电子出版物生产、传播等环节与纸质出版物有所区别，荷兰对电子出版物生产者的界定是指类似于 Elsevier 的传统出版商，这些出版商有着较为悠久的出版历史，只要他们能够提供自身生产的

---

① Koninklijke Bibliotheek. The road to E-Deposit at the Koninklijke Bibliotheek [EB/OL]. [2021-10-16]. http://www.kb.nl/sites/default/files/docs/eskb-roadtoe-deposit3_20aug02.pdf.
② Koninklijke Bibliotheek.Deposit Library for Dutch Publications [EB/OL]. [2021-10-16]. http://www.kb.nl/en/for-publishers/deposit-library-for-dutch-publications.

电子出版物就可以认定是生产者。

③ 规定缴存格式标准。对电子出版物进行长期保存，规定格式标准很重要。该计划对此的要求是，物理载体是 CD-ROM、WORD、DAT、磁盘、光盘等；操作系统是 Window、MS-DOS，UNIX 等。

在实行该计划过程中，KB 意识到实现 DDEP 的复杂性，这其中涉及法律、组织、资金、技术等问题。该计划对这些问题的解决方法为：

① 展开市场调研。KB 委托 NBBI 公司对电子出版物缴存的相关问题进行市场调研。调研的具体内容是：荷兰出版商的数量以及这些出版商在荷兰生产的电子出版物数量、所出版的电子出版物格式是否符合缴存标准，如果不符合，KB 应该如何进行缴存工作。

② 确定电子出版物的缴存方式。对于离线出版物采取邮寄的方式，这与纸质出版物的缴存方式保持一致。但是，KB 需要事先对相关的出版商进行告知，并且让出版商了解这些出版物如何被保存与使用。对于在线出版物的缴存，则需要相关的出版商事先在 KB 指定的系统上进行登记，然后根据系统的要求进行缴存。由于初期并没有稳定且适合的自动化系统，KB 还需要与已登记生产电子出版物的出版商进行单独联系，联系之后可以商定是否采用 email 等形式进行缴存。

③ 解决保存的问题。由于当时荷兰还没有独立的缴存系统，KB 通过与 NEDLIB 等项目合作来实现对已缴存内容的保存和获取。

1997 年，KB 在该计划的指导下对 100 份电子出版物进行了缴存实验（离线出版物和在线出版物各为 50 份）。结果显示，通过上述措施的实行，缴存效果显著[①]。该计划对荷兰今后大规模进行电子出版物的缴存提供了理论指导与实践尝试。

6.1.2 荷兰电子出版物自愿缴存协议

在 DDEP 促进下，荷兰开始与出版商制定自愿缴存协议以尽快实现电子出版物甚至网络出版物的缴存。以 Elsevier 出版公司为例，该公司一直参与 KB 自 1993 年以来有关电子出版物缴存的实验。1995 年，KB 与 Elsevier 探讨

---

① Trudi C.Noordermeer. Deposit for Dutch Electronic Publications：Research and Practice in the Netherlands [J/OL］.［2021-02-25］. http://link.springer.com/content/pdf/10.1007%2FBFb0026738.pdf.

收藏荷兰语电子出版物的可能性。1996年，双方签订初步协议，先由Elsevier开始收藏、存储其出版的电子杂志。2002年，经过多次调研，KB与Elsevier签订允许KB典藏Elsevier出版的所有杂志的协议。1999年，KB又与荷兰出版商协会（Dutch Publishers Association）就《电子出版物自愿缴存协议的总协议》（Agreement for Depositing Electronic Publications at the Deposit of Netherlands Publications in the Koninklijke Bibliotheek）达成共识，在线（On-Line）及离线出版物（Off-Line）的缴存都包括在协议内容中[①]。

协议主要包括缴存版本、书目信息、存储、复制、可获得性、资金支持、保护条款等。具体的规定为[②]：

① 缴存的电子出版物包括第一版和后期的更新版，并以其最初销售时的包装和版式进行缴存。

② 检索软件、印刷版或者电子版使用说明，指南亦应随盘缴存。

③ 对于在某一特定年度内频繁更新的出版物，其缴存标准由KB与有关出版机构协商确定。

④ 对于因操作系统升级或者读取设备更新引起版本更迭的出版物，其缴存版本由KB确定。

⑤ 出版机构缴存电子出版物后，KB可立即将其存储于本馆信息网络中，并根据协议遵守有关合理使用的限制。

⑥ KB对电子出版物的安装、网络管理和配置读取电子出版物的软件承担全部责任。

上述协议内容的实施，使得参与缴存电子出版物的出版商占据荷兰出版商的一半以上。同年，两家总部在荷兰的跨国数据库出版商Elsevier Science和Kluwer Academic与KB也签订了协议。在此之后，KB又与BioMed Central、Blackwell、Taylor&Francis、Oxford University Press、Springer、Brill等多家国际上著名的出版商签订了该协议。

在上述典藏协议中，对KB使用数字出版物的要求做出了如下规定：

---

① Agreement for Depositing Electronic Publications at the Deposit of Netherlands Publications in the Koninklijke Bibliotheek［R/OL］.［2021-05-30］.http://www.kb.nl/sites/default/files/docs/overeenkomst-nuv-kb-en.pdf.

② 翟建雄.数字资源的缴存—荷兰国家图书馆的实践与启示［C］//国家图书馆第九次科学讨论会获奖论文选集.北京：北京图书馆出版社，2008：125-134.

① 所缴存出版物的元数据可以纳入到 KB 的网上公共目录和荷兰其他 5 个国家文献目录（National Bibliography）中。

② 出版物只允许在 KB 馆内使用和经过 KB 许可的人使用。

③ 如果所缴存的内容版权属于开放利用的出版商和非营利性出版商，馆内使用限制则不适用。

④ 对于得到许可的 KB 人员，允许馆内使用和远程使用。

⑤ 缴存的出版物可以供荷兰国内馆际互借时复印或复制。

⑥ 不允许以未规定的其他任何手段向馆外发送或转移电子文档[①]。

该协议成为荷兰在收藏出版物时的重要协议，在该协议的指导下，KB 实现了多种数字内容的典藏。也正是该协议，使得荷兰一直都以自愿性缴存的方式获得了大量的离线和在线出版物。

6.1.3 荷兰国家图书馆与协议缴存

由于荷兰没有强制性的缴存规定，KB 在实现协议缴存上起了重要作用，主要体现在：

① 与出版商保持长久、持续的合作。1974 年 1 月，荷兰政府与国家出版商和书商协会签定协议，要求荷兰的出版商根据协议自愿缴存。但囿于时代的发展，协议规定的缴存对象主要是纸质型出版物。随着数字时代的快速发展，早在 1993 年，KB 就已经认识到保存电子出版物是其重要的任务之一。为进行这些数字内容的收藏，KB 成立了荷兰电子出版物保存库。1998 年，KB 认识到，如果没有版权人许可，现行法律不能允许该馆长期获得电子出版物的使用权。为实现保存的目的，KB 必须通过专门版权法，使图书馆有权复制电子出版物。1995 年该馆与 3 个主要的电子出版商就自愿性缴存的内容进行合作。1996 年，KB 与荷兰出版商协会签署协议就电子出版物进行常规性缴存安排，试验变为常规运作。在与 Kluwer Academic 进行类似于 Elsevier 的合作之后，为了获得更多的电子出版物，KB 于 1999 年与荷兰出版商协会进行协议合作。动态出版物（如数据库）则采取与出版商进行协商"快照"的方式进行缴存。荷兰出版商协会、书业协会也同意缴送刊载在它们网站上的电子出版物。出版物仅供图书馆用户到馆使用，出版商能对使用的要求提出

---

① 张静. 荷兰国家图书馆对数字资源保存的探索［J］. 国外社会科学，2008（6）：89-95.

具体条件。KB 也需要经常向出版商反馈该出版物在图书馆的使用情况，并在某些特殊情况下向出版商支付版权费[①]。

正是 KB 地不断努力，使得许多重要的出版商都与其签订了缴存协议（表 6-1）。其中，值得指出的是第三个加入协议的 BioMed Central。与 BioMed Central 的协议有两个重要的意义，一是这意味着荷兰国家缴存系统（National Deposit System）的国际化，因为 BioMed Central 并非荷兰本土的出版商。二是 BioMed Central 正是从这之后成为开放存取出版商。为此，荷兰在之后的协议中并不排除国外出版商，也不界定出版商的商业模式，只要能够增加国家的数字文化存储，KB 就对其以协议的方式进行缴存。

现在，KB 下一步的目标将是积极与国际大型的科学出版社合作，以接收更多值得缴存的数字内容。

表 6-1　1996—2005 年与 KB 达成协议的主要出版商

年份	出版商
1996	Elsevier
2003	Kluwer
2003	BioMed Central
2004	Blackwell Publishing
2004	Oxford University Press
2004	Taylor&Francis
2005	Sage Publications
2005	Springer
2005	Brill Academic Publishers

资料来源：Erik Oltmans, Hilde van Wijngaarden. The KB e-Depot digital archiving policy［J/OL］.［2021-02-24］. http://eprints.rclis.org/9206/1/oltmans_vanwijngaarden_final_web.pdf.

---

① 中国国家图书馆国研参考. 不同国家网络电子出版物的管理（续）［EB/OL］.［2021-02-23］. http://www.nlc.gov.cn/newtsgj/gtqk/tyck/2004nzml/36/.

② 在与出版商合作的基础，KB 还开发了电子出版物存储系统。1999 年底，KB 对存储系统进行招标，招标的主要要求有：

A. 存储系统的设计，能够处理不断增加的电子出版物的种类和数量；

B. 系统应该能在技术上实现不断更新，并且能保证典藏的可靠性；

C. 系统的界面能与传统的数字图书馆的设计界面相同，并能实现编目、检索等功能，且友好易操作。

之后在与 IBM 的合作下，开发了"数字信息典藏系统"，该系统的功能主要有：缴存、典藏、检索、管理等，而电子资源长期保存功能的核心组成是电子数据存储库（e-Depot）。e-Depot 系统提出了保存电子出版物必须经过的 3 个步骤。

① 对电子出版物进行存档。即要为电子出版物分配唯一标识并生成描述性和技术性元数据。

② 为了保证电子出版物的可用性和信息的完整性，需要经常对已缴存对象进行例行检查，及时发现问题，并及时进行数字备份、翻新。

③ 确保电子出版物的持久访问。在 e-Depot 系统中，保存两种类型的电子出版物，一种是脱机媒体，如 CD-ROM，它们也被称为可安装出版物，另一种电子出版物是联机媒体，如由 Elsevier 和 Kluwer 等出版商提供的大容量的电子文档[①]。

从表 6-2 可以看出，荷兰的 e-Depot 系统上涵盖 20 家最大的出版公司 90% 的内容。

表 6-2　荷兰国家图书馆 e-Depot 概况

序号	出版商名称	电子期刊数量（册）	份额（%）	总计（%）
1	Elsevier	1313	25.7	25.7
2	Springer Verlag KG	885	17.3	43.0
3	Blackwell Publishing	433	8.0	51.5
4	Taylor&Francis Group	428	8.4	59.9

---

① 张智雄，郭家义，吴振新，等. 基于 OAIS 的主要数字保存系统研究 [J]. 现代图书情报技术，2005（11）：1-9, 13.

续表

序号	出版商名称	电子期刊数量（册）	份额（%）	总计（%）
5	John Wiley&Sons	324	6.3	66.2
6	Lippincott Williams & Wilkins	185	3.6	69.9
7	BioMed Central Ltd	158	3.1	73.0
8	Thieme Verlagsgruppe	102	2.0	75.0
9	SAGE Publications	99	1.9	76.0
10	Oxford University Press	83	1.6	78.5
11	S Karger AG	79	1.5	80.1
12	World Scientific Publishing Co	74	1.4	81.5
13	Nature Publishing Group	71	1.4	82.9
14	Cambridge University Press	70	1.4	84.3
15	Haworth Press Inc	69	1.4	85.6
16	Mary Ann Liebert	56	1.1	86.7
17	ISO Press	53	1.0	87.8
18	Institute of Electrical and Electronics	48	0.9	88.7
19	Institute of Physics Publishing	44	0.9	89.6
20	Bentham Science Publishers Ltd	42	0.8	90.4
21	Emerald Group Publishing Limited	39	0.8	91.1
22	Adis International Limited	35	0.7	91.8
23	Koninklijke Brill NV	35	0.7	91.8
24	ACS American Chemical Society	34	0.7	93.2
25	American Institute of Physics	30	0.6	93.8
26	OECD	30	0.6	93.8
27	Urban und Fischer Verlag	30	0.6	94.9
28	Maney Publishing	29	0.6	95.5

资料来源：Oltmans E, Lemmen A. The e-Depot at the National Library of the Netherlands [J]. The Journal of Information and Knowledge Management System, 2004, 34 (1): 21-26.

第6章 国外大陆法系国家数字出版物缴存制度代表性实践

虽然当今世界大多数国家皆以立法形式确立本国出版物缴存制度，荷兰却至今未以立法加以规定，而是延续历史传统，由国家图书馆与出版商通过协议方式实行自愿缴存。在KB的不断努力下，尽管出版商们并无缴存出版物的法定义务，但实际缴存率仍达90%以上。早在该馆1996—1997年实施的一项馆藏调查就已显示，近97%本国出版的拥有ISBN的纸本图书、90%的期刊和70%的荷文灰色出版物均已入藏。由此可以看出，自愿缴存制度在荷兰一直得到了成功执行；近些年来国内外电子出版物的缴存和保存工作也实施顺利（表6-3，表6-4）①。

表6-3 2007—2011年e-Depot增加的电子期刊和网站数量

年份	电子期刊（种/册）	网站（个）
2011	1 314 318	8395
2010	1 305 500	5626
2009	2 289 816	428
2008	2 189 965	324
2007	2 072 298	

资料来源：Koninklijke Bibliotheek.KB Aunnal report 2011［R/OL］.［2021-02-23］. http://www.kb.nl/sites/default/files/docs/kbannualreport2011.pdf.

表6-4 2007—2011年e-Depot增加的图书数量

年份	图书数量（种/册）	电子图书数量（种/册）	电子专著数量（种/册）
2011	47 893	1653	—
2010	56 447	2156	—
2009	43 722	—	971
2008	45 064	—	696
2007	47 238	—	—

注：—为缺省数字。

资料来源：Koninklijke Bibliotheek.KB Aunnal report 2011［EB/OL］.［2021-02-23］. http://www.kb.nl/sites/default/files/docs/kbannualreport2011.pdf.

---

① 翟建雄.数字资源的缴存——荷兰国家图书馆的实践与启示［C］//.国家图书馆第九次科学讨论会获奖论文选集.北京：北京图书馆出版社，2008：125-134.

6.1.4 可借鉴之处

荷兰在数字出版物缴存方面存在着一些独有的内容：即便没有明确的法律规定相关的出版者需要进行数字出版物法定缴存，但也能取得缴存的良好效果。对此，荷兰的主要做法在于：首先是与出版商进行试验合作；其次是与出版商进行不断地协调；最后通过协议缴存电子出版物。荷兰在进行数字出版物缴存时的主要思想有：

① 数字出版物是否应该进行自愿性缴存的判断标准，不在于资源是否是荷兰本土产生，而是在于资源是否值得保存，即这些内容是否是荷兰数字遗产的有益补充并且能给用户带来学习和研究的价值。

② 对于所缴存的数字出版物必须进行长期保存，而实现长期保存就是要建立合适的数字出版物缴存系统，这在荷兰被称为"安全战略场所"。

③ KB 未来的目标是在国际上寻求更多可以合作的出版商，并且不断更改缴存协议与条款，以便尽可能与国际上主要的出版商形成长期紧密的合作关系。

④ 使 e-Depot 变成独立的数字信息典藏系统，并严格按照 ISO 认证程序进行运行、管理和提供服务。成立 e-Depot 管理委员会（e-Depot Steering Board）负责按照与出版商签订的典藏合同和开展用户服务等工作，最终发展成可靠的数字仓储。

通过上述主要措施，荷兰成为世界上没有立法却拥有成功自主缴存出版物的典范。

6.2 丹麦

6.2.1 丹麦出版缴存的变化过程

丹麦最早的出版物缴存始于 1697 年，当时只规定纸质出版物的缴存。1902 年以后，位于哥本哈根（Copenhagen）的皇家图书馆（Royal Library）和位于奥尔胡斯（Århus）的国家和大学图书馆（State and University Library）共同成为缴存图书馆，两个图书馆共同承担着纸质出版物的缴存。1997 年以后，随着时代的发展，为了实现网络文档的收藏，丹麦成立虚拟机构——Netarkivet.dk。该机构主要为丹麦的数字缴存提供服务。

第6章 国外大陆法系国家数字出版物缴存制度代表性实践

为了更广泛地收藏多种形式的数字内容，丹麦2004年12月22日颁布的第1439号《出版资料法定缴存法》（Act on Legal Deposit of Published Material no.1439 of 22. December 2004）的第8条（article 8）明确阐述在电子交流网络中生产的丹麦材料需要进行法定缴存。"丹麦材料"的定义包括在互联网出版的内容，这些内容有明确指向丹麦的，或是从其他互联网出版的，但是指向的是有关于丹麦公共生活或有关于丹麦的内容都需要进行缴存。

从2004年新的立法实施开始，丹麦相关研究者就开始定位何种内容应该成为丹麦的国家收藏。因为自1781年开始，有关于"丹麦国家收藏"的定义只是包括在丹麦范围内生产的作品以及在丹麦之外生产的有关丹麦或是丹麦人民生活、或是由丹麦作者翻译的作品[①]。丹麦有关缴存规定的发展变化过程如表6-5所示。

表6-5 丹麦法定缴存发展过程一览表

时间	需缴存的具体内容
1697	纸质出版物
1997	法定缴存法修订，包括缴存互联网上静态文献
2003	政府报告有关于保存丹麦数字文化遗产
2004	新的修订缴存法，允许两个国家图书馆自动收集所有丹麦网站

6.2.2 丹麦《出版资料法定缴存法》

根据该法，自2005年7月1日开始，各类在线资料都被纳入国家出版物法定缴存的范围。主要内容有[②]：

① 凡互联网中注册为丹麦域名.dk的网站刊载或者由其他域名网站刊载的主要面向丹麦公众的在线资料均属法定缴存范围；不对公众开放的内部网

[①] Sabine Schostag, Eva Fønss-Jørgensen. Webarchiving：Legal Deposit of Internet in Denmark. A Curatorial Perspective [J/OL]．[2021-03-23]．http://netarkivet.dk/wp-content/uploads/Artikel_webarkivering1.pdf.

[②] 翟建雄．欧洲六国网络资源采集和缴存立法评析 [J]．新世纪图书馆，2011（12）：17-21.

络（如局域网）中的资料除外；前述丹麦域名的注册人和主要面向丹麦公众的其他域名网站资料的刊载者为缴存义务人。

② 缴存义务人应根据法定保存机构的要求，告知其读取、复制和提供公众获取缴存出版物所必需的信息，缴存义务人有权要求法定保存机构不得将设有读取控制措施的信息泄露给未经授权的任何第三方。

③ 负责管理互联网中丹麦域名的机构应根据法定保存机构的请求，向其提供域名名录的电子复本以及域名注册者的相关信息。

④ 前述涉及请求缴存及制作缴存资料复本的费用由法定保存机构负担。

此外，该法的第 8—12 条具体规定了在线资料缴存的两种方式：主动采集和被动缴存。前者是指由国家法定保存机构（皇家图书馆、国家和大学图书馆）按照预先设定的采集范围，采用技术手段定期扫描和收割互联网中对公众开放获取的资料；而后者则是指对于在主动采集过程中出现的设有控制读取措施且属于采集范围的在线资料，规定其所有人须根据法定保存机构的书面通知进行缴存。另外，根据该法总则规定，对合法缴存于其馆藏的在线资料，法定保存机构可基于长期保存目的制作其复本并在符合版权法和保护私人信息法有关规定的前提下提供获取，但在实际操作中限制极为严格，目前仅可向基于学术研究和统计目的的研究人员提供读取，且事先须获得丹麦资料保护局的许可[①]。

6.2.3 网络信息资源存档

除了在《出版资料法定缴存法》中对在线出版物进行详细规定以外，对于内容丰富的网络信息资源，丹麦还主要采取其他 3 种采集策略以尽可能全面地保存数字内容。主要的方式有：

（1）理想情况下，如果完全域名是 .dk 的内容，一年进行 4 次的快照复制

需要特别强调，可能会碰到的问题是，如果网站上相关材料并未出版且不属于法定缴存的范围应该如何进行采集的问题。丹麦规定，对于公开出版的在线出版物如果能被公众获取，无论是免费的还是付费的或是提供相关信息（如名字、邮件等）的，都需要进行网络存档。同样地，如果是协会网

---

① 翟建雄. 欧洲六国网络资源采集和缴存立法评析［J］. 新世纪图书馆，2011（12）：17-21.

第6章 国外大陆法系国家数字出版物缴存制度代表性实践

站，一般会考虑公众，如果会员是对所有人都开放或是部分开放，这种也属于网络存档范围。公司、机构、研究组织等互联网网站又是另外一种情况。这些网站并不出版内容，为此，不属于法定缴存的范围。进行快照复制时需要解决的关键问题是对这些内容进行采集的时候是否能把他们从私人出版物和公开出版中鉴别出来。现在，丹麦的主要做法是进行手工操作，人为进行区分，这不可避免会出现失误且耗费大量的人力和时间。为此，丹麦也正在尝试着通过技术方式，把属于内部（局域性）的网站从公众网站中区别出来。

（2）有选择性但频繁地采集更多动态网址

这种方法是采集一些实时更新且有可能在网页快照情况下被忽略的网页。这些网页包括：新网站（国家和地方性媒体）；典型性动态网站且大量记载有关丹麦公民社会、商业组织和政府当局信息的网站；实验性或/且独一无二的网站。

在这个阶段会碰到的问题是，如何选择合适的网站，并且确定这个网站在多大程度上应该被采集。新闻性网站是最容易被选择的，但是媒体市场日益变化，因此需要对这些网站进行实时监测。但是，一旦选定了网站，就需要仔细确定网站的哪些内容需要被采集且确定采集的频率。丹麦对频率的规定一般是从一天几次到一个月几次。新闻性网站可以通过网页快照复制的方式进行采集，一般来说只需要对头版进行经常性采集；选择性采集要求员工进行密切监测并找出相关网站，经常性决定采集的内容、采集的深度等。

（3）不定期采集挑选出来的重大事件的内容

丹麦对重大事件的具体定义是：在公众中产生讨论且是丹麦历史重要的组成部分或是对丹麦社会的发展有影响力的事件；引起新闻网站致力于该事件进行大量报道。这些事件可能会是事先知道的，如国家和地方选举，大量的新闻网站会对此进行报道；也可能不会事先知道，如发生在2005—2006年丹麦的卡通危机。为此，丹麦不对不能预知的新闻进行分类，而是要求相关人员对此进行实时监控以保证这些事件不被遗漏。

为了实现网络文档的收藏，丹麦虚拟机构——Netarkivet.dk 承担了大量的工作。为了进行网页的采集，该机构还开发了 Netarchivesuite——一种综合性的网络存档软件包，是由上述两个负责接收缴存的图书馆于2004年在

Netarchive.dk 项目中共同开发完成的网络存档软件包①。其优点在于：基于 Heritrix 作网络爬虫，具有 Heritrix 的相关优点；对非技术用户友好、低维护、安全系数高等特点；已经建成保存功能，系统架构允许软件分布在不同地方的多台机器上；Netarchivesuite 应用范围比较广，可用于基于事件的采集、选择性采集和完整性的快照②。

6.2.4　法定缴存在线资料的获取

对于已缴存的数字资源的获取条件，一部分是在丹麦的版权法有所规定，另外一部分的规定则是在丹麦个人数据保护法（Act on Processing of Personal Data）中。这些规定指出，在丹麦，只有具有博士水平或是更高学历的人才能在线获取这些存档的内容。其他的人，如果是出于科研目的，只能在法定缴存机构的室内阅读在线资料。其他人则需要版权持有者的许可协议方可借阅。

在丹麦，版权法是获取这些内容的一个小障碍，因为习惯上丹麦为了更大程度上保护文化遗产，必须在严格遵守版权法的规定下才能使用缴存的数字内容。丹麦的版权法是采用著作权延伸性集体许可制度（Extended Collective License）③，一般而言，它是指在著作权与邻接权领域，在全国范围内具有代表性的著作权人组织（通常包括作者和一些制作者）与使用者达成的作品使用协议，依据法律规定其约束力也同样及于不是该组织成员的权利人。丹麦于 2010 年 2 月 27 日修订的《著作权法》第 50 条至第 52 条规定了延伸性集体许可的共同适用条件，并设立专章予以规范。丹麦《著作权法》第 50 条规定：与在某类型作品领域拥有大多数丹麦作者成员的权利人组织达成使用协议的使用者，可以依据本法第 16b 条（图书馆数字化复制）等规定，申请适用延伸性集体许可。但是在特定领域内，与该类作品中拥有大多数丹麦作者成员的组织达成使用作品协议的使用者，可以申请适应延伸性集体许可。然而，如果作者对合同当事人的任何一方发出禁止使用其作品的通知，

---

① NetarchiveSuite Workshop.NetarchiveSuite –a complete toolset for web archiving at both large and small scales［J/OL］.［2021–05–06］.http://www.netpreserve.org/sites/default/files/resources/nas.pdf.

② 刘兰，吴振新，向菁，等.网络信息资源保存开源软件综述［J］.现代图书情报技术，2009（5）：11–17.

③ 梁志文.著作权延伸性集体许可制度的移植与创制［J］.法学，2012（8）：122–131.

则上述规定不能适用。这使得许多由版权法保护的数字作品可以延伸性集体许可的形式被大部分人使用。但是，更大的障碍则来自于丹麦的《个人数据法》（Personal Data Act），这在一定程度上限制学者对所缴存资料的使用。因为按照规定，图书馆收藏的缴存资料中，可能会包含着个人的一些敏感数据，而这些敏感的私人数据在欧盟的数据指令——《个人数据处理和个人数据自由流动中的个体权利保护指令》（EU Data Protection Directive，全名为：Directive 95/46/EC on the Protection of Individuals with Regard to the Processing of Personal Data and on the Free Movement of such Data）中规定是不能轻易地向第三方泄漏或使用。

在丹麦，这些规定也经常被数据保护机构（Danish Data Protection Agency，DDPA）多次提及，并且这些机构认为所有的数据都是敏感的，这就使得缴存的数字内容很难得到用户的使用。由于法令的限制，也给丹麦收藏当局带来了困扰。如丹麦收集和存档了 2005—2007 年的国家选举以及 2005 年的地方选举的内容，但是由于诸多法令限制，只有研究者才能获得借阅缴存材料的权利。因此，丹麦对需要获取缴存的数字内容的要求是，只有符合使用规定的研究者先填写申请之后，确认符合获取要求的条件后，要求研究者以协议等形式同意不能在研究过程之前或之后使用这些私人数据。

综上，丹麦《出版资料法定缴存法》涉及数字出版物缴存的主要内容有（表 6-6）：

表 6-6　丹麦《出版资料法定缴存法》涉及数字出版物缴存的主要内容 [①]

项目	具体内容
法定缴存人	一是，丹麦域名出版物的域名注册登记者；二是，其他域名出版物的作品出版者
法定缴存机构	丹麦皇家图书馆、国家和大学图书馆

---

① 韩萌，黄红华. 国外数字出版物法定呈缴制度研究［J］. 图书馆建设，2018（2）：35-40，47.

续表

项目	具体内容
法定缴存范围	一是，使用丹麦文字出版物的网络出版物；二是，在丹麦域名（.dk）内的出版物；三是，不属于丹麦的域名，但以丹麦公众为受众对象的出版物
缴存方式	一是，主动采集。法定缴存机构按照规定的采集范围，在现有的技术手段下，对相关的内容进行定期扫描和收割。二是，被动缴存。被限制主动采集的相关网络内容，缴存义务人应该及时、适当缴存
缴存作品使用规定	一是，缴存义务人须向缴存机构提供读取、复制缴存出版物所必需的设备；二是，丹麦域名管理相关行政人员，应向法定缴存机构提供丹麦域名注册清单；三是，缴存义务人有权要求缴存机构不得将设有读取控制措施的信息泄露给未经授权的任何第三方；四是，对于已经通过合法形式缴存的网络资料，缴存机构可以根据相关规定，经丹麦资料保护局许可，对相关人员提供检索与借阅服务
缴存费用	因访问、复制数字出版物产生的费用，由法定缴存机构承担
罚则	罚款可根据《刑法典》追究刑事责任
不缴存的例外情况	内部网络和不对外公布的内容则在缴存的范围之内

6.2.5 可借鉴之处

由于丹麦以正式的立法形式规定了所有出版物都需要向相关的收藏机构缴存，为此，丹麦成为世界上拥有最先进且全面的法定缴存立法的国家之一。丹麦的法定缴存制度特色之处在于：

① 以法律的形式对所有类型数字资源的缴存进行了强制性规定，并且法律对于需要缴存的数字资源的定义是宽泛的，只要是在数字交流过程中产生的有关于丹麦的内容都需要缴存。立法为丹麦合理收藏各种数字资源提供了保障，而宽泛的缴存对象能够确保即使不断出现新的出版形式也能对此进行宏观上的涵盖，避免数字内容的丢失。

② 由于丹麦版权法和个人数据法对个人使用信息的规定，使得许多已存档或是缴存的数字内容都无法直接被用户使用，为此，丹麦尽量在个人权利

和公共利益之间寻找平衡。这主要是指丹麦在遵守《个人数据保护法》的前提下，国家图书馆借助不同的技术手段实现用户对已缴存的网络信息资源的直接和有效使用。不过，由于这个过程涉及诸多部门之间的利益协调，也可能会产生许多的法律问题，丹麦当局对此的做法是先与缴存的出版商进行商定，借助一定的许可协议，逐步开放一些缴存的数据和内容。

6.3 法国

6.3.1 法国法定缴存立法历程

法国是出版物缴存制度的起源国。早在1537年，法国国王弗朗索瓦一世（King François 1st of France）就颁布"蒙彼利埃法令"（Ordonnance de Montpellier）[①]。许多国家法定缴存立法最初的目的是为了实现"皇家"或是"国家"收藏的保存，之后才有了其他目的。法国在成立该项制度之初也不例外。弗朗索瓦一世想通过该种方式收集当时现存和未来所有出版的图书版本，目的是为了确保这些原始著作是"第一时间出版的且并未经过修改的"。尽管带有官方色彩，该项法令并未得到尊重。有意思的是，该项法令在法国大革命（French Revolution）中以自由的名义被废除了。而在拿破仑时期，拿破仑在1810年改进了法国法定缴存法，规定缴存复本应送至警察部（Ministry of Police），以便更容易监控出版社及其出版的内容。

随着历史的逐步推进，法国法定缴存目的和范围不断扩大。特别是1994年新修订的法定缴存法，强调要持续缴存光盘等实体数字出版物，缴存的范围除了法国国内的数字出版物以外，还包括从国外进口的"已经出版"的数

---

① Ordonnance 对应的英文是"Ordinance"，一般译为"法令"。法国法律形式主要有：普通法律（lois），由议会制定，包括直接依据宪法制定的组织法（lois organiques）和普通法（lois ordinaires）；制定法令（ordonnances）和从属条例（règlementssubordonnés），前者由议会授权政府制定的法令，并须听取最高行政法院的意见，由总统签署并经议会批准，后者包括总统或总理颁布的命令（décrets）和部长、地区专员或市长作出的决定（arrêtés）组成，其目的是为了实施法律，并要接受司法审查。常见的有法律（lois）、法令（ordonnance）、命令（décrets）和决定（arrêtés）。此外，还有通报（circulaire），主要是指内阁部长对法律、命令或决定所作出的有法律效力的解释。（见：孔德超.法国文化与自然遗产法历史发展概述［J］.理论界，2010（4）：68-71.）

字出版物。该法还指出，无论出版物的技术如何，只要是通过物理载体出版，公众可获取的文献都必须缴存。2001年6月13日部长会议通过的"信息社会方案"对出版物的缴存进行了修订。此外，法国2006年发布了《信息社会作者权利和相关权利》（Author's Rights and Related Rights in the Information Society），该法案对数字出版物和网络出版物的法定缴存做了相关规定，具体的出版物缴存发展历程以及相关立法规定（表6-7、表6-8）。

表6-7 法国法定缴存规定的发展历史

年代	缴存范围
1537	印刷型材料
1648	印刷页、地图和平面图
1793	活页乐谱
1925	图片和声音记录
1941	海报
1975	视频和多媒体文献
1977	电影
1992	多媒体、软件、数据库
2006	因特网

表6-8 法国有关数字出版物法定缴存的具体规定

年代	规定名称	备注
1992	遗产法典	2013最新版
1993	法定缴存命令[①]	2006年修订
1994	成立法国国家图书馆令[②]	
1978	公共财产权、知识产权、信息科学、归档文件与自由法[③]	
2006	信息社会作者权利和相关权利[④]	

第6章　国外大陆法系国家数字出版物缴存制度代表性实践

续表

年代	规定名称	备注
2006	数字法定缴存的立法可能性摘要⑤	
2006	新的版权法⑥	

资料来源：Peter Stirling, Gildas Illien. The state of e-legal deposit in France: looking back at five years of putting new legislation into practice and envisioning the future[C/OL]. ［2021-12-11］. http://conference.ifla.org/past/ifla77/193-stirling-en.pdf.

---

① 即 Decree on legal deposit。这是法国关于法定缴存的另外一项文本。这项命令于2006年进行修改，允许法国国家图书馆（BnF）向出版商提议，按照BnF和出版商之间之前法定缴存的协议，用相同的电子文件代替物理文献。之前，法国最大的区域性报纸—《法国西部报》（Ouest France）已经进行了电子形式的缴存。而电子形式的缴存也被认为是未来缴存的方向。

② 即 Decree founding the BnF。这项命令突出了法国国家图书馆且加强了法定缴存作为国家遗产保护的地位，特别是对长期保存问题的重视。

③ 即 Code général de la propriété des personnes publiques（code of public property），Code de la propriété intellectuelle（intellectual property code）and Loi relative à l'informatique, aux fichiers et aux libertés（law on information technology, files and freedoms）。虽然和法定缴存没有直接关联，但是这三项法令对法定缴存的实际运用和实施都重点提及。前两项是立法的广泛收集，之后有关于数字出版物法定缴存的收集、保存和讨论等都规定在这两项法令的一些条款中。最后一项法律虽然制定于1978年，但是却和数字出版物法定缴存收藏的使用和访问有极大的关系，因为它对保护个人资料等都有了严格的规定。

④ 法语是 Droits d'auteur et droits voisins dans la société de l'information, DASVSI。它介绍了对于国家图书馆而言，数字出版物法定缴存是一项版权例外。由于信息和通信技术的兴起（这也是欧盟的一项指令），这个法令与其他欧盟国家，如芬兰或丹麦的一些立法都有相似之处。因此，这里所描述的立法情况不仅只针对法国的情况，同时也可能因为颇具代表性而适用于欧洲其他国家。

⑤ 即 Summary of the legal possibility for digital legal deposit。

⑥ 新的版权法由2006年8月1日法国议会通过。这项法律的其中一个标题即是延伸法定缴存至互联网。法律并未明确指明何为互联网的法国域名。为了重新界定网页存档政策，BnF进行了一些网页收集技术的试验。参见：Legal deposit of the French Web: harvesting strategies for a national domain［EB/OL］.［2021-03-11］. http://iwaw.europarchive.org/08/IWAW2008-Lasfargues.pdf.

6.3.2 《遗产法典》

法国《遗产法典》（Code du patrimoine）的最新版本是法国法典编纂高级委员会于2009年5月在JOURNAUX OFFICIELS发布的版本，法典文本的修订日期截至2009年5月5日。

《遗产法典》共有7卷，包括一般规则、档案、图书馆、博物馆、考古、历史古迹与景观和保护区、海外省的相关规定，分别对不同类型的文化遗产的概念、取得、转让、保存、修复与违法行为的处罚等做了明确规定[1]。对法定缴存制度进行相关规定是《遗产法典》的特色之一，法典规定，要求把作为文化载体的著作成果按规定数目由相关机构留存，以积累国家藏书，为后代保留和传承国家民族文化。

在该法典中有关于数字出版物的定义采用的是一般性表述，以避免由于具体技术更新而使得对数字出版物的规定受限制或是过时。由此，相关立法要求互联网出版的任何一切内容都进行法定缴存，私人信函除外（如电子邮件、企业内部网络内容、私人领域的社交网络等）。这项规定涵盖了从一般意义上的网站到视频、声音记录或是任何一种形式的数字出版物（电子期刊、电子图书、博客等），含有非物质之义（表6-9）。

表6-9 《遗产法典》A.L131-1—A.L133-1对缴存的具体规定[2]

序号	条例内容
1	印本资料、设计图、图片、计算机软件、数据库、音像制品、电影胶片、多媒体制品的生产者、印刷者、出版者、进口者负有缴存出版物的义务
2	法国国家图书馆、国家电影资料中心、国家视听资料馆为缴存资料接收馆
3	作者不得禁止缴存机构在本机构场所内向专门从事研究的人员提供查询；《遗产法典》不得禁止缴存机构为保存和利用以任何方式复制其馆藏任何介质的藏品
4	表演者、音像制品的生产者或者传播公司不得禁止缴存机构根据本法L132-4条规定的条件向公众传播其馆藏缴存品

---

[1] 叶秋华，孔德超.论法国文化遗产的法律保护及其对中国的借鉴意义[J].中国人民大学学报，2011（2）：10-19.

[2] 翟建雄.欧盟及欧洲诸国公共图书馆服务立法简述（下）[J].山东图书馆学刊，2010（3）：56-61，92.

续表

序号	条例内容
5	数据库的生产者不得禁止缴存机构根据本法 L 132-4 条规定的条件对数据库的采集和利用
6	缴存义务人如未自动履行缴存义务,将面临 75 000 法郎的罚款和刑事指控

根据《遗产法典》,所有通过法国互联网出版的内容都需要进行法定缴存。法国有 3 项标准界定出版物是否属于法定缴存的范围:

① 是否是法国国家网络顶级域名(Top Level Domain,TLD,即 .fr)或是法国任何其他范围内的域名注册或是注册总部设在法国(如在法国注册以 .com 为扩展名的域名)。

② 网站的创作者(或其他文件)是不是居住在法国的个人,或是总部设在法国的公司。

③ 网站是不是在法国产生的。

不过,数字材料的特性使得法国在实行法定缴存的过程中始终保持两项指导原则:一是出版物的领土原则,二是根据法定缴存的全面性特征,法国当局不断对相应的细节进行重新解释和规定,以确保缴存的穷尽性。

6.3.3 网络资源存档

《遗产法典》赋予法国国家图书馆(Bibliothèque nationale de France,BnF)、国家电影资料中心(Centre national du cinéma et de l'image animée,CNC)、国家视听资料馆(Institut national de l'audiovisuel,INA)为缴存资料接收馆[①]。具体的数字法定缴存责任分配为:INA 负责收集互联网出版物,主要是有关法国的电视和广播方面的内容;BnF 负责收集其他所有类型的材料。BnF 采取的方式是选择和抽样的方式收集在线内容。

① 选择,是指对之前已收集的网站进行选择,通常是基于网站质量、科学性或是真实性价值的判断,例如判定这个网站是否出版科学研究、政府

---

① Code du patrimoine,article L132-3[EB/OL].[2021-03-11]. http://www.legifrance.gouv.fr/affichCodeArticle.do?idArticle=LEGIARTI000020967935&cidTexte=LEGITEX T000006074236&dateTexte=20110520.

或当局出版物或是有较大价值的文学性、艺术性作品等值得关注的收藏。这种方法类似于图书馆进行选书时的判断。这种方式需要事先明确定义选择收藏的标准，这主要是考虑到了策划人、研究者等，但并未考虑到未来使用者。

②抽样，这更接近于法定缴存的理念，对网站的收集并不考虑之前的价值判断或是这些现存或是未来研究者的潜在的兴趣。这要求在一段时间内尽可能地收集具有国家"特性"的网页内容。

但是，抽样意味着重要的网站将会被部分的收藏或是根本不收集。为此，法国自2006年以来采用了以上两种方法的结合。即广泛或域名抓取，集中或选择性抓取。前者包括每年抓取以.fr为顶级域名注册的所有域名。未来BnF希望包括所有的其他顶级域名注册的法国网站（如.org，.net，.com）都纳入缴存范围。

6.3.4 可借鉴之处

作为世界上第一个建立法定缴存制度的国家，法国一直拥有良好的缴存传统。在数字时代，法国根据出版物格式的不断变化也相应地在立法中跟进缴存要求。实际上，法国数字出版物法定缴存的成功不仅在于政策上的与时俱进，还有其他可以借鉴的做法。

①法定缴存科学委员会发挥作用。该委员会成立于1992年，主要职能是：负责监督缴存工作的科学协调性和程序完整性；就所有与缴存工作相关的问题发表意见、起草建议；发布法定缴存的年度报告，汇总各个缴存机构的统计报告，等等。该委员会责任重大，要积极主动地掌握一切关于法定缴存工作的问题，并适时提出委员会的观点等。如2000年7月的委员会议上，该委员会就认为：应该把在线资料纳入到法定缴存的范围，尤其是网络资源不断增加，更需要对此类内容进行缴存。为了能实现缴存数字内容的目的，该委员会曾多次向法国文化部门提交建议信[①]。正是法定缴存科学委员会积极履行职能，为法国法定缴存制度的不断完善提供了有力支撑。

②不断扩大法定缴存范围。虽然法国是世界上最早拥有法定缴存的国家，但是在历史的发展过程中，法国也不断根据客观环境变化，扩大法定缴存的

---

① 石宏如.法国呈缴本制度简述［J］.图书馆工作与研究，2005（2）：20–21.

第 6 章　国外大陆法系国家数字出版物缴存制度代表性实践

范围。从最初的纸质出版物，到视听资料的缴存，再到离线出版物，最后到规定全部内容都需要缴存。这个变化的过程使得法国既是最古老的法定缴存国家，又是与时俱进的法定缴存国家，为世界上其他国家树立了榜样。

6.4　本章小结

本章节主要选取荷兰、丹麦、法国 3 个大陆法系国家作为案例分析，对于荷兰的缴存规定，无论是纸质出版物缴存，还是现在的以数字出版物缴存为主，荷兰借助的都是协议的形式。虽然是依据协议，但荷兰的缴存率一直都很高。丹麦已经制定了法律并规定属于丹麦的本国数字内容都需要进行缴存，且通过设立专门的机构负责本国网络资源的存档。法国作为世界上最早制定纸质出版物法定缴存的国家，在数字时代，已在不同的法律中对数字出版物的缴存进行了明确规定。这 3 个国家各有特色，或是协议形式，或是法定形式，无论是采用立法还是协议的形式，这些国家在数字出版物缴存制度的建立与完善方面都有许多值得借鉴之处。如荷兰的协议缴存，不仅适用于纸质出版物，也存在于数字出版物。但是，其他的国家并不能轻易地效仿荷兰的协议缴存，而是应该在本国的具体实践基础上，扬长避短、有针对性地推进本国的缴存制度。

第 7 章　国外数字出版物缴存制度的特点、经验及问题

7.1　国外数字出版物缴存制度的特点

7.1.1　缴存范围的多样性

从世界范围上看，数字出版物缴存制度存在着国家之间的不均衡性。主要体现在对缴存对象范围的具体规定上：

① 有些国家主要以缴存离线数字出版物为主，并且对需要缴存的出版物的具体形式进行限定；而有些国家考虑到未来出版物形式的发展，以宽泛的形式定义需要缴存的数字出版物。

② 部分国家以立法的形式规定数字出版物（主要是离线出版物）必须缴存。特别是在 1988—2000 年，很多国家以立法的形式规定离线或是物理形式的数字出版物的缴存，如美国（1988）、德国（1990）、瑞士（1992）、瑞典和法国（1993）、澳大利亚和日本（2000）。

③ 一些国家通过修订新的缴存法或是相关的版权法等法令，要求法定缴存延伸至所有的网络出版物。在这方面，比较典型的是丹麦。丹麦在 2005 年实施的《出版资料法定缴存法》中明确规定凡互联网中由注册为丹麦域名 .dk 网站刊载或者由其他域名网站刊载的主要面向丹麦公众的在线资料均属法定缴存范围[①]。

总的来说，国外数字出版物缴存制度对缴存范围的主要规定是纸质出版

---

① Sabine Schostag, Eva Fønss-Jørgensen. Webarchiving：Legal Deposit of Internet in Denmark. A Curatorial Perspective［J/OL］.［2021-03-23］. http://netarkivet.dk/wp-content/uploads/Artikel_webarkivering1.pdf.

物和有物理载体形式的电子文献（即离线出版物）；而一些国家，如挪威和丹麦等国家的法定缴存立法已经包含了网络出版物，当然，也有一些国家没有任何与出版物缴存相关的法律[①]。

7.1.2 区域差异明显

在相关缴存立法的国家中（主要是欧洲国家），而欧洲国家中，比较多的是欧盟国家，可能的原因之一在于欧盟国家在出版物缴存上一直保持着良好的传统和立法实践。在纸质法定缴存时代，欧盟大部分国家就拥有了纸质出版物的法定缴存规定（图7-1）。27个欧盟国家中，25个拥有了强制性缴存法律。

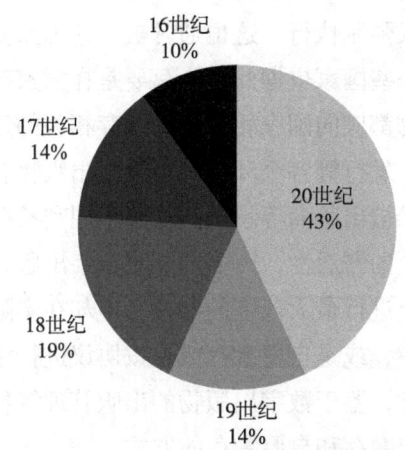

图 7-1 欧盟国家不同时代制定法定缴存的国家数量比例

进入数字出版物缴存时代，欧洲许多国家都在延续着纸质出版物法定缴存的良好传统，在不同层面上制定了不同的法律和规章制度。例如，比利时、捷克、丹麦、爱沙尼亚、芬兰、法国、德国、匈牙利、冰岛、意大利、拉脱维亚、立陶宛、挪威、波兰、葡萄牙、罗马尼亚、俄罗斯、塞尔维亚、斯洛伐克、斯洛文尼亚、西班牙、瑞典、英国等国已经在本国的相关法律中规定了应该对数字出版物进行法定缴存（详见本研究附录2）。

---

① Martin, D. Definitions of publications and associated terms in electronic publications [M]. British Library Research & Development Department, 1996.

而在亚洲，虽然很多国家也不否认缴存制度的作用，但囿于诸多客观因素的制约，一些国家甚至还没有明确的纸质缴存规定（如柬埔寨、老挝等），也只有日本、韩国等少数较为发达的国家专门对数字出版物缴存进行立法或是在其他的规章中进行规定，非洲等国的情况也较为不理想（详见本研究附录2）。

7.1.3　法定缴存与自愿缴存相结合

法定缴存，顾名思义，就是要求任何一个组织，无论是商业的还是公共的，或是任何个人只要生产了多个复本的、任何一种形式的文献，都有义务向国家指定的机构缴存一个或是多个复本[①]。传统环境下对法定缴存的定义，其强制性的特征很明显，因为印刷型出版物法定缴存发展比较成熟，各国在实践上基本上是采用法律的形式强制执行。这也通常被一些国家直接作为数字出版物法定缴存制度的依据，一些国家也据此认为只要是在国家范围内生产或出版有关于该国家的数字出版物都应向国家相关机构缴存相关的复本。但是，由于数字出版物在生产、制作、发行等各个环节都与纸质出版物有较大差异，这一概念的直接移植和复制很难被出版商等承认。由于不同利益群体对缴存认识的差异以及在制定相关法令上的滞后性，许多国家对数字出版物的缴存都只是鼓励或是在相关法令的言辞上进行最大范围的概括，但却在实际的缴存中做出巨大让步。在缴存实施过程中，或是自愿缴存或是按协议进行缴存，或是法定缴存与自愿缴存相结合。为此，鉴于数字出版物的出版管理等特征，国外对于数字出版物缴存主要采用法定缴存和自愿缴存的方式。

法定缴存主要是指通过修改现行缴存法律或者制定新法，明确规定数字资源中属于正式出版物的各类电子读物的缴存。如南非的1997年《第54号法定缴存法》（Legal Deposit Act 54 of 1997）、2003年英国《法定缴存图书馆法》（Legal Deposit Libraries Act 2003）、2004年加拿大《加拿大图书馆和档案法》（Library and Archives of Canada Act）等都以立法的形式规定数字出版物的缴存。

自愿缴存是指在协商一致的基础上，通过缴存协议这种非由法律预先设

---

① Jules Larivière. Guidelines for Legal Deposit Legislation［R/OL］.［2021-08-07］. http://unesdoc.unesco.org/images/0012/001214/121413eo.pdf.

第 7 章　国外数字出版物缴存制度的特点、经验及问题

定强制性义务的民事行为实施数字出版物的缴存，这是一种契约行为。另外还有一种专门用于网络资源获取的行为——主动收割制，即赋有保存数字资源职责的图书馆或者类似机构，依据法律授权或者依其职能主动摄取和保存网络资料的一种资源采集行为，这也是国际图书馆界目前采取的争议最多、法律风险最大，但效果也比较明显的数字保存行为。作为一种与信息技术、网络技术相伴相生且随时处于动态发展和变化之中的文献资源，数字资源（尤其是网络资源）的保存一直是诸多国家的关注重点。但由于其在采集和保存过程中涉及诸多问题，并且一些关键性问题尚未形成定论，也就很难从立法上对因保存而形成的法律关系的各要素予以明确规范。因此，自愿缴存也是目前许多国家数字资源保存采取的主要方式，但这种方式仅可以作为特定历史时期对法定缴存制度的一种补充或是过渡，为确保所有有保存价值的文化遗产得到保存和利用，就需要适时修改、补充和完善现有法律[①]。

在日本，纸质出版物法定缴存制度依据的是 1948 年《国立国会图书馆法》（National Diet Library Law）的规定，主要是要求缴存日本境内出版的图书、小册子、期刊等纸质出版物[②]。随着数字技术的发展，缴存制度虽然也要求纳入数字出版物，但是 1999 年日本法定缴存系统委员会（Legal Deposit System Council）认为在线数字出版物暂时不应该强制性纳入法定缴存范围中，而是应该选择适当且有用的在线数字出版物，再通过契约的方式将这些数字内容纳入馆藏[③]。该委员经过数次讨论之后，于 2004 年 12 月 9 日的第 12 次法定缴存系统委员会的会议上形成了《网络电子出版物收集体系的概念》（Concept of the Acquisition System for the Networked Electronic Publications）的报告。该报告认为，日本国会图书馆（National Diet Library，NDL）应该收集网络电子出版物，并在版权法许可的范围下向公众提供这些数字内容的利用[④]。2009

---

① 翟建雄.美国图书馆复制权问题研究［M］.北京：知识产权出版社，2010：234-236.
② Conference of Directors of National Libraries in Asia and Oceania.Legal Deposit System of the National Diet Library［EB/OL］.［2021-02-25］.http://www.ndl.go.jp/en/cdnlao/newsletter/056/563.html#02.
③ Legal Deposit System Council. Concept of the Acquisition System for the Networked Electronic Publications［R/OL］.［2021-06-06］.http://www.ndl.go.jp/en/aboutus/report_legaldeposit.pdf.
④ National Diet Library.Legal Deposit System Council［EB/OL］.［2021-06-06］.http://www.ndl.go.jp/en/aboutus/deposit_council_book.html.

年7月，日本修订了《国立国会图书馆法》，并于2010年4月1日起开始收集由国家、地方公共团体、独立行政法人等发布的网络信息。在2010年，日本纳本制度委员会针对数字出版物的《网络资料收集相关制度订立研究报告》中将在线数字出版物的缴存分为两种情况，一是法定性缴存，这种情况是由网络信息发布者向图书馆缴存相关内容，以便图书馆收藏；二是是由图书馆利用软件等方式对网络自愿进行收集以实现缴存的目的[①]。日本的实践也证明，如果有相关立法或是各方在利益均衡上出现难以协调的问题，先采用自愿缴存的形式是不错的选择。

相应地，法定缴存与自愿缴存相结合是国际缴存制度的重要特征之一。主要原因在于，正式立法和修订法律的过程比较漫长，制定数字出版物自愿缴存的规则可以在过渡期间收藏更多的数字出版物，而且在自愿缴存过程中还可以根据执行的效果检测未来立法中的不足。这种缴存方式比较适合刚进行数字出版物缴存的初期，可以在一定程度上提高各方的积极性，提高缴存的数量和扩大缴存的范围[②]。

7.1.4 法律规定的可拓展性

大部分国家相关的图书馆法或是有关图书馆的规章条例中都清晰地列出相关机构（主要是出版机构）赋有缴存一定数量出版物的义务。但是，由于这些政策或是规章的制定大部分都是在方兴未艾的数字出版物产生之前，这就使得对数字出版物进行缴存缺乏可持续性的法律依据。法律效果的滞后性，使得缴存会出现不理想的情况。因此，大部分国家在制定数字出版物缴存相关规定之初，更多地采用一些可拓展性的法律用语，以获得数字出版物或是其他未来可能产生的新类型出版物的缴存。如纳米比亚国家图书馆就在2000年的《纳米比亚图书馆和信息服务法》（Namibia Library and Information Service Act，No.4）中对法定缴存条款进行规定，规定缴存的范围包括所有在纳米比亚生产的媒体。它对于文献的定义包括文本的、图表的、视听的或是

---

① 苏佩君.电子书于各国法定送存合理使用之研究[D].新北：淡江大学，2011：33-34.
② 国家图书馆数字资源部.将网站纳入缴送范围的可行性研究[EB/OL].[2021-06-06]. http://srsp.nlc.gov.cn/download/ProdDoc200907287661331496.pdf.

其他通过任何媒体存储的可识别的形式[①]。这可以说是对数字出版物缴存类型广义上的延伸。

而类似的相关规定也存在于其他一些国家的法令或是规章条例中。如在韩国《图书馆法实施令》（总统令第 20506 号）的第 13 条"资料缴存本"中，提到《图书馆法》第 20 条第 1 款规定向国立中央图书馆提交的缴存本。但是，在上述条款中也附上"根据出版环境变化，以新形态发行的出版物，由文化观光部部长认定需缴存的资料[②]"。《加拿大图书馆和档案馆法》第 10 条也指出，如果出现一些超出法律的问题之后，部长可以专门就相关问题制定新的条例[③]。这也避免了法律制定的滞后性与新的出版物媒介发展不可预期之间的矛盾，为未来更广泛、更及时地缴存各类型出版物提供了拓展的空间。

7.1.5 法律规定的无偿性

无偿性主要是指法律规定相关部门对数字出版物依法进行缴存时不能获得任何直接形式的报酬，缴存成功后，接受缴存的机构也不需要对具体的缴存义务人进行直接偿还，缴存义务人从国家所获得的利益或是补偿通常与其缴存时所支出的成本是不完全形成——对应的关系。无偿性是很多国家在制定数字出版物缴存制度时的重要特征，它能使法定缴存明显地区别于其他征集的形式，也决定了缴存接受主体拥有的强制性征集的法律地位。不过需要指出的是，无偿性特征只是理想意义上的，由于数字出版物的特殊性，使得许多国家为了最大范围获得已出版的数字出版物，就必须支付一定的报酬给相关的提供机构，特别是在数字出版物缴存的执行初期，如果能在政策上减轻有关出版部门的缴存负担，反而能更有效地获得各种数字出版物，也有利于未来国家出版物的全面收藏。

为此，有学者建议可以通过国家补偿、读者补偿、协议补偿等 3 种方式来探讨建立数字出版物缴存补偿机制的可行性[④]。国家补偿是由国家对已缴存

[①] Paul Zulu. Namibia national bibliography：strides and challenges [J/OL]．[2021-04-23]．http://citeseerx.ist.psu.edu/viewdoc/summary？ doi=10.1.1.150.9832.

[②] 李炳穆著，太贤淑译，段明莲审阅．韩国图书馆法[J]．图书情报工作，2008（6）：6-21．

[③] 郑雅婷．《加拿大图书馆和档案馆法》及其对我国图书馆立法的启示[J]．知识管理论坛，2013（6）：56-62．

[④] 胡光耀．从立法角度试论我国电子出版物呈缴制度若干问题[J]．新世纪图书馆，2010（2）：47-49．

的数字出版物出版商给予适当的成本补偿。用户补偿是主要由用户对其使用的数字出版物缴存本，给出版商造成的经济损失给予一定补偿。协议补偿主要针对网络出版物，它是由接受缴存的机构和网络出版者协商确定缴存网络出版物所应给予的经济补偿[①]。总之，无论是采取哪种形式，如何保证法律的强制性与维持缴存者的利益需要审慎权衡。

7.2 国外数字出版物缴存制度的经验总结

7.2.1 以立法为保障，辅以制定多种缴存规范

制度的功能是一种事实认定，而不是价值诠释[②]。为了保存已生产的数字出版物，需要拥有持续理解和监督这些数字出版物的体系，并运用法律的强制性方式去实现，这也是国际上普遍的做法[③]。IFLA曾指出，一个有活力且有效率的法定缴存体系应该存在于每个国家，因为该项法律和国家的文化交流、保存与发展有很大关系[④]。立法是顺利执行缴存规定的重要因素，不同的国家有不同的法律体系用于规范数字出版物缴存。关于数字出版物缴存制度的规定，在不同的国家或地区有不同的立法形式。主要的立法形式有：

① 以缴存法形式确立缴存制度。以缴存法形式确立缴存制度是独立立法的形式，是指某些国家以独立的立法形式确定数字出版物缴存制度，这种立法的形式能够描述和规范重复性行为模式。例如，某些国家立法规定，本国出版的所有形式的出版物都需要在规定时间内以规定数量向指定机构缴存。从某种意义上来说，这一陈述构成了一项描述性规则，因为在这些国家里，相关的缴存义务人确实要进行相关出版物的缴存。但是从另一种意义上来说，

---

① 秦珂.试论电子出版物呈缴制度设计的若干问题[J].科技情报开发与经济，2005（18）：73.

② 李琛.著作权基本理论批判[M].北京：知识产权出版社，2013：17-21.

③ Ingrid Mason.Virtual Preservation: How Has Digital Culture Influenced Our Ideas about Permanence? Changing Practice in a National Legal Deposit Library[J]. Library Trends, 2007(1): 198-215.

④ IFLA Statement on Legal Deposit. International Federation of Library Associations and Institutions, December 7, 2011, Background[R/OL].[2021-03-26]. http://www.ifla.org/files/clm/publications/ifla_statement_on_legal_deposit.pdf.

这一陈述又构成了一项规范性规则，缴存义务人必须缴存相应出版物。一项描述性规则，说明人们实际上如何做；而一项规范性规则，说明人们应该如何做[①]，这些在独立立法中都有详细和清晰的界定，如明确权利与责任等，这方面可以参照英国 2003 年《法定缴存图书馆法》的制定。

② 以国家图书馆/档案馆法形式确立缴存制度。世界上，几乎所有国家的图书馆/档案馆都具有保存国家书籍、期刊和其他材料的功能。很多国家图书馆的首要功能就是收集属于本国所有的智力或是文献遗产[②]。如《新西兰国家图书馆法》（National Library of New Zealand Act）于 2003 年立法规定延伸国家法定缴存范围至电子公共文献。具体规定，离线电子出版物的收藏（如录像带、录音带、DVD、CD）和在线出版物（如互联网文献）需要缴存到新西兰国家图书馆。2006 年 8 月 12 日，新西兰国家图书馆又发布了《要求（电子文献）进行缴存的通知》（National Library Requirement〈Electronic Documents〉Notice 2006），允许国家图书馆在法定缴存规定下对新西兰网站进行收集、保存和获取。此外，日本等国也是在国家图书馆法中对数字出版物的缴存进行相关规定。缴存法规隶属于国家图书馆法的最大作用是能有效发挥国家图书馆在保存文化中的主导作用，更全面地实现对缴存内容的保存与使用。

③ 以版权法形式确立缴存制度。在当代世界，缴存的概念总是与版权问题紧密相连，形成共同发展的格局[③]。出版物缴存的概念与版权或作者权利相关，出版商为了获得版权，需要向国家当局免费缴存一定数量的出版物；而作者对作品进行申报，也是为了获得合法的著作权以维护自己的利益。法定缴存在某些国家也成为版权缴存，在这些国家中，只有文献被缴存才能拥有版权。这一方面是为了保护该作品的合法性，另一方面也是为了实现国家文化的全面收藏。如美国依据 1909 年《版权法》规定，任何人只要希望获得作品的版权保护就需要向版权办公室和国会图书馆提交两份该作品的复本。美国遵守的是"无缴存，无保护"（No Deposit, No Protection）的原则。另一

---

① 安·赛德曼，罗伯特·鲍勃·赛德曼，那林·阿比斯卡. 立法学理论与实践［M］. 刘国福，曹培，等译. 北京：中国经济出版社，2008：14.

② Crews, Kenneth D. Legal Deposit in Four Countries: Laws and Libraries Services［J］. Laws Library Journal, 1998（4）：551-576.

③ Jules Larivière. Guidelines for Legal Deposit Legislation［R/OL］.［2021-08-07］. http://unesdoc.unesco.org/images/0012/001214/121413eo.pdf.

种情况是从其他的法律中，如版权法等独立出来，这种情况主要在于该国意识到随着技术的发展，法律已不能涵盖所有的情况，为了能更加现代化，就要求不断更新法律的范围。如英国、阿根廷、澳大利亚等国家都是属于这种情况。

④ 以协议形式确定缴存制度。主要是指按照缴存协议实现数字出版物的缴存，虽然不是以法律的强制力执行，但对缴存受体与义务人同样具有一定的约束力，最为典型的是荷兰。诚如第6章关于荷兰数字出版物缴存情况的介绍，荷兰主要依靠和出版商之间达成的协议实现数字出版物的缴存。现在，荷兰国家图书馆通过与出版商进行各方面的谈判以及严格按照出版商和图书馆之间的协议完整进行所缴存数字出版物的保存、使用等，这也确保了出版商能够按照协议要求缴存其所拥有的不同类型的数字出版物，实现了荷兰数字文化遗产的保存工作。

此外，还有行政法规（Administrative Decree or Ordinance）形式，如智利、古巴等以政府发布的法令、规章等行政法规的形式对出版物缴存予以规定；或是隶属于本国的文化或遗产法的一部分，如西班牙的《历史遗产法》、法国的《文化资产纪录和保存法》等。

数字出版物缴存制度的建设最重要的一部分是立法问题，根据 IFLA 的介绍，数字出版物缴存立法框架应该分为基本原则、立法原则、法定缴存要素、缴存物、数字出版物定义等。根据立法框架，国外数字出版物缴存立法时所需要准备的内容，包括负责单位、立法形式、应用范围等（表 7-1）。

表 7-1 国外数字出版物缴存立法所需项目

立法准备建议项目	内容提要
1. 准备提案的负责单位	负责单位：①由接受缴存的图书馆组织，如英国、澳大利亚等；②由政府组织，如法国、丹麦等
2. 参与者的投入	准备提案的单位需要积极联合多个单位，如出版商、缴存单位、政府部门等
3. 立法的形式	①法定缴存单独立法，如芬兰、瑞典；②版权法，如澳大利亚、美国；③国家图书馆法，加拿大、德国等
4. 应用的范围	法定缴存在传统上只适应于本国的出版物

续表

立法准备建议项目	内容提要
5. 数字出版物类别	建议新立法的提案范围应尽可能广泛,同时包含只以数字形式出版的内容
6. 保存	应该尽可能规定接受缴存的单位有权利基于保存的目的进行复制、重置或是移动缴存的出版物
7. 立法中使用的术语	应该在新的立法中尝试把"出版""出版物"等进行广义上的解释,避免为此经常修订法律
8. 数字出版物缴存单位	应该由国家图书馆为主导并寻找合适机构储存数字出版物
9. 新立法的实施	可以逐渐推进数字出版物甚至是网络自愿的缴存。可以先从CD-ROM等离线出版物入手,并解决版权等相关法律问题

除了进行法令支持以外,还需要制定相关的缴存执行规范,如美国对需要缴存的数字出版物包含必要的驱动程序等内容进行书面说明;英国国家图书馆制定《非印刷型出版物缴存规定》以鼓励主动缴存;澳大利亚订立《数字信息策略与行动计划》以利用多方的合作关系推动数字出版物的收藏,等等。这是考虑到数字出版物类型、格式多样化可能会在缴存过程中引起纠纷,进而对数字出版物的格式、标准等内容进行辅助规定,以鼓励出版商积极缴存数字出版物。同时大部分的图书馆也对缴存的数字出版物提供书号申请、在版编目以及新书资讯服务等,以提高出版商自动缴存的意愿。

无论是单独立法还是隶属于本国的某一部分法律,都是希望能实现数字出版物的全面缴存。但是,在缴存过程中可能会出现诸多难以预料的问题,为了能够最大程度上平衡多方的利益和解决当前出现的问题,灵活地制定多种辅助性缴存规范是必要的。

7.2.2 主要利益方之间的合作与良好关系的形成

在物权制度下,虽然每一个义务人都是潜在权利人,但只有当义务主体与权利主体合一时,才容易形成利益共识。对于数字出版物缴存制度而言,某些主体可能永远都是义务主体,而不能成为权利人,权利主体与义务主体之间很容易产生较为明显的利益分化。这就需要明确数字出版物缴存制度涉及的主要利益方，根据这些利益方的不同利益诉求，尽可能满足其利益诉求。Phil Spence 曾就 2013 年《法定缴存图书馆法〈非印刷物〉条例》指出"为了实现数字出版物缴存制度，与政府、法定缴存图书馆、出版商进行持续合作是有必要的[①]"。事实上，在数字出版物缴存制度的利益方中涉及的最核心群组是法定缴存图书馆、出版商和用户。其他重要的利益方——政府、作者等也可以看作是利益相关者。在处理这些利益方的关系时，一些国家的做法主要有：

（1）关注不同利益人的需求

一定程度上来说，数字出版物缴存制度的确立，首先需要满足两个前提：一是足够强大的利益诉求，这要求进行缴存的社会力量应该足够强大，使权利诉求有可能成为立法；二是社会的认可，没有社会的普遍认可，缴存制度不可能得到他人或是利益群体的尊重。此外，数字出版物缴存制度的实施最终是为了实现国家、社会数字文化遗产保存，而保存的价值之一就是能够满足用户对这些内容的需求。但是知识产权主体与图书馆权利主体分别代表不同的经济利益主体，在主体不断优化配置、不断竞争的过程中，必然产生经济利益上的矛盾与冲突[②]。在这个矛盾与冲突中，较为突出的是出版商与用户之间关于数字出版物的利用等方面的不同立场。不同的利益由于立场的不同，对于数字出版物缴存过程中涉及的内容都会产生不同的观点。如在已缴存的出版物借阅问题上，用户希望能够随时可以使用，但出版商则希望提出更多的限制条件（表 7-2）。

表 7-2　对待数字出版物缴存问题的各方观点

	采购	使用	管理	借阅
出版商	以复制的方式进行缴存或是缴存图书馆对其进行租赁	一本电子书限一人使用	通过自有的图书系统进行管理	自有的 B2C 销售模式

---

① British Library. The Value of Knowledge［EB/OL］.［2021-02-20］. http://www.bl.uk/about/annual/2009to2010/governance/spence.html.

② 何红英. 数字图书馆建设的著作权冲突与协调［J］. 西南农业大学学报（社会科学版），2010（4）：70-73.

第 7 章 国外数字出版物缴存制度的特点、经验及问题

续表

	采购	使用	管理	借阅
图书馆	期待通过法定缴存规定免费接收数字出版物	提高自有版权的数量	数字出版物应该取得 ISBN 号，并能实现与相关图书馆资源共享	希望开放多人同时借阅电子书，不限版权数量
用户	认为数字出版物价格应该比纸质环境下便宜甚至免费	同意合理性使用	希望图书馆或出版商提供客户端自行下载	24 小时皆可借阅，同时可以打印或复制

资料来源：韩新月，吕淑萍，等.数字出版物呈缴制度［M］.北京：知识产权出版社，2021：59.

为了最大限度地平衡出版商与用户之间的利益，奥地利对所采集和缴存的在线资料利用的规定是：如其尚受版权或者其他权利保护，国家图书馆可制作其一件复本用于服务；对缴存于国家图书馆的设有技术保护措施的在线资料，其所有人有权对该资料设定为期一年的禁用期，自缴存之日起一年内，禁止图书馆用于对公众服务，该项禁用决定应书面通知国家图书馆；对于国家图书馆主动采集保存的在线资料，其所有人有权设定最长不超过一年的禁用期（自被采集之日起计算），禁止该馆用户对其利用，该项禁用决定亦应书面通知国家图书馆；其他图书馆拥有的从国家图书馆索取的在线资料再次提供读者使用时适用前述禁用期规定；读者对缴存和采集的在线资料的读取仅限于图书馆馆舍内；其中属于设有技术保护措施的在线资料，在同一时间内仅可允许一名用户使用；图书馆可以为用户提供在线资料的打印件或者一件电子复本。

在日本，为了解决不同主体之间利益冲突问题，该国于 2000 年 4 月 7 日公布了新修订的《国立国会图书馆法》，提出在利用缴存的数字出版物时，应着重寻求著作权者、出版者、利用者各方的利益均衡，首先需要考虑的应该是出版商的利益。由于这些数字出版物的制作费用较昂贵且市场需求不确定，且销售对象主要是各大图书馆、企业及部分研究机构。出版商在考虑生产、销售等成本基础上，多不愿意自动缴存，也会担心由于法定缴存的存在而使他们失去更大的销售市场。为此，一些学者展开了相关调查，在调查中了解到，

数字出版物缴存制度的利益平衡首先有赖于出版商的通力合作。这就需要在制度执行过程中多了解出版商的看法，并尽可能配合出版商的生产营运流程。此外，还应积极向出版商宣传数字出版物缴存制度，与相关出版协会进行组织配合、借用多种方式为出版商提供表达意见的空间、增加缴存单位与出版商间的互动与交流、提升出版商对缴存制度的了解，这应该是避免缴存出版商对数字出版物缴存制度认知上造成的落差的重要手段之一[①]。

除了与出版商进行利益平衡之外，还需要缴存图书馆与出版行业合作以保证缴存制度的执行，并且图书馆还需要提供一些额外服务来确保这项制度的成功实行。例如，缴存图书馆与出版行业合作来解决数字出版物缴存过程中出现的任何技术性的问题，并且识别缴存过程中由于技术原因而产生的其他问题[②]。

（2）接受缴存图书馆重视与出版商之间的合作

接受缴存的图书馆与出版商之间的合作，主要是接受缴存的图书馆对已缴存的数字出版物拥有和使用的问题，这也是数字出版物缴存制度处理版权问题的关键。早在1996年4月召开的国际出版商协会第25届大会上通过了《关于数字资料保存问题的决议》，对图书馆保存的数字资料使用做出了严格规定，承认国家图书馆保存数字信息的权利，认为出版商即使有依法向图书馆缴存的义务，也不代表受缴图书馆可以不顾版权法的规定，无限制地提供数字出版物的利用[③]。同样，在丁明刚总结的缴存者要求的权益主要包括：缴存本制度建立的参与权、出版物缴存的协商权、经济利益保障权、缴存物处理情况知情权、缴存出版物优先使用权、出版物使用许可权、利益侵害追究权、缴存物的免税权等[④]。缴存图书馆如何在现有的相关法律、政策等规定下，既能接受更多的缴存物，又能有效保障出版商利益需要认真考量。以

---

① 苏佩君.电子书于各国法定送存合理使用之研究[D].新北：淡江大学：2011.

② The Library of Trinity College Dublin, as one of the UK Legal Deposit Libraries, welcomes the UK Government's response to the recent Public Consultation on Non-Print Legal Deposit [R/OL]. [2021-05-28]. http://www.tcd.ie/Library/collection-man/Legal%20Deposit%20Response%2008-04-11.pdf.

③ 胡光耀.从立法角度试论我国电子出版物呈缴制度若干问题[J].新世纪图书馆，2010（2）：47-48，55.

④ 丁明刚.论出版物缴存方的权益保障[J].出版广角，2008（3）：42-44.

第 7 章　国外数字出版物缴存制度的特点、经验及问题

英国为例，现在接受缴存的图书馆英国国家图书馆（British Library）、苏格兰国家图书馆（National Library of Scotland）、威尔士国家图书馆（National Library of Wales）、牛津大学博德利图书馆（Bodleian Library）、剑桥大学图书馆（Cambridge University Library）和都柏林圣三一学院图书馆（Library of Trinity College Dublin）。这些法定缴存图书馆为了处理与出版商之间的关系，成立了法定缴存图书馆员委员会，委员会的成员由 6 个法定缴存图书馆的负责人组成，此外，还成立了法定缴存图书馆员委员会实施小组（Legal Deposit Librarians Committee Implementation Group，LDLCIG），由威尔士国家图书馆员 Andrew Green 担任主席。这个小组代表分别来自 6 个法定缴存图书馆，共同承担任务，通力合作，促进数字出版物的缴存。该小组在 LDAP 的帮助下，主要与出版商合作解决与缴存相关的事务，如技术的基础架构、获取、元数据、编目、保存以及数据保存涉及的法律事项等。这是缴存图书馆之间通过彼此合作并与出版商就共同事务进行协商来保障缴存目标实现的有效方式。

一般来说，法定缴存延伸至数字出版物的最大困难之一就是接受缴存的图书馆和出版商之间未协调好关系[①]。这个问题在纸质出版物法定缴存时代就已存在。由于缴存是一笔支出，许多出版商对法定缴存一直持有复杂的态度。纸质出版物的法定缴存，出版商承认图书馆在保存信息文化中的作用，但他们也认为自己并不是"档案馆员"，没有义务免费、持续向图书馆缴存相应出版物。尤其是在英国，接受法定缴存的图书馆较多，特别是在 1801 年的法案中，将接受法定缴存的图书馆扩展到 11 个，出版商有理由抱怨免费向图书馆提交多个复本的出版物，进而带来经济上的负担。面对这样的情况，英国曾在 1709 年、1801 年、1814 年、1824 年、1836 年、1842 年等不同年份和时间段的系列法律中强制要求出版商必须缴存出版物。更为严格的是，1814 年的法案规定，出版商需要在一个月内完成法定缴存，否则罚金为 5 英镑外加书籍价值和所有的法律成本。于是，在英国法定缴存曾被出版商认为是对知识的征税。

---

① David J. Powell. Voluntary deposit of electronic publications: a learning experience [R/OL]. [2021-03-18]. http://www.ingentaconnect.com/search/downloadjsessionid=5bd5no62qcpu4.victoria? pub=infobike%3a%2f%2falpsp%2flp%2f2003%2f00000016%2f00000002%2fart00012&mimetype=application%2f.pdf.

那么出版商的利益是否真的就与法定缴存格格不入？如前所述，Byford（时任英国国家图书馆法定缴存主要负责人）曾对多年来英国出版商与法定缴存图书馆之间的合作是否有效这个问题进行探讨。他重点介绍近20年来二者在自愿缴存方案中的合作案例，证实二者合作是成功制定数字出版物缴存制度的关键。为此，他认为数字时代出版物缴存的问题上，应首先采取自愿缴存形式，待双方就一些利益进行了平衡之后方实行法定缴存是可行的①。

为此，在缴存制度不断发展过程中，许多缴存机构通过努力制定相关的缴存法律法规、条文政策，既能保证缴存制度的无障碍实施，又能兼顾出版商利益，更好地协调与出版商的关系，是缴存制度成功实行并取得成效的重要议题之一。在具体实践中，许多国家的缴存机构与重要的在线数据库生产商进行切磋和访谈，就在线数据库的缴存立法等问题达成了共识②。同时，在实施数字出版物缴存计划及相关的立法过程中，提高对出版商或是数据生产商的重视程度。另外一些国家，利用版权登记的措施，为出版商自愿缴存提供了一个诱因，国家书目机构应当通过有效和及时的措施鼓励缴存，让出版商意识到它们的义务，同时也突出强调出版商的公共利益和商业利益。总之，与出版商建立良好的工作关系至关重要③。

（3）政府行政力量的发挥

"交易成本"是制度经济学的一个核心概念，是达成一笔交易需额外付出的费用，也是经济制度运行的成本④。此外，新制度经济学把制度界定为"规范人们的行为，降低交易成本的一系列规则安排"，包括"正式的制度"（如法律和官方规范）和"非正式的制度"（道德规范、伦理框架等）⑤。合理地

---

① Byford John. Publisher and legal deposit libraries cooperation in the united kingdom since 1610: effective or not? [J]. IFLA journal, 2002（5）: 292-297.

② British library research and development department. The legal deposit of online database [R]. British Library. Research and Development Report, 1996: 54.

③ 数字时代的国家书目：指南和新方向 [R/OL]. [2021-08-20]. http://www.ifla.org/files/bibliography/publications/national-bibliogratphies-digital-age-zh.pdf.

④ 胡庆龙. 罗纳德·哈里·科斯——新制度经济学创始人 [M]. 北京：人民邮电出版社，2009: 35.

⑤ 胡庆龙. 罗纳德·哈里·科斯——新制度经济学创始人 [M]. 北京：人民邮电出版社，2009: 91-96.

组织所包含的制度安排可以保证经济主体按照构建有序的社会原则行事，并合理分配各方的权利和义务、分配原则、目标和具体方法[①]。在明确了权利和义务分配的框架之后，利益相关群体可以在一定范围内进行博弈或是谈判，从而将这些不断出现的新问题、常见的模式汇总成新的经验纳入到下一次的制度完善或是变迁进程中。

虽然数字出版物缴存是一项公益性服务，但在这项活动过程中，不同主体之间也会存在一些交易成本。为此，要想实现数字出版物缴存制度的良性运转，还需要在数字出版物缴存过程中考虑权利主体与义务人之间存在的交易成本问题。在这个过程中，出版商往往为了保证自己最大化的经济利益而选择不缴存或是少缴存；缴存机构则是希望能最大程度及时、随时获得所缴存的数字内容。为此，不同的利益角度就会造成这些不同缴存义务人有形或无形的冲突。

逻辑假定与历史论证通常是相连的。当一种关于历史的逻辑说明占据主流时，往往反过来生产出一批支持逻辑的历史知识。"我们现在接受的、习惯的，所有常识性的、天经地义的、不言自明的东西，很可能都是后来才逐渐地被历史确立起来、建设起来的，它本来不应当有免于'审查'的豁免权，但是当它成为'常识'时代，大家都不审查它的合理性和合法性[②]"。出版物缴存最初也是如此，它的出现是为了政府当局更好地实现对"审查"印刷物的内容、数量等方面的控制。因此，在一定程度上来说，政府是提出并保证审查制度存在的权利主体和保障者。

随着出版物类型和数量的不断增加以及社会民主力量的不断崛起，国外在数字缴存的建设与完善过程中也越来越强调突出政府的协调作用。政府以保存国家各类文献为名、规定缴存范围不断扩展的同时，以政府为主要的行政力量、规范缴存行为的合理性与合法性也会不断得到社会公众的认可。

7.2.3 发挥主导部门的作用

数字出版物缴存制度的实施与完善需要出版商、图书馆、政府等共同参与，

---

① 汪洪涛. 制度经济学：制度及制度变迁性质解释 [M]. 上海：复旦大学出版社，2009：1-6.
② 葛兆龙. 思想史研究课堂讲录 [M]. 北京：三联书店，2005：52.

多部门、跨界参与可以发现一些实践操作中的问题，并为下一次的缴存修订奠定基础。但在缴存过程中若缺乏主导部门，数字出版物缴存制度也就失去了组织保障。许多国家的数字出版物缴存无论是在立法推动之初，还是在完善过程中都强调主导部门的作用。

澳大利亚国家图书馆在本国数字出版物缴存立法的推动上始终扮演着主导角色。从1995年开始，澳大利亚国家图书馆向版权法评审委员会提请将立法范围扩大至所有数字格式的出版物，并在版权法中为电子出版物保存做出规定。1999年2月，评审委员会公布一项报告，建议将"图书馆资料"的概念范畴予以扩大，将数字资料也包含进去，典藏仍是强制性的，典藏的资料在存取限制的基础上可以加以利用。之后，澳大利亚国家图书馆又向政府委员会提请对版权法案典藏立法中的相关内容进行修正，并最终在2016年2月17日，对1968年《版权法》的修改生效，将法定缴存条款范围覆盖至网络资源。

在新加坡也存在类似的情况。2004年，新加坡成立了资料法定缴存专门工作组，专门工作组成员包括大学专家教授、图书馆协会成员、档案工作人员、法定缴存专业服务人员、数字图书馆服务人员等①。该工作组的首要任务是在新加坡国家图书馆理事会（National Library Board，NLB）的要求下对法定缴存的功能进行重新评议以及讨论是否在法定缴存范围中增加数字出版物。评议之后，NLB制定了全面收集新加坡数字文化遗产计划，该计划的内容主要有：确认适应时代发展的数字法定缴存框架以加强国家收藏；建议形成更加全面的法定缴存收藏计划以增加新加坡文化遗产；推动与收藏计划相关的利益者对计划的认识。除了联合不同行业与领域的专家学者、工作人员以外，NLB还联合了新加坡公司注册局（Registry of Companies and Businesses，RCB）、社团注册局（Registry of Societies）、新加坡证券交易所（Stock Exchange of Singapore，SES）、媒体发展管理局（Media Development Authority，MDA）、新加坡国立大学（National University of Singapore）、东南亚研究所（Institute of Southeast Asian Studies，ISEAS）、新加坡旅游局（Singapore Tourism Board）

---

① Foo S, Wu H J P, Lim S K, et al. Legal Deposit Development in Singapore：Future Challenges and Issues［C/OL］.［2021-09-17］. http://www.ntu.edu.sg/home/sfoo/publications/2005/2005Bangkok_LD_fmt.pdf.

第 7 章　国外数字出版物缴存制度的特点、经验及问题

等机构和部门，以上这些机构和部门都被授权集中收藏某一具体类型的出版物及相关材料。例如，RCB 拥有完整的新加坡公司年度报告，而工作组只要与 RCB 联系就能根据立法要求获得所有注册登记公司的出版报告并进行缴存。与 MDA 的合作则能收藏到新加坡国内几乎所有类型的戏剧类文献，这大大提高了工作组的缴存效率。

此外，日本于 1999 年 4 月成立了缴存制度审议会以继续履行之前法定缴存研究委员会（Legal Deposit Research Council）的职能，该委员会的职能是就缴存相关的重要事项，如补偿金金额等进行调查和审议，同时就其他缴存相关问题向馆长提供咨询服务。到目前为止，缴存制度审议会完成了对电子出版物缴存补偿金金额、电子出版物最优版本、网络信息资源采集制度、独立行政法人缴存义务、在线出版物制度等问题的咨询服务。缴存制度审议会的成立从机构上保证了缴存政策的制定，有利于缴存制度的完善[①]。

相应地，智利自 1929 年起就在国家图书馆（National Library of Chile, NLC）设立了法定缴存特殊办公室（Unidad Visitación de Imprentas, Printing Press Visitation Office）以对本国法定缴存的情况进行监控。该办公室有权要求缴存所有智利出版物的资料，更重要的是该部门与出版公司建立了良好的关系。此外，如果相应的出版公司并未按时缴存资料，这个部门有权向法院要求对该公司进行处罚[②]。

由此可见，通过设立或组建专门的、主导性的法定缴存机构，可以使缴存工作得到有效的推行与管理，并且能够保障制度的实施，及时发现制度运转中出现的不足之处，为制度的进一步完善做好准备。在这个过程中，主导部门可以是国家图书馆，也可以是国家图书馆单独设定的法定缴存工作组或是能起到推动法定缴存发展的组织。这些主导性的工作，主要涉及技术研发、参与制定缴存标准、维护缴存系统、缴存书目建设等，这些工作能引导本国法定缴存工作的开展。

---

① 陈瑜，冷熠，罗栋. 日本国立国会图书馆的缴送管理研究及启示[J]. 图书馆杂志，2011（1）：70-72.

② Roberto Aguirre Bello. Electronic Legal Deposit at the National Library of Chile. [J/OL]. [2021-06-02]. http://conference.ifla.org/ifla77.

7.3 国外数字出版物缴存制度涉及的问题

随着科技的进步,出版物载体形式不断发生变化,首当其冲的是数字形式出版物的日益增多和扩散。这种类型的出版物也需要进行收藏和保存,只有被收藏和保存,国家才能完整地建立文化资料和记录。因此,提出一个合适的数字出版物的缴存立法框架以完整地收藏数字出版物是诸多国家面临的问题。但是,由于数字出版物自身含有的广泛性、不易存储、数量巨大等问题,关于建立数字出版物的收藏和控制的法律法规也变得复杂起来。Muir 曾指出数字出版物缴存制度的建立与完善过程,主要会涉及立法、经济、技术、政治和管理、组织等问题,并且对数字出版物范围的界定、选择、采用、处理、保存、检索等也都会成为问题所在。同时,她还指出,大部分研究注重技术问题的解决,而对管理上的问题有所忽略,例如缴存工作流程的管理、人员和技术需求等[1],包括版权、保存要求、公共获取、缴存覆盖范围、收藏方式、出版商权利、惩罚金额等若干基本问题[2]。本研究在上述内容的研究基础上,认为国外数字出版物缴存制度的建立与完善过程中,可能会涉及以下具体问题。

7.3.1 成本估算问题

成本估算是进行数字出版物缴存不容回避的重要问题之一,主要是考虑到出版物在被收集、存储、保存等过程中的成本状况。这涉及缴存方与接收缴存的图书馆或机构之间的利益协调问题。

首先,出版商进行数字出版物缴存时需要提供一定的复本数量,这就产生了支出的问题,虽然数字出版物的制作、发行等成本总体较纸质出版物可能会在某些方面有所降低,但是,由于出版商需要缴存不同类型的数字出版物,这就可能会造成数量上的增加,而出于利益最大化的考虑,出版商也在更大渠道上试图回避这部分支出。

其次,从数字出版物的公共使用上来说,对于传统纸质出版物,缴存本的使用基本不会影响到出版者的经济利益。根据有关学者的统计:在图书馆,

---

[1] PADI [EB/OL]. [2021-07-03]. http://www.nla.gov.au/padi/topics/67.html.

[2] Adrienne Muir. Legal deposit and preservation of digital publications: a review of research and development activity [J]. Journal of Documentation, 2001 (9): 652–682.

第 7 章 国外数字出版物缴存制度的特点、经验及问题

一种畅销图书按频繁使用期 5 年，每人借阅半个月的频率计算，每年可供 24 位读者使用，5 年最大外借量不过 120 人次。如果供馆内阅览，按一年开放 365 天，每天对外服务 10 个小时，平均每一位读者使用 2 个小时计算，一年可供 1825 位读者阅览。新书的销售高峰期在出版后的头几个月，此间数千册乃至数万册书即可销售出去。而缴存本通常在出版后一个月左右到馆，加上保存馆的加工周期在内，至少两个月后才能提供读者使用[①]。所以，纸质图书的借阅和使用周期的滞后现象不会对出版商构成威胁。

正因为如此，传统出版物的缴存基本上是强制与无偿的。但是，由于数字出版物缴存本的使用方式与传统出版物有很大不同，随着互联网的普及运用，缴存本保存机构只需将一份数字出版物上载到网络中，就可以同时供多个用户浏览使用。这无疑大大增加了数字出版物缴存本的使用人数和使用次数，扩大了其使用范围，从而对出版商的经济利益构成损害，并在很大程度上打击了出版商缴存数字出版物的积极性。因此，一些国家规定了在缴存过程中发生不同费用的一些解决方法，如在日本，1999 年 7 月 19 日缴存本制度调查会通过的《关于高密度类数字出版物缴存的补偿金额度的报告》，对数字出版物缴存补偿进行了明确规定，补偿金的额度按照数字出版物出版时通常所需的费用和缴存时通常所需的费用进行计算[②]。

除了出版商需要解决支付成本与费用问题外，对于接受缴存的一方而言，也会涉及保存等过程中发生的系列费用问题。Feeney 曾言："与书籍面临的环境不同，数字存档需要持续的投资以克服技术急速变革所引起的迅速过时"[③]。对数字出版物的保存实质上是对其长期可获取性的管理。这说明无法将数字出版物保存的费用与其可获取性管理的费用区分开来。这也就导致相关的数字出版物缴存图书馆在一开始就需要考虑到相关的成本费用。尤其是数字出版物，在制作过程中有大量的人力、财力投资，而且数字出版物在缴存之后，权利人利益还会有被侵害的风险，更应该注意数字出版物缴存制度中涉及的版权问题而引起的额外的经济支出。因此，在制定数字出版物缴存

[①] 苑克俪，蒋伟明. 关于电子出版物缴送问题的探讨 [J]. 国家图书馆学刊，2002：39-44.

[②] 秦珂. 试论电子出版物呈缴制度设计的若干问题 [J]. 科技情报开发与经济，2005（18）：71-73.

[③] Fenney，Mary. Digital culture：maximizing the national's investment [M]. London：British Library Board，1999.

制度时，对数字出版物需要缴存的图书馆个数、出版物份数的要求应该少于对传统印刷出版物的规定，对数字出版物的缴存应给予合理的经济补偿或者其他方面的补偿①。

总的来说，数字出版物比传统印刷型出版物涉及更多的成本费用（表7-3）②：

① 需要对特定时期内以及无限时期内不可避免的技术变化进行管理。在资源本身以及出版商和其他数据生产者的许可协议都缺乏标准化的情况下，规模效益难以实现。

② 目前还没有准确、可靠的方式确保数字出版物不因技术变革而丢失基本信息，或者完整地保存这些信息还面临着技术革新的挑战。

③ 即使实现了成本节约，数字出版物保存还是要面临着传统出版物保存以外的其他相关费用。同时负责保存这些数字出版物的机构，如国家法定缴存图书馆，如何有效益、低成本地保存这些资源也是缴存图书馆需要考虑的问题。

表 7-3　数字出版物缴存涉及的成本来源

成本类型	成本来源
数据对象/数据的获取	保存费用/许可费用
人力资源	相关人员既包括专职工作人员，也包括不同比例的高级管理人员、主管、IT人员、保管员等
技术	硬件、软件、需求的等级（如速度、可用性和性能等）
非人力的运营成本	各种设施和空间、材料和设备、通信设备、法律等方面费用

资料来源：UK legal deposit in the digital age：organisational and operational challenges［R/OL］.［2021-06-15］. http://www.ifla.org/files/assets/acquisition-collection-development/conferences-workshops/sc-midterm/Johnson–Moscow.pdf.

韩新月，吕淑萍，等. 数字出版物呈缴制度［M］. 北京：知识产权出版社，2021：51-52.

---

① 吴钢. 网络出版物呈缴制度研究［J］. 情报理论与实践，2006（4）：406-408.
② 中国科学院国家科学图书馆. 长期保存跟踪扫描［R/OL］.［2021-12-05］. http://ir.csdl.ac.cn/bitstream/12502/6118/1/%E9%95%BF%E6%9C%9F%E4%BF%9D%E5%AD%98%E9%A2%86%E5%9F%9F%E5%8A%A8%E6%80%81%E7%9B%91%E6%B5%8B2013%E5%B9%B4%E7%AC%AC%E4%B8%89%E6%9C%9F%EF%BC%883%E6%9C%88%EF%BC%89.pdf.

第7章 国外数字出版物缴存制度的特点、经验及问题

担心保存的昂贵费用是可以理解的,如据统计,韩国国立中央图书馆在 2012 年的总预算是 57.8 亿韩元,其中,关于保存数字资料的费用预算是 13.4 亿韩元,约占总预算的 23.18%[①]。但是,同样重要需要考虑的是不实施保存可能需要付出的代价和产生的影响。完全由缴存图书馆对这些资源进行创建可能比对其进行保存的成本更高,有关成本的问题现实且严峻。

很多国家(如丹麦、法国等)已对网络出版物甚至是网站进行缴存,或是通过相关的图书馆/机构进行网站的收割,由于网站的数量日益激增,在未来对这些内容进行全面、有效的保存,成本问题更不容忽视(表 7-4)。

表 7-4 英国网站收割成本

	图书馆		市场
	由英国图书馆、苏格兰国家图书馆和威尔士国家图书馆在协议基础上收割	由英国图书馆、苏格兰国家图书馆和威尔士国家图书馆在规章基础收割	
每年成本	50 万英镑	113 万英镑	0
数据采集	77 兆兆字节	5.3 兆兆字节	0
每百万兆字节成本	6476 英镑	215 英镑	无

注:兆兆字节为信息量度单位,是 terabyte 的复数。

资料来源:UK legal deposit in the digital age:organisational and operational challenges[R/OL].[2021-06-15]. http://www.ifla.org/files/assets/acquisition-collection-development/conferences-workshops/sc-midterm/Johnson-Moscow.pdf.

为此,英国曾探讨了有关免费在线出版物存档的 3 种方式:

一是,在权限许可下收割和存档;

二是,在法规许可下进行收割和存档;

三是,存档交由市场来完成。

由于数字保存的公益性,存档完全交由市场来完成是不现实的,而在法

[①] National Library of Korea. Korea Annual Report to CDNL 2012/13[R/OL].[2021-01-29]. http://www.nl.go.kr/.

规许可或是授权下进行存档就必须考虑成本及预算的问题，但是如何最大限度地在预算范围内，节约保存成本还有许多可以探讨的空间。

7.3.2 存储问题

数字出版物由于格式的特殊性，需要接受缴存的机构考虑存储问题。由于技术的快速变革，引发了存储媒介过时、硬件过时、软件过时、格式过时、文本/元数据丢等问题，这些问题的出现也引发了对所缴存的内容如何进行保存的思考：什么内容值得保存（What is worth preserving）；优先保存什么（What are the priorities for preservation）；怎样保存（How to preserve）；怎样保存大量内容（How to preserve so much）；怎样确保质量（How to ensure quality）；保存的成本（What does it cost to preserve）等。

以上是诸多国家在进行数字出版物缴存之后遇到的挑战。而在一些国家，出版商事先同意缴存的要求之一，就是接受缴存的机构能提供相应的软、硬件设备以对这些内容进行良好、长期的保存。此外，由于不同媒介的保存年限不同（表7-5），特别是技术含量高的一些存储媒介，如CD-ROM如果未有良好的技术措施，保存年限反而短于传统的纸质媒介。

表7-5 不同媒介的保存年限　　　　　　　　　　单位：年

媒介类型	年限
羊皮纸文稿	1000
缩微胶卷	500
纸	50~200
磁带	100
只读光盘	10

资料来源：UK Legal Deposit in the digital age: organisational and operational challenges [J/OL].[2021-06-15]. http://www.ifla.org/files/assets/acquisition-collection-development/conferences-workshops/sc-midterm/Johnson-Moscow.pdf.

韩新月，吕淑萍，等. 数字出版物呈缴制度[M]. 北京：知识产权出版社，2021：52.

第 7 章　国外数字出版物缴存制度的特点、经验及问题

对此，有些国家的做法是优先收藏和保存出版物时间早的资料，之后是基于这种资料的独一无二性，也就是说这种资料很少被人所知道且没有相应的临摹本。另外一种情况是这种资料很容易了解且存在大量的相关知识，或者是能分为不同的主题领域且有深入研究的价值，这些内容也可以进行优先保存。但是这只是基于优先保存，并未真正在技术上解决本质问题。如何能在 20 年甚至 100 年之后还能获取这些已缴存的数字出版物，保存的技术与设施尤为重要。

7.3.3　罚则与免责问题

印刷型出版物法定缴存的重要特征之一是强制性，而强制性又主要表现在对未实行或未及时进行缴存的行为的惩处上。各国在其有关立法中，大都规定了处罚条款，缴存义务人如未能履行缴存义务，将被追究行政或者刑事责任；处罚的种类主要为罚款和罚金。

在数字出版物的立法规范中，许多国家也对此进行了相关规定。芬兰的规定是：凡故意或者因重大过失未依照本法规定缴存印刷体资料、电子文献、在线资料或者履行本法规定的其他义务的，即属违反法定缴存义务，可依法判处罚金[1]。《新西兰国家图书馆法》第 40 条指出："出版商或印刷者，不遵守条款 39 的规定而违规，又没有合理的解释，即裁定，处罚 5000 美元的罚金"。对于违反缴存本规定的出版商，新西兰国家图书馆根据法律，予以罚金制裁[2]。根据美国法律，除了未出版的作品、在美国之外出版的作品，以及特定种类的作品（如三维雕塑作品）等之外，作品的版权人或专有出版权人，在作品出版之后 3 个月内，应当向版权局交存两件"最好版本"的作品复制件。未按要求缴存的，版权局处以最高 250 美元的罚款，另加购买作品复制件的费用；对于故意不缴存的，追加罚款 2500 美元[3]。南非 1997 年的《法定缴存法》也有类似的规定[4]。

---

[1] 翟建雄. 图书馆与出版物缴存制度：中外立法比较研究[J]. 法律文献信息与研究，2006（2）：11-23，10.

[2] 林晋宝.《新西兰国家图书馆法》对我国图书馆立法之借鉴意义[J]. 图书与情报，2010（6）：72-77.

[3] 张辉. 美国版权登记制度赢得诉讼的前提［N/OL］.［2021-06-07］. http://www.chinaxwcb.com/2013-06/06/content_270176.htm.

[4] 李钊. 南非图书馆法发展研究［J］. 图书情报工作，2009，53（11）：100-104.

除了罚则，免责也是必不可少的。英国 2003 年《法定缴存图书馆法》对缴存本图书馆使用数字出版物和出版者缴存数字出版物都进行了相关的免责规定。首先，当接受缴存的数字出版物中部分内容有侵权行为时，缴存本图书馆不承担相关的法律责任；其次，缴存本图书馆利用缴存的数字出版物在馆内开展服务时，出现侵犯版权人的行为时免责，但应及时改正侵权行为；再次，缴存本图书馆利用网络数字出版物采集机器人获得的缴存资料，在馆内开展服务时如果出现侵权行为，不承担相关的法律责任，但应在接到警告后加以改正；最后，为了对出版者向缴存图书馆缴存数字出版物的行为给以支持与鼓励，该法进一步明确出版者对缴存给图书馆的数字出版物出现侵权行为时，不承担相关的侵权责任。但如果出版者故意所为或没有履行向相关缴存图书馆告知的义务而出现的侵权责任，则应承担法律责任。因此，该法对出版者的合法缴存行为给予保障，提高了缴存者的积极性并消除了相关顾虑与担心[①]。

但是，无论是罚则还是免责的规定，如何在法律的许可下进行规范，并且尽可能地维持缴存图书馆和其他利益方的基础上保护缴存者利益，是值得进一步思考的问题。

7.3.4 检索与使用问题

对于所缴存的数字出版物的检索与使用又是一个重要的问题。美国国会图书馆的做法是将缴存的光盘数据，通过法令强制授权，可在图书馆的局域网络内，同时给 5 个使用者提供检索；但缴存者也有权经申请同意后，要求美国国会图书馆不提供使用；英国国家图书馆对于缴存的数据允许读者基于研究需求，限馆内一人同时使用；澳大利亚国家图书馆是以典藏为主，使用需要得到授权同意；加拿大图书馆与档案馆是将缴存电子资源的书目信息公开，但内容限馆内使用。对于所缴存的数字出版物的检索与获取，许多国家都有限制，很大原因是受本国版权法的约束。如新西兰国家图书馆虽然在法定缴存法规定下收集数字音乐，但这类数字音乐却不能马上被公众获取，因

---

① 陈清文. 英国数字出版物呈缴立法实践的最新发展及启示［J］. 嘉兴学院学报，2012（11）：1-5.

为这与艺术家的商业权利存在冲突[①]。在新西兰,即使是缴存网络资源的利用也分为几种类型:

① 版权法不予保护的公共资源,如各类立法、司法和行政机构主办的政务类网站信息。

② 开放资源,版权人声明许可公众为个人学习和研究之目的而使用的各类在线资料。

③ 以公众为传播对象,但设置了某种控制读取措施的在线信息。

实际上,在奥地利,有关缴存内容的检索与使用规定得更加具体。例如,奥地利有关在线资料的修正案规定:

① 对采集和缴存的在线资料,如果还受到版权或者其他权利保护,奥地利国家图书馆可以在相关规定下,制作一件复本以用于图书馆的检索与利用服务。

② 对于其他缴存于国家图书馆的、并且设有技术保护措施的在线资料,其所有人有权对该资料设定为期一年的禁用期。自缴存之日起一年内,禁止图书馆用于对公众服务,该项禁用决定应以书面的形式通知国家图书馆。

③ 对于国家图书馆主动采集保存的在线资料,其所有人有权设定最长不超过一年的禁用期(自被采集之日起计算),禁止该馆用户对其利用,该项禁用决定亦应书面通知国家图书馆。

④ 其他图书馆拥有的从国家图书馆索取的在线资料在提供读者使用时适用前述禁用期规定。

⑤ 读者对缴存和采集的在线资料的读取仅限于图书馆馆舍内;其中属于设有技术保护措施的在线资料。

⑥ 在同一时间内仅可允许一名用户使用;图书馆可以为用户提供在线资料的打印件或者一件电子复本。

此外,为确保缴存和采集的在线资料的安全,修正案还特别规定:奥地利国家图书馆和其他拥有缴存和采集的在线资料的图书馆应采取一切必要的技术和管理措施确保资料的安全和完整;资料的所有人如怀疑其资料可能存在被非法利用情形的,可对国家图书馆及其他相关图书馆的存储、交流和利

---

① 数字图书馆论坛. 国家图书馆要捕捉新西兰数字遗产[EB/OL].[2021-06-04]. http://www.dlf.net.cn/manager/manage/photo/admin20067300135%D2%B5%BD%E7%B6%AF%CC%AC.pdf.

用过程监督检查。

可以说，如何处理数字出版物缴存内容的检索与使用的问题，是有效避免侵权问题的一个重要因素。

7.3.5 最优版本问题

最优版本是指接受缴存一方（图书馆）认为最适合存储的版本，其目的是为了规范出版物缴存的版本与格式，这对减轻缴存方的经济负担、提高缴存效率有较为积极且明显的作用。许多国家有关缴存的规定中，都会涉及到最优版本的问题。例如，美国在 2010 年 10 月 18 日最新修订的《关于向美国国会图书馆缴存出版物或唱片的规定》中曾指出，最优版本的界定，是指缴存日期之前在美国出版的某一作品的所有版本中，经美国国会图书馆确认为最符合其入藏要求的版本。如果同一底本具有两个或两个以上版本，通常认为质量最佳者为最优版本。对于同一作品、相同内容的不同版本，应缴存最优版本，最优版本的判断标准则依据美国国会图书馆制定的《美国国会图书馆关于收藏已出版版权作品最优版本的说明》（简称《最优版本说明》）。若版权局负责人或缴存人无法确认最优版本，则应向美国国会图书馆相关负责人或版权征集部门咨询。此项规定在某种程度上授予了国家图书馆一定的追溯缴存权。规定不能满足某条标准的版本被认为是劣质版本，不适合作为缴存本；对于在线出版物，首先考虑数据格式，通常以 UTF-8 码格式优先，其次为 ASCII 码，再次为其他非拉丁文中使用的非 UFT-8 码格式。英国《法定缴存图书馆法》规定缴存的最优版本的文献应是质量最好或是与最优版本同样质量的版本。对于需要缴存的电子出版物，规定了具体的尺寸、格式、材质、色彩、包装、读取方式及软硬件要求等[①]。

虽然有最优版本的相关规定，但是由于数字出版物，特别是在线出版物很多都是以更新的方式替换原来的内容，这种方式使得生成最终版本以前产生的"过程版本"信息不可避免地消失了。考虑到保留每一个过程版本需要巨大的储存空间和维护费用，目前在线出版物的过程版本界定与选择仍是一个难题。此外关于缴送数字资源的元数据、格式代码、限制获取使用的技术

---

① 雷亮. 论法定缴送中的最优版本问题 [J]. 国家图书馆学刊, 2011（4）: 14-17.

措施等具体问题还缺乏相应规定①。因此，如何制定具体的缴存格式也是许多保存机构正在探讨的主要问题之一。

7.3.6　缴存格式问题

有关缴存格式问题，许多图书馆都在相应的规章中进行规定。英国国家图书馆的《非印刷形式出版物缴存规定》、澳大利亚国家图书馆制定的《澳大利亚实体形式电子出版物征集指引》与《澳大利亚在线出版物征集指引》等规定，都具有实体形式与在线形式电子资源鼓励缴存或主动采选的格式标准；加拿大图书馆和档案馆也制定数字出版品的格式标准，避免境内数字出版物格式纷杂带来缴存的不便。日本数字出版物缴存制度要求缴存最优版本，是指最适于以保存和利用为目的的缴存本，出版商缴存其最优版本可免除其他版本的缴存。这一方面保证图书馆资料的长期保存和利用，另一方面最大限度减轻了缴存义务人的负担。缴存的数字出版物需要符合国际标准以便于长期保存，表 7-6 列举了智利国家图书馆推荐使用的相关格式，表 7-7 列举了英国图书馆对于缴存电子期刊格式的具体规定。

表 7-6　智利国家图书馆数字出版物缴存推荐格式

资源类型	推荐格式
文献：电子出版物，电子图书、电子期刊	PDF
图像：照片、图纸、图画、数字手稿	TIFF、JPEG
视频：卡通、电影、电视剧	MPEG2000、MOV Quick Time
音频	BWF（WAV）、MP3
地图：平面图、地理图表	TIFF、JPEG

资料来源：Roberto Aguirre Bello.Electronic Legal Deposit at the National Library of Chile［J/OL］.［2021-06-02］.http://conference.ifla.org/ifla77.

韩新月，吕淑萍，等.数字出版物呈缴制度［M］.北京：知识产权出版社，2021：54.

---

① 雷亮.论法定缴送中的最优版本问题［J］.国家图书馆学刊，2011（4）：14-17.

表 7-7　英国国家图书馆缴存电子期刊的技术指导

	首选方式	可接受的方式	不支持的方式
缴存内容	将多个档案压缩成 TAR、ZIP 或 GZIP 的档案格式，将内容上传至图书馆的 FTP 或是出版商的 FTP 中，再供图书馆下载	以单一档案存在的出版品（如 PDF），以符合的格式或结构发送至图书馆指定电子邮箱中，或提供完整的出版物下载网址	出版商将内容存储在磁带、CD、DVD 或其他实体载体中进行缴存
缴存通知	出版商每次缴存之后，通过 FTP trigger files、RSS/Atom、OAI-PMH、ONIX 等方式通知图书馆	提供符合格式或结构的出版物发送至指定电子邮箱	未事先协议，即通过电子邮箱、电话或邮寄的形式通知
内容文件格式	以美国国家医学图书馆典藏与交换 DTD2.3 版的 XML 格式，并提供全文的 PDF 文档；其他版本 DTD/Schema 的 XML 格式并提供全文 PDF 文档；以 HTML、RTF 或其他较广泛使用且图书馆不需另行安装软件的档案格式（如 doc）		文件为不常使用或是通用的格式

资料来源：British Library.Depositing Electronic Journals：Technical Guidance Notes［EB/OL］.［2021-08-03］. http://www.bl.uk/aboutus/stratpolprog/legaldep/depositingelectronicjournals/depositing.html.

由于数字出版物形式的多变性，如何对缴存的格式进行灵活规定需要不断论证与更新。

7.3.7　知识产权与其他法律问题

北欧科学信息委员会（Nordic Council for Scientific Information, NORDINFO）曾对在线数字出版物缴存的知识产权问题进行调研，该机构主要关注的是欧洲，特别是北欧国家在数字出版物缴存过程遇到的知识产权问题。调研发现，很多知识产权的问题存在于数字出版物的采集、存储到检索整个过程。这份报告认为在版权条款和法定缴存目标之间还存在着差距,版权条款应该有利于数字出版物缴存目标的实现。但是,出版商即使有依法向图书馆缴存的义务,也并不代表接受缴存的图书馆可以不顾及版权法的规定,无限制地将数字出版物提供利用。由于数字出版物具有简易复制、易传播等特性,要求接受缴存的图书馆对缴存本的长期存取做好更新、仿真、转换、迁移、再生等技术应用的同时,对这些内容进行最大范围的版权保护。由于出版物国际交换是国家图书馆的功能之一,在馆藏以纸质出版物为主时期,图书馆对这些内容拥有所有权,可以对纸质出版物进行转赠或是交换。但是数字出版物的发展,未来也会有数字出版物的国际交换行为,一般缴存图书馆只拥有这些内容的使用权,并没有公开传播的权利。这对于国际出版物交换也会带来一定的障碍。为此,缴存图书馆就需要考量交换过程中带来的系列法律问题。此外,在进行数字缴存过程中可能还会包括数字作品的作者隐私权问题以及与之产生相关的经济利益问题,等等。

7.4 国外考核数字出版物缴存制度完整性的因素

7.4.1 数字出版物缴存要素

数字出版物缴存要素是指按照缴存相关规定,具有共同的基本要素的总称,按照缴存要素划分,能够清晰梳理和展示数字出版物缴存制度涉及的主要内容。

数字出版物缴存制度构成要素包括的内容主要有:缴存受体(接收缴存的单位)、缴存者(进行缴存的单位)、缴存物(各类出版物)、缴存方法(缴存时间、数量、方式等)。其所调整的主要有3个法律关系,即缴存制度管理者、缴存受体和缴存者之间的法律关系;缴存受体之间的关系(行政主管部门、版本图书馆、国家图书馆和公共图书馆之间版本收藏的关系);保障版本的完整收藏保存与保护缴存者权益的关系[①]。具体可以分为:总则、缴存义务人、缴存方法、缴存对象、附则、罚则等。

其中,总则主要包括规定立法依据、立法目的、适用范围等。任何有关

---

① 冯守仁.《公共图书馆法》呈缴本制度的立法研究[J].中国图书馆学报,2010(11):67-74.

于其立法的目的和意义，只有明确的总则才能便于相关的义务人和责任者对法规进行理解和处理；附则一般都规定与该法紧密相关的内容，如该法的解释权、生效时间等；罚则主要是指对缴存义务人未按规定进行缴存的行为采取的处罚措施。在实践过程中，义务人违反缴存法律的情形也会时有出现，对这些行为的处理一般在法律中都有会涉及。其他要素主要如下。

(1) 缴存受体

主要的缴存受体有：

① 议会/国会图书馆。如美国和日本，国会图书馆负责相关的缴存工作，这些图书馆实际上的地位相当于国家图书馆。

② 大学图书馆。如丹麦是由位于哥本哈根的皇家图书馆和位于奥尔胡斯的国家和大学图书馆共同成为缴存图书馆，这两个图书馆共同承担着各种出版物的缴存工作。

③ 国家图书馆。根据国际图书馆统计标准规定，国家图书馆的作用之一就是可以作为法定缴存的图书馆。如苏格兰国家图书馆（National Library of Scotland）就强调它的首要目的之一就是为了收藏和保存苏格兰文化，同时为苏格兰学者和研究者提供全球范围内的研究材料[①]。为了完成收藏任务，许多国家图书馆在法律条例约束下接收本国内出版的一定复本量的出版物的移交。如爱沙尼亚、法国、科威特、立陶宛、英国等国就是这样的情况。

④ 国家档案馆/博物馆。把文化馆、档案馆、图书馆作为政府信息的法定收缴机构，或称容灾备份基地，国际早有这样的潮流。另外，现在国际上一个很大的趋势："图文档合流"，就是图书馆、文化馆、档案馆的合并，这三者融合的动因，有些是出于财务性需要，由于国家经费有限所致"记忆机构"的体制性合并的现象。但主要的诱因是记忆机构的功能性融合，这是网络环境下"记忆机构"集体实现价值再造的主动性发展诉求，是现代信息社会共建共享发展的必然结果。不同的图书馆或是机构，如国家图书馆、区域图书馆、大学图书馆、国家档案馆、文化馆等都会被指定作为国家法定缴存机构[②]。这些机构一般都会在国家立法的形式下接受法定缴存的责任。但不

---

① Donald Davinson. Academic legal deposit libraries: an examination guidebook [M]. London: Clive Bingley, 1965: 7.

② Jan T Jasion. The International Guide to Legal Deposit [M]. Ashgate Publishing, Limited, 1991.

同的国家和地区，接受缴存的单位也有所差异。如安提瓜、巴哈马、塞内加尔等国提交给国家档案馆；阿根廷、巴哈马等国家提交给博物馆。

⑤ 其他情况。在实际的缴存中，许多国家都是几个组织或是机构同时接受缴存。如在乌干达，自 2002 年起，就有 3 个法定缴存中心体系，有马凯雷雷大学图书馆（Makerere University Library，MUL）、乌干达管理机构（Uganda Management Institute，UMI）、乌干达国家图书馆（National Library of Uganda），值得一提的是，这 3 个机构都分别制定了法定缴存法以明确自己的法定缴存地位。他们独自的缴存立法分别是 1958 年《马凯雷雷大学图书馆法定缴存法》（Makerere University Library Legal Deposit Act，1964 年修订）、乌干达管理机构的《缴存图书馆和文献中心法案》（Deposit Library and Documentation Centre Act，1969）、2003 年乌干达国家图书馆的《国家图书馆法》（National Library of Uganda Act，2003）[1]。此外，法国、瑞士、澳大利亚、英国、德国等国家也是多个图书馆负责法定缴存的工作。另外一些国家或地区是提交给政府最重要的图书馆，如乍得、加纳、中国香港。在某些国家，还缴存给这个国家最重要的大学图书馆，如利比里亚。

但概括来说，受体名称不一定是赋予"国家"二字，但缴存受体通常只与国家级图书馆有关，也就是说，无论是大学图书馆还是区域图书馆，这些图书馆会在本国的图书馆体系中充当国家图书馆的角色或履行国家图书馆的功能。

（2）缴存义务人

为了保证数字出版物能够依法、及时地缴存，明确且合理地规定缴存义务人是很有必要的。主要有出版者，这包括商业、私人或是政府出版者等，或有关于数字出版物的发行者、出版商等。

（3）缴存物

1）缴存类型

由于每个国家出版情况的特殊性，数字出版物缴存的具体内容对于每个国家都会有所不同，尽管情况复杂，但是对于需要缴存的数字出版物，主要

---

[1] James Matovu, Wilberforce Musoke.Impact of the New Legal Deposit System on National Bibliographic Control in Uganda: Developments, Practices, and Challenges [EB/OL]. [2021-06-16]. http://unllib.unl.edu/LPP/matovu-musoke.htm.

有 3 种类型[①]：

①法定缴存中主要覆盖离线电子出版物（如日本等）。

②法定缴存中包括离线和在线出版物（如加拿大、克罗地亚、德国、挪威、法国等）。

③除了法定缴存的规定，图书馆需要和出版商在自愿的基础上进行协商（如荷兰、瑞典等）。

当然，以上对于数字出版物缴存的实际类型并不是一成不变的，随着科技不断进步，出版物也出现了许多不同的形式，许多国家在这个进程中也不断地修改法律以便于更广泛地囊括这些新兴的出版形式。如芬兰于 2008 年新修订了版权法，赋予国家图书馆自由地获取在线出版物；2007 年 1 月 1 日，加拿大延伸法定缴存至在线出版物。而这些国家在之前的法律中只是规定对纸质出版物的法定缴存。

2）缴存格式

有关缴存格式版本问题已在 7.3.6 有所论述，此处不再赘述。

3）缴存数量

缴存数量是对应进行缴存的数字出版物复本数量的规定。不同的国家有不同的规定。如爱沙尼亚的规定比较复杂且需缴存的复本较多，在爱沙尼亚出版发行或是通过爱沙尼亚出版商以购买的形式获得外国书籍，需要提交该出版物的 8 个复本，具体分配如下：爱沙尼亚国家图书馆（National Library of Estonia），2 本；塔尔图大学图书馆（Tartu University Library），2 本；爱沙尼亚文学博物馆档案图书馆（The Archival Library of the Estonian Literary Museum），2 本；塔林大学学术图书馆（Academic Library of Tallinn University），1 本；塔林技术大学图书馆（Tallinn Technical University Library），1 本。国外印刷有关于爱沙尼亚且在爱沙尼亚进口发行的需缴存 4 本，爱沙尼亚国家图书馆，1 本；塔尔图大学图书馆，1 本；爱沙尼亚文学博物馆档案图书馆，1 本；塔林大学学术图书馆，1 本[②]。

---

① Daniela ŽIVKOVIĆ. The Electronic Book: Evolution or Revolution？［J/OL］.［2021-05-28］. http://eprints.rclis.org/11419/1/1-19.pdf.

② National library of Estonia. Deposit copies［EB/OL］.［2021-05-05］. http://www.nlib.ee/deposit-copy/.

第 7 章 国外数字出版物缴存制度的特点、经验及问题

（4）缴存方法

缴存方法首先考虑的是缴存时间，缴存时间的规定是为了规范缴存登记以及及时催缴应缴存的内容。其次是采用何种缴存系统。对于数字出版物的缴存，可以在网上进行缴存，一些国家还开发相关的数字出版物缴存系统，相关的义务人可以借助相应的设备在线或用其他的方式提交规定范围内的数字出版物。例如，为推动数字出版物缴存顺利进行，美国国会图书馆版权电子登记记录及缴存系统，以在线方式完成版权申请及数字内容格式的缴存上载；加拿大图书馆和档案馆也建置名为 E-Collection 的系统，提供出版者通过因特网以电子邮件或档案传送方式，将电子资源传送至国家图书馆指定地址，并提供原生性电子资源，依据国家图书馆定义的 URL 命名方式，将电子资源与国家图书馆超链接，建立缴存电子资源的查询系统，同时提供缴存电子资源的目录信息检索服务。

在韩国，为了能够保存在线数字资源，2005 年 12 月，由韩国国立中央图书馆（National Library of Korea，NLK）开发了在线存档与搜索互联网资源平台（Online Archiving & Searching Internet Sources，OASIS）。这个平台能够借助网络存档的形式甄别选择网站数字资源，并能够对这些数字资源进行长期保存[1]。

当然，数字出版物缴存还存在其他要素，如出版地的界定、缴存原则、缴存期限等，由于在其他章节有所提及，本部分不再赘述。

7.4.2　考核数字出版物缴存制度完整性的因素

纸质出版物法定缴存执行过程中，对该制度的完整性有过完整论述。通过对上述内容的归纳，衡量数字出版物缴存规定完整性的内容可以借鉴纸质出版物法定缴存制度，主要涉及的因素有立法的力度和结构、立法的灵活性等（表 7-8）。

---

[1]　Kyung Ho Choi, Dal Ju Jeon. A Web Archiving System of the National Library of Korea: OASIS[J/OL].［2021-08-09］. http://www.ndl.go.jp/en/cdnlao/newsletter/058/583.html.

表 7-8 考核数字出版物缴存制度完整性涉及的主要因素

a) 类型一：立法结构
V1) 法律特征
1) 特定的法律
2) 其他法律的一部分
国家图书馆法律的一部分
版权法的一部分
复本的缴存和版权法的保护没有关联
缴存复本不能影响版权法
V2) 立法的灵活性
1) 有主体文本组成且有其他补充规定
2) 有主体文本组成，没有补充规定
V3) 在文本具体条款中的定义
1) 定义了一些重要条款
2) 没有定义任何条款
V4) 法律结构
1) 清晰
2) 相对清晰
3) 模糊
V5) 促进法律执行的机制，法律包含的内容
补偿金
控制设备
惩罚机制
b) 类型二：法定缴存要素
V6) 目标
a) 为了建立和形成国家出版物完整收藏
b) 有助于国家书目建设
c) 为后代保存复本以及确保研究使用

第7章　国外数字出版物缴存制度的特点、经验及问题

续表

V7) 定义义务方（出版物生产者）
1) 进行了全面的定义，足以涵盖所有可能的出版物生产者
2) 并未对此进行定义，只是列举其中的内容
V8) 缴存方法
多种缴存方式
2) 固定缴存方式
V9) 限定缴存复本的时限
1) 出版之后一个月
2) 出版之后超过一个月
3) 没有具体规定
V10) 负责缴存机构
1) 只明确一个缴存机构
2) 明确了很多缴存机构
3) 没有提及缴存机构
V11) 主要的缴存机构有
1) 国家图书馆或类似的书目机构
2) 非书目机构
V12) 是否拥有设置控制和处罚机制的权威以便于缴存工作的开展
1) 有
2) 没有
V13) 出于安全和保存目的，是否授予缴存机构使用权限
1) 是
2) 否
c) 类型三：出版物的覆盖范围
V14) 出版物的概念
1）用广泛延伸的方式定义"出版物"

续表

2）用严格的方式定义出版物
3）没有对此进行定义
d）补充因素
V15）与国际总体发展水平保持一致
1）高
2）中
3）低
V16）现存和修改的法律时间 *
1）早于1977年
2）1977年至1998年间通过
3）1998年后通过

注*：此处以1977年和1998年为时间段原因在于：1）1974年UNESCO和IFLA开始了国际书目控制（Universal Bibliographical Control）项目。项目要求之一是了解各国所收藏的国家出版物数量，同时了解国家法定缴存情况。第一次的指导意见始于1977年的国家书目（ICBN 1977）的国际会议，并由此产生了1981年Jean Lunn的《法定缴存立法指南》（Guidelines for Legal Deposit Legislation）。2）1996年，国家图书馆馆长会议（Conference of Directors of National Libraries, CDNL）开始了与时俱进的讨论，提出对电子出版物缴存（The legal deposit of electronic publications, LDEP 1996）。1998年开始了国家书目服务（National Bibliographic Services, ICNBS 1998），并在两年后，产生了2000年版Larivièr的《法定缴存立法指南》（Guidelines for Legal Deposit Legislation, Larivièr 2000）。这些指南出现的目的都是为了推动各国法定缴存的法制化以及对缴存规定文本内容的现代化，如重视对方兴未艾的数字出版物缴存的具体规定等。

资料来源：Claudia B. Bazán, BA.Visibility of International Recommendations for Legal Deposit of Publications in National Legislations［R/OL］.［2021-12-21］. http://ifla.queenslibrary.org/VII/s1/pub/legal_deposit_2004-e.pdf.

韩新月，吕丽萍，等．数字出版物呈缴制度［M］.北京：知识产权出版社，2021.

可以说，上述要素在数字出版物缴存制度的规定与建设中都是必备的。还需要指出的是，首先，对于数字出版物缴存制度的法律制定可以是独立的法源，也可以是其他法律的一部分，假如是属于版权法之下，则需要声明数字出版物缴存与版权的认可有无关联；其次，由于数字出版物特别是在线出版物会随时更新，因此缴存制度应该能够容纳更多新形态的数字载体，但总的原则还应该是保存国家文化遗产以及保卫全民自由获取信息的民主权利；最后，数字出版物缴存在条件允许下应该和纸质出版物法定缴存一样作为国家的法律义务以及责任，并且不推崇自愿缴存的方式。

为此，考核数字出版物缴存制度是否完整的具体因素也会处于不断变化中，但是，按照数字出版物缴存要素进行核定缴存制度是否合理和完善应该有一定稳定性。

7.5 国外数字出版物缴存制度发展趋势

7.5.1 数字出版物缴存制度的全球化

图书馆电子信息联盟（Electronic Information for Libraries，EIFL）在"著作权及相关问题的原则声明方案"中指出：法定缴存是确保一个国家的出版物遗产能够被获取并保存至未来的重要手段。法定缴存的法律制度应涵盖所有出版形式的作品，并允许对其进行保存。在20世纪，有关数字出版物缴存制度建设就已经得到一些国际组织的重视。如联合国教科文组织分别于1996年和2000年发布《电子出版物法定缴存》和《法定缴存立法指南》；欧盟委员会于2006年发布《关于文化资产的数字化和在线获取及数字保存建议》（Recommendation on the Digitisation and Online Accessibility of Cultural Material and Digital Preservation），敦促成员国就保存在线内容进行立法，授权本国法定保存机构通过网页收割等技术措施采集和保存互联网资源。

多年来，很多国家更是积极制定与数字出版物缴存制度相关的法律、规章。据国际互联网保存联盟2008年的调查显示，在IIPC的38个成员中，已经制定或者通过有关数字资源缴存法律的有13个（36%），即将通过的有6个（17%），没有制定相关法律的有19个（47%）。2010年8月份公布的《英国图书馆：电子法定缴存国际调查》报告（British Library：International

Survey on Electronic Legal Deposit)则称,欧洲有10个国家已通过相关立法授权本国的国家图书馆采集互联网资源。事实上,一些国家在数字出版物缴存制度的完善上也取得了实质性进展。例如,2010年2月,美国国会图书馆出台《关于向美国国会馆缴存出版物或唱片的规定》(Mandatory Deposit of Copies or Phonorecords for the Library of Congress),规定对仅以在线形式出版的电子作品缴存问题采取临时管理办法[①];2010年6月,日本国立国会图书馆在第19届做了《法定缴存系统在线出版物获取概念》[②](Report of the Legal Deposit System Council Concept of the Acquisition System for Online)报告,建议针对互联网提供的电子书籍、杂志建立缴存制度等。可以说,由于数字出版物的重要性,对其进行缴存制度的建设是许多国家采取的主要做法。

7.5.2 数字出版物缴存制度的法典化

(1)数字出版物缴存制度的正当性

数字出版物缴存制度的法典化首先要解决数字出版物缴存正当性问题。正当性不仅仅是一个理论问题,也体现在实践中社会对该制度的认可程度,直接关系到该制度的实现。目前,大部分国家确保数字出版物缴存实现的主流措施是以立法的形式进行规定,并在法律的附则中规定对于不能按时、按量依法缴存的相关单位和个人要进行处罚。当然,仅仅运用惩罚的做法本身也值得反思。因为,"个人需要和自由意志作为物主个人的要求只是物主自己的机体自然产物或精神产物,它内存于物主自己的机体或大脑,它并不能自动外化为社会的观点或态度。这种不可侵犯性只能直接来自于社会成员的认识,只有在成员都对这种不可侵犯性有着公识、公认的情况下才能成立[③]"。因此,合理的鼓励与适当的惩罚之间的恰当结合,可以推动该项制度的法典化,而借助立法来解决缴存正当性的做法是一种趋势。

(2)数字出版物缴存制度的社会共识

数字出版物缴存制度除了要解决正当性问题以外,还要实现社会对数字

---

① Madatory Deposit of Copies or Phonorecords for the Library of Congress[R/OL].[2021-06-20]. http://www.copyright.gov/circs/circ07d.pdf.

② Concept of The acquisition system for the networked electronic publications[R/OL].[2021-06-20]. http://www.ndl.go.jp/en/aboutus/report_legaldeposit.pdf.

③ 张恒山.法理要论[M].北京:北京大学出版社,2002:441.

出版物缴存制度的共识，为法律执行奠定良好的社会舆论基础。如英国在有关离线出版物和在线出版物是否应该进行缴存以及如何缴存的具体问题上就通过不断的民众参与、公开征求意见、征集相关立法意见、立法调研、论证等程序以实现对各种类型出版物的缴存。进行意见咨询的目的是让社会公众清晰了解数字出版物法定缴存的内容、法定缴存适用的时间、如何获取缴存作品、缴存作品的质量及形式等规定、法定缴存图书馆如何处理缴存作品等。但凡在缴存过程中可能会出现的问题以及相应的解决方案，在咨询意见中都会有详细阐述。

提高公众对数字出版物缴存制度的认可程度，才能更好地推进该项制度的法制化，也为未来全面实现网络出版物的法定缴存保驾护航。这种认可，不仅来自最大多数人从该项制度中的受益，也来自法律与市场的良性互动。法典化的前提条件——正当性以及实现正当性的解决途径——社会共识如果能够达成，数字出版物的缴存制度就能够比较顺利地实现。

7.5.3　逐步实现网络出版物的缴存

网络环境对网络出版物缴存制度的影响，一直备受关注。由于互联网的产生以及繁荣发展，技术发展大大降低了生产成本，也提高了复制速度，与此相对应的是大量出版物在互联网中被生产、传播。这些出版物不仅有保存价值，还具备管理价值、学术价值和社会价值。因此，对这些内容的保存是必要的。在互联网时代之前，每一次新技术的出现带来出版物形式多样化和数量的增加，也都会引起缴存制度的变革。网络环境与之前技术环境相比较给缴存制度带来的变化更复杂：社会化网络时代之前的新技术引发的主要问题仍限于出版形式的不同，且这些出版形式产生的仍只是电子化、数字化内容。法律对此的应对方式基本上就是确认新的作品类型。如早在 1990 年，挪威修订的《公共利用文献缴存相关法律》，将所有种类的以电子、数字化数据为内容的信息媒体纳入缴存范围[1]。但是，网络环境下缴存制度还涉及市场环境、社会观念等诸多因素，并且出版物类型越来越多样化，同时也涉及技术等多方面的问题。如果没有良好的缴存法律支撑，很难较全面收集并保存这些范

---

[1] National Library of Norway .Legal deposit［EB/OL］.［2021-06-20］. http://www.nb.no/English/About-us/Legal-Deposit.

围广、数量多、利益主体更多元的内容。例如，一个网站可能会包含无数页、无数张图片、音频、视频材料等，这些会是 PDF 或是 WORD 等不同的形式。因此，对于网络出版物的保存也是一项巨大且难以管理的过程，这也使详尽性的缴存理念需要不断更新。

现在，国外很多国家对网络资源的缴存，采用的主要方式是缴存义务人依法主动缴存和国家图书馆主动采集的方式。下面以意大利和奥地利的做法为例：

（1）意大利

意大利对于缴存义务人依法主动缴存在《关于缴存供公众利用具有文化意义文献的法律》中，具体规定了缴存义务人的范围、缴存期限及接收缴存品机构等；而意大利国家图书馆主动采集则在《缴存公共文化资料条例》中具体规定。其内容主要有：

① 文化遗产部部长经咨询技术革新部部长并与有关行业协会和法定缴存委员会、版权咨议委员会协商后，可就经计算机网络传播文件的自愿缴存提出一项试验计划。

② 在咨询法定缴存委员会后，文化遗产部可与负责缴存在线文件的有关各方达成协议，依据国际最佳做法和共识，拟定缴存条款的技术细节，并尽可能采用自动方式采集。

③ 缴存协议应确保优先采集下列类型的在线文件：已入藏的以传统技术和介质制作的藏品的在线续编版；由大学、科研和文化机构出版发行的在线科学资料；由政府当局制定并通过网络传播的官方文件；更新频繁的网站文件或者内容常被其他网站引用的网站资料。

（2）奥地利

奥地利有关出版物法定缴存制度规定在《出版法》中。根据 2009 年 2 月该法的一项修正案，在线出版物被纳入采集和缴存范围。该修正案共 3 条（43b，43e，43d），从采集、缴存两个方面规定了在线资料缴存制度的内容。国家图书馆则于 2008 年起开始采集和保存网络资源，目前主要以采取网址搜索和主题检索两种方式采集在线资料。其资源采集策略主要有：按国家域名（.at）、事件、主题、批量收割和选择性收割等。

① 关于主动采集制。奥地利国家图书馆可对互联网中对公众开放的注册为奥地利国家域名（.at）的网站或者自动链接有奥地利内容的在线资料每年

实施4次综合性自动采集；国家图书馆在实施采集行为前应书面告知被采集资料的所有人；该馆还可采集该国国内其他图书馆、科研机构、大学等机构提供的在线资料，并根据它们的请求，向其提供保存的在线资料。

② 关于缴存制。资料所有人应向国家图书馆缴存无技术保护措施的在线资料；对设有读取控制措施的在线资料或者虽未设有该类措施，但由于技术原因致使国家图书馆无法对其实施采集的，资料的所有人应根据国家图书馆的书面请求缴存该资料并同时提交移除技术保护措施的有关资料。

但对下列类型的在线资料，国家图书馆可暂缓要求缴存：在现有技术条件下虽经合理努力仍不能满足缴存资料的存储和保护需要的；采集和保存成本过高，远远超出国家图书馆所能承受的范围；与已经缴存的其他载体出版物在内容上一致或者大致一致的在线资料；音像制品和广播节目；与公共利益无关或者无保存价值的非科学、非文化类在线资料；经与国家图书馆协商同意，缴存人可以任何技术格式缴存资料，特别是那些以电子方式提交的在线资料。

实际上，许多国家不仅要求缴存网络出版物，还不断通过法律的修订要求缴存不同类型的网络信息资源。要求缴存的范围逐渐由政府网站、公共机关网站扩展到杂志、年鉴、研究论文、学术杂志，以及告示、邮件、个人主页、网上信息、动态数据库等，甚至包括元数据、格式码，有的规定以电子通信的形式向公众发布的所有种类的记号、标识、文件、图像、声音及信息。此举一方面反映了从传统印刷出版到数字出版的时代趋势；另一方面也证实了收集、保存网络信息资源的迫切性。表7-9列举了国外网络出版物缴存代表性立法成果。

表7-9 国外网络出版物缴存代表性立法成果

国别	相关立法成果
意大利	2004年4月《关于缴存供公众利用具有文化意义文献的法律》将网络出版物纳入法定缴存范围
丹麦	2004年12月《出版资料法定缴存法》第三部分规范了以电子交流网络形式出版的作品的缴存问题
芬兰	2004年《法定缴存法案》第三章规范在线资料的获取、存储、保障及提供利用等问题

续表

国别	相关立法成果
法国	2006年《关于信息社会版权和相关权利的法律》明确规定将法定缴存制度扩展到互联网领域
德国	2006年《德国国家图书馆法》第三部分将以电子数据形式存储的作品纳入法定缴存范围；2008年10月《向德国国家图书馆缴存出版物条例》第七、八、九部分详细规定了网络出版物的范围及缴存实施细则
加拿大	2006年12月《出版物法定缴存法》第二部分规范了非纸质出版物资料的缴存问题
奥地利	2009年2月《出版法》修正案从采集、缴存和利用3个方面规定了在线资料的缴存制度
美国	2010年2月《关于向美国国会馆缴存出版物或唱片的规定》规定对仅以在线形式出版的电子出版物缴存采取临时管理办法
英国	1. 2010年2月《关于向美国国会图书馆缴存出版物或唱片的规定》对仅以在线形式出版的电子出版物缴存采取临时管理办法。2. 2010年9月发布2011年《法定缴存图书馆法〈非印刷型出版物〉条例咨询草案》。

资料来源：王秀香，李丹.国外网络出版物缴送政策对我国相关立法工作的启示[J].国家图书馆学刊，2011（4）：23-27.

事实上，许多国家已经开始了网络出版物的缴存研究以及实践，这些国家的进一步目标在于实现网络资源的全面缴存与收藏。不过，由于网络资源的复杂与多变性，更需要这些国家考量多方面因素，因地制宜地实现对网络资源的全面缴存。但不可否认，网络出版物的重要性已然使得对其进行缴存（特别是以法律的形式进行规定）成了一种发展趋势。

7.6 本章小结

在数字出版物缴存制度的运作过程中，对于这些数字内容的缴存并不是全部毫无选择。一般选择的标准是：有效满足目前或者未来的信息需求、作者受欢迎程度、信息的稀缺性、学术内容的新颖性、更新的频率、信息可获得性等。以韩国为例，要成为国家数字资源的保存对象，这些数字资源必须

第7章 国外数字出版物缴存制度的特点、经验及问题

是被韩国民众认可的,与韩国的社会、政治、文化、宗教、科学或经济相关的作品。并且,这些作品的作者必须是其专业领域的权威,例如在韩国大学里的知名教授或研究者。同时,他们必须在国家或国家层面有被认可的学科建树。这个要求同样也适用于那些被认为在新颖性、稀缺性以及实用性上有搜集价值的数字资源的保存和搜集。数字资源的搜集对象还包括那些被国际权威机构评估认可的期刊文章,等等。只有综合具备了这些因素,才有可能要求进行缴存。此外,即使是既定的标准和原则,缴存过程中也会涉及许多的利益团体,如缴存单位、出版商、使用者等。就出版商和图书馆之间的利益冲突而言,图书馆面临着数字出版物的征集和保存的问题,而出版商所关注的是如何保护自身商业利益以及持续享有产品在市场上的经济利益。如何寻求出版商和图书馆等多方都能接受的平衡点,是一个重要的议题。上述的这些问题在本章节中都有所涉及。由于主要是系统地分析国外数字出版物缴存制度的特点、经验以及可能会出现的一些问题,在对这些内容进行分析与探讨之后,本研究对未来数字出版物缴存制度的趋势进行了概括。但是,需要指出的是,数字出版物缴存制度的建设与完善是一项复杂的工程,需要综合考虑人才、管理、技术等多方面的因素,并且应该对这些因素进行有效的组合才能起到良好的效果。

第8章 国外数字出版物缴存制度对我国的启示

8.1 我国数字出版物缴存概况

我国近代缴存制度建立于20世纪初期，在经历北洋政府、南京国民政府以及新中国成立等不同历史阶段之后，不同的领导机构（表8-1）对出版物的缴存都有着不同的规定。虽然规定内容与形式有着不同时代的烙印，但我国缴存制度总的特点是以行政手段推行。

表8-1 负责全国出版发行工作管理机构变更表

时间	机构名称
1949—1954	政务院出版总署
1954—1966	文化部出版事业管理局
1973—1982	国务院国家出版事业管理局
1982—1985	文化部出版事业管理局
1987—2013	国务院新闻出版署、国务院新闻出版总署
2013—2018	国家新闻出版广播电影电视总局
2018	国家新闻出版署

近几年，中央政府、行业主管部门、地方政府集中推出了系列推动文化产业与数字出版产业大发展大繁荣的政策措施，大大推进了我国数字出版业的前进脚步。如国家性的指导文件《中共中央关于深化文化体制改革推动社

会主义文化大发展大繁荣若干重大问题的决定》等,都旨在突出文化产业的支柱性作用以及强调文化振兴的重要性与迫切性。面对这一良好的政策环境,"以科学发展为主题,以加快转变发展方式为主线,大力发展数字出版产业"成为数字出版产业发展的指导思想和原则。在地方,广东省、上海市等相继出台了"促进数字出版产业发展"的系列专项政策,这些重磅性政策的推出,为我国数字出版的发展和繁荣创造了前所未有的良好发展环境。乐观的政策环境带来了数字出版文化环境的不断改善,也为各类数字出版物数量的不断增长带来了良好契机。面对这一庞大且内容丰富的资源,担负着保藏人类文化遗产的国家图书馆对此非常重视。但是,由于数字出版物数量日益增长且载体形式多样化,国家图书馆等主要缴存机构只有通过缴存制度才能真正完整地典藏这些数字内容,而这也已成为世界各国的发展趋势[1]。

在数字环境下,为了能够将数字资源有效地纳入国家信息资源保存体系,相关部门也认识到数字出版物缴存制度的重要性,以及该制度需要发挥其应有作用。因为随着计算机、通讯、网络技术的普及与发展,数字载体的优势逐渐得到认同[2],尽管以往我们认为信息的不同存在形式各有优缺点,但是,最优秀的信息存储形式无疑是数字形式。面对日益增长且成为社会主流信息资源类型的数字出版物[3],以法定缴存的形式进行国家数字文化遗产保存在我国逐步引起了一定的关注和重视(表8-2)。

表8-2 我国法定缴存制度演变历程

时间	法律条文	备注
1906	大清印刷物专律	凡印刷人印刷各种印刷物件,即按件备两份呈送印刷所在之巡警衙门,该巡警衙门即以一份存巡警衙门,一份申送京师印刷注册总局
1907	京师图书馆拟定章程	

---

[1] 周群.国内外电子出版物呈缴本制度研究进程及发展趋势[J].图书情报工作,2006(10):124-127.

[2] 吴钢.数字出版物法定呈缴制度客体研究[J].中国图书馆学报,2014(1):93-102.

[3] 范并思.理论变革时期的图书馆学基础研究的任务[M].//卢子博.跨世纪的思考—中国图书馆事业高层论坛.北京:北京图书馆出版社,1999:230-240.

续表

时间	法律条文	备注
1907	大清报律	凡开设报馆发行报纸者,应开具左列各数,于发行二十日以前,呈由该管地方官衙门申报本省督抚,咨民政部存案;规定报纸的缴存与惩罚制度
1910	大清著作权律	凡以著作物呈请注册者,应由著作者备样本二份,呈送民政部;其在外省者,则呈送该管辖衙门,随时申送民政部
1914	出版法	以后全国出版图书依据出版法报部立案者,均令以一部送交京师图书馆庋藏;中国开始向图书馆缴存样本
1915	著作权法	
1916	教育部片奏内务部立案出版之图书请饬该部分送京师图书馆收藏摺	英、法各国出版法中,均规定全国出版图书,依据出版法报官署立案者,应以一部送赠国立图书馆庋藏。日本自明治八年设立帝国图书馆后,亦采用此制。……京师图书馆正在筹备进行,拟可仿行此制。拟请饬下内务部,以后全国出版图书,依据出版法报部立案者,均令以一部送京师图书馆庋藏,以重典策而光文治,似于教育政化,裨益匪浅
1927	新出图书缴送条例	凡图书新出时,其出版者,须自其发行之日起2个月内,将该项图书3份,呈送中华民国大学院
1928	著作权法	
1930	新出图书缴送规程	凡缴送之图书,经教育部核收后,发交教育部图书馆、中央教育馆、中央图书馆各1份,分别保存(中央教育馆及中央图书馆未成立前,暂由教育部图书馆代为保存)
1931	出版法	
1933	教育部第6009号训令《各书局缴送新书除缴本部一份并应分别改寄中央图书馆筹备处暨北平图书馆》	除应将缴本部图书馆一份外,其他两部,仰分别径寄国立中央图书馆筹备处暨北平图书馆查收
1937	出版法	出版物于发行时,应由发行人分别缴送下列机关各一份;一、内政部;二、中央宣传部;三、地方主管官署;四、国立图书馆及立法院图书馆

第 8 章　国外数字出版物缴存制度对我国的启示

续表

时间	法律条文	备注
1938	出版法	
1941	出版法	
1944	修正著作权法	
1951	管理书刊出版业、印刷业、发行业暂行条例	政务院
1952	关于征集图书期刊样本暂行办法	出版总署
1952	管理书刊出版业、印刷业、发行业暂行条例	每种书刊出版后,应向各级出版行政机关及国立图书馆送缴样本,其办法另订之
1953	专区级以上报纸缴送样本办法	
1955	中华人民共和国文化部关于征集图书、杂志样本办法	凡公开发行的书籍、图书、杂志,均应在出版后三日内由出版者向北京图书馆缴送样本一份;影印外国出版的外文图书、杂志,第一次印刷应缴送北京图书馆二份
1956	修订全国报纸缴送样本办法的通知	(56)文陈出字第 348 号
1963	改变缴送北京图书馆书刊样本份数的通知	规定除各种教材、教参、画册图片和影印外文图书外,各种图书由原来每种缴送一份增至三份;杂志类文献每种缴送三份、二份、一份不等
1979	关于修订征集图书、杂志、报纸样本办法的通知	凡出版物、杂志社和报社编辑、出版的各种图书、杂志、报纸,均应在出版物出版后即向国家出版事业管理局、版本图书馆及北京图书馆缴送出版物样本
1983	关于停止向版本二库缴送样本的通知	(83)出综字第 533 号
1985	关于图书、期刊版权保护试行实施条例实施细则	文化部
1990	报纸管理暂行规定	新闻出版总署
1991	重申关于征集图书、杂志、报纸样本办法的通知	除图书、杂志、报纸缴送样本外,音像出版单位出版的音像制品,亦要向新闻出版署、中国版本图书馆缴送样带、样片 (91)新出图字第 990 号

续表

时间	法律条文	备注
1991	关于调整向北京图书馆缴送杂志样本数量的通知	北京图书馆负有为国家全面、完整地收藏国内出版物并妥善保存的职能，为不使杂志样本出现缺藏，并考虑到杂志样本缴送的历史沿革，经研究，对我署《重申〈关于征集图书、杂志、报纸样本办法〉的通知》（（91）新出图字第990号）附表中，杂志向北京图书馆缴送样本的数量进行调整，由1本增至3本，其他各项不变
1996	电子出版物管理暂行规定	电子出版物出版单位应当自电子出版物出版之日起30日内向新闻出版署、北京图书馆和中国版本图书馆缴送样品
1996	关于缴送音像、电子出版物样品的通知	将电子、音像出版物纳入缴存范围、扩大出版物缴存的种类
1996	关于实施《电子出版物管理暂行规定》若干问题的通知	（96）新出音365号
1996	电子出版物管理暂行规定	新闻出版总署
1997	出版管理条例	出版单位发行其出版物前，应当按照国家有关规定向北京图书馆、中国版本图书馆和国务院出版行政部门免费送交样本
1998	关于应按（91）新出图字第990号文件规定缴送样书的通知	（98）新出图563号
2001	出版管理条例（2001年12月25日中华人民共和国国务院令第343号公布①）	行政规定出版单位发行其出版物前，应当按照国家有关规定向国家图书馆、中国版本图书馆和国务院出版行政部门免费送交样本
2001	音像制品管理条例	行政规定音像出版单位应当自音像制品出版之日起30日内向国家图书馆、中国版本图书馆和国务院出版行政部门免费送交样本
2003	重申《关于征集图书、杂志、报纸样本办法》的通知	

---

① 根据2011年3月19日《国务院关于修改〈出版管理条例〉的决定》第一次修订；根据2013年7月18日《国务院关于废止和修改部分行政法规的决定》第二次修订；根据2014年7月29日《国务院关于修改部分行政法规的决定》第三次修订；根据2016年2月6日《国务院关于修改部分行政法规的决定》第四次修订）。

续表

时间	法律条文	备注
2004	音像制品出版管理规定	图书出版社、报社、期刊社、电子出版物出版社，出版配合本版出版物的音像制品，须向所在地省、自治区、直辖市人民政府出版行政部门提交申请书和样本
2005	期刊出版管理规定	期刊出版单位须在每期期刊出版30日内，分别向新闻出版总署、中国版本图书馆、国家图书馆以及所在地省、自治区、直辖市新闻出版行政部门缴送样刊3本
2005	报纸出版管理规定	报纸出版单位须按照国家有关规定向国家图书馆、中国版本图书馆和新闻出版总署以及所在地省、自治区、直辖市新闻出版行政部门缴送报纸样本
2007	图书出版管理规定	图书出版单位在图书出版30日内，应当按照国家有关规定向国家图书馆、中国版本图书馆、新闻出版总署免费送交样书
2007	电子出版物出版管理规定	电子出版物发行前，出版单位应当向国家图书馆、中国版本图书馆和新闻出版总署免费送交样品
2007	关于加强音像制品和电子出版物样本缴送工作的通知	音像制品和电子出版物出版发行后，30日内须向新闻出版总署音像电子出版物样本征集办公室、国家图书馆和中国版本图书馆缴送样本各1套
2008	电子出版物出版管理规定	第3章第35条指出"电子出版物发行前，出版单位应当向国家图书馆、中国版本图书馆和新闻出版总署免费送交样品"
2011	国务院关于修改《出版管理条例》的决定	国务院
2011	国务院关于修改《音像制品管理条例》的决定	国务院
2011	关于进一步加强新闻出版总署出版物样本缴送工作的通知	图书、音像制品和电子出版物出版30日内应缴送样本（以邮寄日期为准）；所缴样本必须品相完整，不得缺失
2020	国家新闻出版署关于调整向中国版本图书馆缴送出版物样本范围和数量的通知	严格按照应缴送的范围、数量、品种及时缴送，确保应缴尽缴。在缴送图书、报纸、期刊、音像制品和电子出版物等实物样本基础上，增加缴送其数字版样本

续表

时间	法律条文	备注
2022	国家新闻出版署关于做好出版物数字版样本缴送工作的通知	各出版单位缴送与所出版的图书、报纸、期刊、音像制品和电子出版物等出版物内容相一致的数字版样本1份。其中，图书、报纸、期刊配有光盘或音视频等附属品的，音像制品、电子出版物配有图书或其他附属品的，应同时缴送附属品的数字版样本1份。已缴送过数字版样本的无须重复缴送

8.1.1 我国数字出版物缴存相关法律法规制定情况

（1）国家政策性文件、部门规章

在我国，数字出版物缴存主要依据的政策法规是：1994年国务院发布的《音像制品管理条例》（国务院第165号令）、《出版管理条例》（国务院第343号令）、1996年新闻出版总署发布的第6号令《电子出版物管理暂行规定》、1997年发布的第11号令《电子出版物管理规定》、2002年起实施的《音像制品管理条例》（国务院第341号令）、2008年施行的《电子出版物出版管理规定》。这些规定关于电子出版物缴存的相关规定早期主要有：1997年新闻出版署发布的第11号令《电子出版物管理规定》。该规定第35条中明确指出："电子出版物出版单位在电子出版物发行前，应当向北京图书馆、中国版本图书馆免费送交样本"。国家新闻出版署于1996年697号文件，就音像、电子出版物样品缴存工作下发了专项通知。通知强调指出："出版单位缴存样品的情况，将被列入音像、电子出版单位考核和年检工作的重要内容。对不按期缴存样品或不缴存样品的出版单位，将视情节轻重给予通报批评、核减中国标准音像制品编码和标准书号、年检时暂缓登记或不予以登记的处罚。"[①] 此外，新闻出版总署在2008年施行的《电子出版物出版管理规定》第3章第35条指出"电子出版物发行前，出版单位应当向国家图书馆、中国版本图书馆和新闻出版总署免费送交样品"[②]。2020年国家新闻出

---

① 中国国家图书馆．出版物缴送－缴送情况简介［EB/OL］．［2021-07-30］．http://www.nlc.gov.cn/newzcwm/cbwjs/jsqkjj/．

② 新闻出版总署．电子出版物出版管理规定［EB/OL］．［2021-07-30］．http://www.gapp.gov.cn/cms/html/21/397/200803/456760.html．

第8章 国外数字出版物缴存制度对我国的启示

版署发布《关于调整向中国版本图书馆缴送出版物样本范围和数量的通知》（国新出发〔2020〕8号），指出"为适应当前版本建设工作需要，根据《出版管理条例》及相关法规规章，国家新闻出版署决定对出版单位自2020年1月1日起应向中国版本图书馆缴送出版物样本的范围和数量等进行调整"，缴送范围为："在缴送图书、报纸、期刊、音像制品和电子出版物等实物样本基础上，增加缴送其数字版样本"[①]。为了能使社会各界充分认识数字版样本缴送工作对于典藏保护国家出版文化资源的重要意义，2022年1月，《国家新闻出版署关于做好出版物数字版样本缴送工作的通知》（国新出发〔2022〕1号），规定2022年2月启动出版物数字版样本的线下缴送，2023年1月启动出版物数字版样本的在线缴送。国新出发〔2022〕1号文，是对国新出发〔2020〕8号文中数字版样本缴送工作的专项通知和部署，规定缴送图书、报纸、期刊、音像制品和电子出版物等出版物内容相一致的数字版样本1份。国新出发〔2020〕8号文规定缴送图书、报纸、期刊、音像制品和电子出版物等实物样本，出版物数字版样本缴送工作常见问题解答如表8-3所示[②]。

表8-3 出版物数字版样本缴存工作常见问题解答[③]

序号	常见问题	问题解答
1	哪些单位需要缴送出版物数字版样本？	出版物缴送主体单位是全国各图书、报纸、期刊、音像和电子出版单位。
2	出版物数字版是电子版出版物吗？	各出版单位缴送与所出版的图书、报纸、期刊、音像制品和电子出版物等出版物内容相一致的数字版样本。须缴送的出版物数字版通常包含书（包括教材、教辅等）、报、刊的数字版文件，音像电子出版物，以及上述各类出版物附属品的数字版。

---

① 国家新闻出版署.国家新闻出版署关于调整向中国版本图书馆缴送出版物样本范围和数量的通知［EB/OL］.［2022-05-17］.https://www.nppa.gov.cn/nppa/contents/279/73966.shtml.
② 中国版本图书馆.国家新闻出版署关于做好出版物数字版样本缴送工作的通知［EB/OL］.［2022-05-17］.https://www.capub.cn/ywdt/01/12772.shtml.
③ 中国版本图书馆.出版物数字版样本缴送工作常见问题解答［EB/OL］.［2022-05-17］.http://36.110.122.30/digital/digital-FAQ.html.

续表

序号	常见问题	问题解答
3	缴送出版物的时间范围？	自本出版单位成立以来至2022年之前已有的出版物数字版样本及2022年以来新增的出版物数字版均须缴送。对于历史出版物未数字化（没有数字版）的情况，鼓励出版单位对有存藏价值的历史出版物开展数字化工作后缴送。
4	缴送的频次？	出版时间为2022年以来新增的出版物，在2022年的线下缴送阶段，可根据本单位的工作开展情况适当掌握缴送频次，建议按季度缴送；在2023年起，通过线上缴送的新增出版物，缴送周期可参照实物缴送要求，建议缴送周期不超过实物出版后的1个月；历史出版物数字版，根据出版单位对历史资源的整理进度及时分批次缴送。
5	缴送工作是否有截止时间？	出版物数字版样本缴送工作是常态化工作，不设截止时间。
6	本身就没有实物版本的电子书、报、刊是否需要缴送？	有ISBN、ISSN、CN等出版物标识号的需要缴送，无出版物标识号的独立电子书、报、刊等不在本次缴送范围内。

从2018年1月1日开始，我国正式施行《中华人民共和国公共图书馆法》中明确要求出版社对我国正式出版物履行缴送义务，在向省级图书馆缴送的同时，需要向国家图书馆主动寄送初版新书样本3份，杂志样本3份，以及报纸合订本1份。另外，《公共图书馆法》第五十一条规定："出版单位未按照国家有关规定交存正式出版物的，由出版行政主管部门依照有关出版管理的法律、行政法规规定给予处罚"[1]。该法的颁布，突破了原先只向国家图书馆缴存的规定，从立法上明确了接受缴存的图书馆，还包括省级公共图书馆[2]。如《北京市图书馆条例》规定，首都图书馆是本市出版物版本的收藏

---

[1] 中华人民共和国政府. 中华人民共和国公共图书馆法［EB/OL］.［2022-05-17］. http://www.gov.cn/xinwen/2017-11/05/content_5237326.htm.

[2] 任宋洁, 金武刚. 呈缴本制度完善之路——《公共图书馆法》"交存"制度研究［J］. 图书馆, 2018（5）：11-16.

单位。出版单位应当在公开出版物发行后 2 个月内，向首都图书馆送缴两套出版物[①]。

（2）配套实施细则

为了便于政策的执行，还有对行政法规做了补充规定，并把相关条款具体化的实施细则。如《关于全国各出版社书号核发办法的通知》《关于对音像出版单位使用版号实行总量控制的通知》中采取缴存与图书书号、音像制品出版号分配挂钩的办法，把出版单位的缴存情况作为核发书号、版号的标准等。2012 年，我国对音像电子出版物专用书号进行规范，制定了《音像电子出版物专用书号管理办法》。办法规定，全国所有正式出版、发行的音像制品或电子出版物，均应使用中国标准书号（以下简称 ISBN）作为出版物标识。用于音像制品的，为音像制品专用书号；用于电子出版物的，为电子出版物专用书号。在音像制品、电子出版物载体或包装的显著位置须标识 ISBN[②]。

8.1.2 我国数字出版物缴存现状

《中华人民共和国国民经济和社会发展第十四个五年规划和 2035 年远景目标纲要》《中华人民共和国 2021 年国民经济和社会发展统计公报》《"十四五"数字经济发展规划》《"十四五"国家信息化规划》等从顶层设计上对促进我国数字产业提供了发展新动能。中国音像与数字出版协会发布的《2021 年度中国数字阅读报告》显示，2021 年中国数字阅读用户规模达 5.06 亿，随着数字阅读用户的持续增长，人们对数字阅读的需求日益多元化，这对数字阅读内容和服务供给提出了更高要求。为加快推动出版深度融合发展，一系列针对性举措正频频落地。2021 年 12 月，国家新闻出版署印发《出版业"十四五"时期发展规划》，提出壮大数字出版产业，强化新一代信息技术支撑引领作用[③]。据国家新闻出版署《2020 年新闻出版产业分析报告》

---

① 北京市人民代表大会常务委员会.北京市图书馆条例［EB/OL］.［2022-05-17］.http://fuwu.bjrd.gov.cn/rdzw/information/exchange/Laws.do？method=showInfoForWeb&id=2012283.

② 国家新闻出版署.国家新闻出版广电总局关于音像电子出版物专用书号实名申领信息系统正式运行的通知［EB/OL］.［2021-03-27］.https://www.nppa.gov.cn/nppa/contents/312/74527.shtml.

③ 中华人民共和国中央人民政府.中国数字阅读用户规模已达 5.06 亿［EB/OL］.［2022-05-24］.http://www.gov.cn/xinwen/2022-05/13/content_5690098.htm.

指出，2020 年新闻出版单位面对疫情冲击，积极开拓线上业务，推进数字化转型。数字出版收入 11 781.7 亿元，增长 19.2%。新华书店与出版社网上出版物销售数量增长 40.6%，金额增长 62.5%。全国数字出版物出口金额增长 1.5%。新媒体上市公司各项经济指标全面增长，实现营业收入增长 13.7%；拥有资产总额增长 5.5%；实现利润总额增长 134.1%[①]。

数字出版物（以实体为主）的出版发行方式与纸质出版物相比虽然没有大的不同，但是，由于对数字出版物的特点等估计不足，即使数字出版物的缴存在我国已有相关规定，但与纸质出版物的缴存情况相比，两者在实际缴存效果上存在较大差异。以国家图书馆的缴存情况为例，作为国家信息资源总库、全国书目中心和文献信息提供中心、全国出版物法定接收单位，负责全面、完整地收藏国内出版的各种载体的文献信息资源，建设国家文献信息资源保存与提供基地。为了更加便利与各出版单位进行沟通与联络，国家图书馆于 2010 年专门成立了"国内出版物呈缴办公室"，统一负责所有出版物样本交存的管理工作和相关事宜。2019 年 5 月更名为"出版物交存管理办公室"[②]。国家图书馆从 1987 年开始正式接受电子出版物的交存，并以每年几千张的速度增长。现所有正式电子出版物均在视听服务空间中为读者提供免费服务。根据《中华人民共和国公共图书馆法》《出版管理条例》《电子出版物出版管理规定》及相关规定，国内出版的所有电子出版物均应向国家图书馆交存 1 份[③]。据统计，国家图书馆实体电子出版物的采集量与全国该类文献的出版总量相比缺口较大，实际缴存数量更是不理想，2015 年、2016 年、2017 年缴存率分别为 66.4%、53.4%、45.3%[④]（表 8-4）。

---

① 国家新闻出版署.2020 年新闻出版产业分析报告［R/OL］.［2022-05-18］.https://www.nppa.gov.cn/nppa/upload/files/2021/12/910c52660b947756.pdf.

② 中国国家图书馆.国家图书馆关于出版物样本交存的感谢函［EB/OL］.［2022-05-19］.http://www.nlc.cn/dsb_footer/dsb_zcwm/.

③ 中国国家图书馆.交存情况简介［EB/OL］.［2022-05-19］.http://www.nlc.cn/dsb_footer/dsb_zcwm/.

④ 吴鸿骊.关于中国国家图书馆与美国国会图书馆缴送制度的对比研究［J］.晋图学刊，2019（4）：13-17，42.

表 8-4　2015—2017 年中国国家图书馆各类型出版物缴存概况[①]

出版物类型	出版年	应缴存	实际缴存	缴存率	缴全率
中文图书馆全品种	2015	475 768 种	344 017 种	74.1%	72.3%
	2016	499 884 种	372 248 种	74.4%	72.6%
	2017	475 768 种	352 718 种	74.1%	72.3%
中文报纸	2015	1349 种	1013 种	70.7%	53.1%
	2016	1321 种	999 种	69.7%	52.7%
	2017	1394 种	1124 种	73.9%	59.6%
中文期刊	2015	9379 种	8989 种	95.8%	75.4%
	2016	9285 种	8890 种	95.7%	77.6%
	2017	8953 种	7292 种	88.3%	71.9%
音像制品	2015	15 372 种	8230 种	53.3%	37.9%
	2016	14 353 种	7419 种	51.6%	32.1%
	2017	13 552 种	7178 种	52.9%	35.3%
电子出版物	2015	10 091 种	9956 种	98.6%	66.4%
	2016	9836 种	9087 种	92.3%	53.4%
	2017	9240 种	8156 种	88.2%	45.3%

省级图书馆的情况更是堪忧。"拒缴、漏缴、少缴样本的现象相当普遍"，以至于"图书馆几乎是年年严重缺漏"。此外，电子出版物由于价格等原因，在"省级公共图书馆收缴样本工作中还是一个空白[②]"。据相关调研显示，50% 的省级图书馆表示本地没有出台关于出版物缴存的法规条例，50% 的省级图书馆表示虽然有相关的出版物缴存法规条例，只有 30% 的图书馆说明了相关内容涉及数字出版物，且缴存率不高。如广西壮族自治区图书馆的反馈，

[①] 吴鸿骊. 关于中国国家图书馆与美国国会图书馆缴送制度的对比研究 [J]. 晋图学刊，2019（4）：13-17，42.

[②] 王建云. 对收缴样本的困惑与思考 [J]. 当代图书馆，2001（1）：13-15.

2010—2014年期间，该馆报纸缴存率为100%，电子出版物缴存量为0[①]。即使是中国国家图书馆早在1987年便开展了电子资源的缴存工作[②]，效果并不理想[③]。从发展情况看，多年来，图书和期刊的缴存率基本持续不变，没有增加的趋势；而报纸、音像制品、电子出版物的缴存率虽有较为显著的增长，但是缴全率依旧维持在较低的水平。

8.1.3 我国网络信息资源采集与保存试验项目

据中国互联网络信息中心（China Internet Network Information Center，CNNIC）第49次《中国互联网络发展状况统计报告》显示，截至2021年12月，我国IPv4地址数量为39 249万个，IPv6地址数量为63 052块/32，IPv6活跃用户数达6.08亿；我国域名总数为3593万个，其中，".CN"域名数量为2041万个，占我国域名总数的56.8%[④]（表8-5）。

表8-5　2020年12月—2021年12月我国互联网基础资源对比[⑤]

	2020年12月	2021年12月
IPv4（个）	389 231 616	392 486 656
IPv（块/32）	57 634	63 052
域名（个）	41 977 611	35 931 063
其中".CN"域名（个）	18 970 054	20 410 139

面对诸多网络信息资源，2005年，国家图书馆在签订国内网络版数据库订购和使用合同时，在对方义务条款中增加了一项内容：数据库供应商或是制造商必须另外提供所购买产品的相关正式出版的数据资源，对不予缴存的数据库供应商或者制造商的产品，暂不考虑引进。2011年1月，国务院公布《国

---

① 韩新月，吕淑萍等．数字出版物呈缴制度［M］．北京：知识产权出版社，2021：92-93．
② 中国国家图书馆．出版物缴存-缴送情况简介［EB/OL］．[2021-09-09]．http://www.nlc.gov.cn/old2008/service/others/jiaosong/qingkuang.htm．
③ 中国国家图书馆．馆藏一览［EB/OL］．[2021-09-09]．http://www.nlc.gov.cn/dsb_zyyfw/wdtsg/dzzn/dsb_gtzy/．
④ CNNIC．第49次《中国互联网络发展状况统计报告》［R/OL］．[2022-05-19]．http://www.cnnic.net.cn/hlwfzyj/hlwxzbg/hlwtjbg/202202/P020220407403488048001.pdf．
⑤ 同④．

务院关于修改〈出版管理条例〉的决定（送审稿）》，曾将网络出版物纳入缴存范围，并将法定保存机构范围扩大到出版单位所在省、自治区、直辖市人民政府出版行政部门[①]。虽然在2011年3月20日新公布的《国务院关于修改〈出版管理条例〉的决定》中并没有体现上述内容，但这些在客观上也给我国网络出版物缴存工作奠定一定的基础。

实际上，早在"十三五"规划中，国家图书馆就以推进数字资源建设与保存作为重要工作之一。2003年，国家图书馆开展网络信息资源采集与保存试验项目（Web Information Collection and Preservation，WICP），实验性地对中国境内的互联网资源进行采集与保存；2007年正式成为国际互联网保存联盟成员单位，并在联盟框架下广泛开展交流与合作；2009年成立"国家图书馆互联网信息保存保护中心"，对国内外政治、经济、文化、科技等领域重要网站和重大专题资源进行采集保存，开创互联网信息保护工作统筹规划、合作共建的新局面；2012年开通网站服务，对采集到的互联网资源进行组织与展示；2014年依托"网事典藏"项目，联合全国公共图书馆共同开展互联网资源的保存和服务；2018年研发并推广部署"网络资源保存与服务系统"，实现互联网资源高效和规范化的采集、编目、回放、发布和服务。

8.2 我国数字出版物缴存制度建设存在的不足

8.2.1 数字出版物缴存制度的非法律化

《法定缴存立法准则》（修订版）曾强调，"即使条件允许，法定缴存也不宜改为自愿缴存"，这是对长期以来国外对缴存制度的经验总结[②]。因为缴存制度保障的是社会公共利益，是一项典型的国家公共政策，它的实施不可能完全靠市场调节、不可能依赖个人的、集团的利益驱动，也不能被动地等待相关关系者的自觉自愿。由此，缴存的制度必须走向法律化。法律化，意味着缴存事项是法定的，缴存需要履行法律义务，缴存制度需要具有强制

---

① 王秀香，李丹. 国外网络出版物缴送政策对我国相关立法工作的启示[J]. 国家图书馆学刊，2011（4）：23-27.

② 王应宽. 促进中国科技文献信息开放存取的法律与制度研究[J]. 大学图书馆学报，2008（4）：7-13.

性，对拒不履行义务者，可以寻求法律的解决途径等[①]。特别是在制度的社会认知程度还比较欠缺的阶段，法律化和强制性对制度的实施和延续有很大的作用。

在我国，数字出版物缴存制度主要是依靠行政力量，这一制度在单一所有制的社会环境下执行效果是明显且有效的。建国初期，全国每年新出版的新书较少，而且是由新华书店包销，全国出版社数量也较少，基本上也能按照规定完成缴存任务。市场经济的发展，带来的不仅是出版行业的多元化和出版形式的多样化，也形成了不同的经济利益主体。为此，仅以行政手段就期待实现数字出版物缴存的顺利执行显然不合时宜。

当然，只有法律规定，如果没有能力去监督和执行，进而把法律从实施之日起就束之高阁、形同虚设，也会因为法律执行无效力，影响法律的权威性，降低立法的严肃性与公信力。如在英国在实施数字出版物缴存法初期，有不少出版商以缴存是针对出版业的"苛捐杂税"为由而加以拒绝。当时英国的缴存法定接受单位——英国国家图书馆对拒缴的出版商经多次催促无效后诉诸法律，最后法院判决给出版商以重罚并强制执行。法律的力量改变了拒缴现象，保证了制度的实行和延续。

在我国，一般来说只有国家版权局有权对未执行缴存义务的违法行为进行追究，虽然国家新闻出版署也采取了分配并登记国际标准书号等手段来加强对出版物出版发行的管理与掌控，但是并没有切实可行的法律手段来应对不按时、不按量缴存的情况，同时也缺乏专门机构对此实行监督，数字出版物的缴存效果不理想是可想而知的。

8.2.2 法定缴存客体未进行合理延伸

澳大利亚学者 Abi Paramaguru 等人曾指出：延伸法定缴存的相关条款，使图书馆不需要经过授权就可以复制收割网络信息资源，这样可以节约谈判过程中大量的人力成本，并收集更多高质量的网络资料，最终提供更高质量

---

① 李春明，张炜.缴存制度——数字资源长期保存的基础[J].图书馆建设，2009（5）：12-17.

的国家收藏[①]。为此，出于保存国家数字文化遗产的要求以及提升数字信息资源保存实施效率的需要，延伸出版物缴存客体是必要的。在数字出版物成为国家重要文化遗产组成部分的情况下，更需要及时关注法定缴存延伸的问题。国外缴存制度的发展经验证明，每种新技术的发展带来出版形式的变化都应被考虑到国家的立法中。相应地，法定缴存的客体范围也需要逐渐拓宽。延伸法定缴存的客体，可以使更多类型的数字出版物纳入到国家信息资源保障体系中，并能解决现阶段图书馆开展信息资源保存活动面临的一些问题。

首先涉及如何界定数字出版物的概念、数字出版物类型的划分等。在我国，对于数字出版物缴存客体的界定仍主要是以实体的载体为主。如我国在2008年的《电子出版物出版管理规定》中对电子出版物的规定，是指以数字代码方式，将有知识性、思想性内容的信息编辑加工后存储在固定物理形态的磁、光、电等介质上，通过电子阅读、显示、播放设备读取使用的大众传播媒体，包括只读光盘（CD-ROM、DVD-ROM等）、一次写入光盘（CD-R、DVD-R等）、可擦写光盘（CD-RW、DVD-RW等）、软磁盘、硬磁盘、集成电路卡等，以及新闻出版总署认定的其他媒体形态[②]。这里所指的出版物类型主要是离线数字出版物。但是，国际上对数字出版物概念的理解已经呈现出泛化的趋势，不再是仅仅以编辑加工、质量控制过程为主，而主要是从信息资源获取的角度进行考量。为此，国际图联对数字出版物的定义是为公共获取目的发布，可以免费或是通过付费方式获取的数字资料[③]。

此外，考虑到数字出版物缴存制度具体的构建需要，国际上对于数字出版物的划分主要是在线数字出版物和离线数字出版物。在缴存制度的实际操作过程中，由于在线数字出版物（或称为网络出版物）的数量多、价值大也被许多国家纳入到法定缴存的范围中。《联合国教科文组织法定缴存指南》就强调：对于网络出版物，尽管缴存过程中面临很多问题，但还需要将其纳

---

① Paramaguru A, Christou S.Extension of legal deposit: Recording Australia's online cultural heritage [EB/OL]. [2021-01-14]. http://www2.law.ed.ac.uk/ahrc/script-ed/vol6-2/paramaguru.asp.

② 电子出版物出版管理规定 [EB/OL]. [2021-06-06]. http://baike.baidu.com/view/2669632.htm.

③ Verheul I. Networking for digital preservation: current practice in 15 national libraries [R/OL]. [2021-02-22]. http://www.ifla.org/files/assets/hq/publications/ifla-publications-series-119.pdf.

入到缴存范围中①。

在我国，仍是以传统的媒体载体作为具体缴存的依据，这就很容易造成其他不断更新形式的出版物不能及时被列入到缴存的范围。此外，由于我国现行《著作权法》《信息网络传播权利保护条例》等规定对图书馆开展信息保存活动的豁免范围非常有限，我国图书馆界开展网络信息资源采集收割项目，还不能从现有著作权法规中找到法律支持，并有产生侵权风险的可能。如果逐一采用授权的方式，效率会低下，也会导致许多资源无法纳入到国家信息资源保存体系中。为此，比较合理、高效的解决方案是修订相关的法律法规，将各种类型的数字出版物纳入到法定缴存的客体范围中②。

如何延伸缴存客体并在规定范围内使图书馆获得更多数字信息资源保存的授权是我国值得思考的问题。

8.2.3 数字出版物缴存补偿金规定的不完善

我国现行缴存制度的不科学、不合理之一就是没有建立起合理、有效的缴存经济补偿机制。如果说在计划经济体制下无偿缴存尚可维持的话，在市场经济体制下作为独立法人的出版机构并没有多头、免费赠送其产品的义务。近年来大部头、高定价的各种载体的数字出版物越来越多，出版机构恐怕事实上也没有能力完整地履行缴存义务③。加之，数字出版行业的特殊性使其出版物易受恶意复制、非法传播等风险，这也会在一定程度上给出版单位带来损失。为此，接受单位应该代表国家对缴存者做出适当的经济补偿，以便出版单位更好地履行缴存义务，这也是许多国家的普遍做法。这在一方面是为了弥补出版商的出版损失，更为重要的是能在一定程度上激励相关的出版商持续地进行今后的缴存。如在俄罗斯，缴存就分为免费缴存与收费缴存两种，并且都纳入了图书馆法。在荷兰，由图书馆向出版商支付手续费，不是使用费，图书馆还要向出版商提供读者复制电子出版物的情况。在日本，对于所需缴存的电子出版物都会给予一定的补偿，并且对补偿专门的负责机构以及详细的补偿细则、如何获得补偿、

---

① Larivihre J. Guidelines for legal deposit legislation [R/OL]. [2021-02-22]. http://unesdoc.unesco.org/images/0012/001214/121413Eo.pdf.

② 吴钢. 数字出版物法定呈缴制度客体研究 [J]. 中国图书馆学报, 2014 (1): 93-102.

③ 李国新. 关于中国图书馆立法的若干问题 [J]. 中国图书馆学报, 2002 (1): 15-19.

合理补偿的界定范围、补偿的分类等等都做了逐一说明①。

在我国，无论是1997年《出版管理条例》规定："出版单位发行其出版物前，应当按照国家有关规定向北京图书馆、中国版本图书馆和国务院出版行政部门免费送交样本②"，还是2007年《电子出版物出版管理规定》："电子出版物发行前，出版单位应当向国家图书馆、中国版本图书馆和新闻出版总署免费送交样品③"。可见，我国明确规定，无论是纸质出版物还是数字出版物的缴存都是无偿的。没有合适的补偿机制是制约我国数字出版物缴存制度实施的因素之一。

在市场经济条件下这些问题更加突出，为此如何补偿、怎样补偿、补偿的范围以及补偿的力度是多少，这些应该是我国在缴存补偿金完善上需要做到的。

8.3 我国数字出版物缴存制度建设的政策建议

8.3.1 注重国外相关立法及实践成果的研究

数字出版物缴存制度框架可以为图书馆的收集保存职责提供法律支持，使图书馆不需经过事先许可就能收集并保存相关出版物。法律制度的好处在于，可以保存更多体现国家价值的数字资源；可以让用户了解、获取及利用所缴存的数字资源；也可以给出版者和图书馆带来便利④。为了便于获取所需缴存的文献，国外许多国家都力争以法律的形式对缴存制度给予确认。在我国，早期有关缴存制度的规定大部分是非电子形式出版物，但随着信息技术、网络技术浪潮席卷而来，传统缴存制度面临着新一轮革新，由于电子出版物缴

---

① Legal Deposit System Council. Concept of the Acquisition System for the Networked Electronic Publication [R/OL].[2021-02-28]. http://www.ndl.go.jp/en/aboutus/report_legaldeposit.pdf.
② 出版管理条例[EB/OL].[2021-02-10]. http://www.people.com.cn/electric/flfg/d1/970102.html.
③ 电子出版物管理规定[EB/OL].[2021-02-10]. http://www.people.com.cn/electric/200505/f1010.html.
④ Gatenby P. legal deposit, electronic publications and digital archiving [J/OL].[2021-01-14]. http://www.nla.gov.au/openpublish/index.php/nlasp/article/viewArticle/1272/1560.

存制度是有效保存和利用国家数字化科学文化遗产的公共政策和重要制度[①]，2018年1月1日实施的《中华人民共和国公共图书馆法》对出版物缴存有相关规定[②]。但对数字信息的缴存立法上还存在诸多需要细化的问题，为此，借鉴国外相关立法及实践成果以建立起完善的电子出版物缴存制度是必要的，主要应该做到：

（1）收集和研究世界各国有关数字出版物缴存法律制定前后的文献

这主要是对国外有关数字出版物缴存制度在制定过程中出台的政府规章、政策制定、文件资料（含会议录）、立法影响等文献资料，以及国外相关图书馆或是相关收藏机构有关数字出版物缴存的法律问题所引发的代表性解决方案等进行收集和整理。

（2）研究出版物缴存法律文本的修订和历史变化，挖掘其变化的客观根据

不同的国家有关数字出版物缴存的法律规定存在着不同的修订情况，有的甚至多次修订并且可能会存在不同的法律中。因此，深入比较、分析修订前后法律文本具体条款所出现的内容变化，以及进一步研究产生该内容变化的历史背景和缘由，对于制定和修改我国现行有关数字出版物缴存法律、法规，可以提供客观的参考和依据。

（3）加强对重要的、有代表性的国家相关缴存法律文本的翻译和整理

对重要的、有代表性的国家有关数字出版物缴存法律文本进行翻译和整理是非常必要的，语言上的限制往往会给国内从事相关法律研究和制订工作人员的使用带来一定困难。因此，有必要对重要的有代表性的国家数字出版物缴存法律文本进行翻译和整理，并对有重大参考价值的相关内容进行文献汇编，以强化对相关问题的理解和解决。

实际上，数字出版物缴存无论是立法工作还是制度的完善都不是一蹴而就的，也不可能仅仅依靠立法就能一劳永逸。由于立法修正不容易，花费的时间也很长，因此，制定具有操作性的实施细则，作为补充办法和相关规范的参考，是保障数字出版物缴存工作能够顺利开展的基础。本研究结合实地调研以及专家访谈等方式，认为完善我国数字出版物缴存制度，还需要实现

---

① Bo Pang, Lillian Lee, Shivakumar Vaithyanathan. Thumbs up? Sentiment Classification using Machine Learning Techniques [C]. Proceedings of EMNLP, 2002: 79-86.

② 中华人民共和国政府. 中华人民共和国公共图书馆法 [EB/OL]. [2022-05-17]. http://www.gov.cn/xinwen/2017-11/05/content_5237326.htm.

以下内容（表8-6）。

表8-6 我国数字出版物缴存制度需要完善的内容项目

序号	内容项目
1	出版地
2	出版物类型
3	需要缴存出版物的种类
4	不需要缴存的出版物种类
5	缴存格式
6	指定缴存的负责单位
7	施行日期
8	缴存份数
9	缴存出版物的存取规定
10	缴存出版物的限制规定
11	缴存出版物的存储
12	保护条款
13	补偿等事项
14	缴存出版物的其他使用规定：如复制、下载等
15	监督机制
16	附录：如是否规定在线出版物的缴存、网络安全以及监控管理机制等

8.3.2 合理延伸数字出版物的缴存客体

合理延伸数字出版物的缴存客体主要是对应缴存客体的概念和范围进行重新的界定。这主要需要做到：

（1）泛化数字出版物的概念

长期以来，我国对出版物概念的界定，主要是强调对信息产品的编辑、加工以及质量控制的过程。如《中国大百科全书》对"出版物"的定义是指："精神文化成果经过编辑、复制在一定物质主体上，通过发行而得以在社会上传播的作品,包括图书、杂志、报纸、音像制品、电子和网络出版物[①]。"对于数字出版的界定,主要是从存储载体的角度进行定义和划分,认为数字出版是指"从编辑加工、制作生产到发行传播过程中的所有信息都以二进制代码的形式存储于光、磁、电等介质中,必须借助计算机或类似设备来使用和传递信息的出版[②]。"虽然该定义是对传统出版物概念的延伸,但还是没有突破以编辑加工、质量控制过程作为判断的标准。这些概念的界定在我国《电子出版物出版管理规定》等法律条文中都有明显的体现。但是,纵观国际上的做法,对需要缴存的数字出版物的概念理解已经呈现出泛化趋势,主要是从信息资源获取的角度进行考量。出版物只要是能够被公众获取就可以界定为需要被缴存。这在一方面能够避免立法的滞后性而影响缴存效果,另一方面出版物形式的不断更新也需要概念进行泛化。

为此,我国也应该在未来的规定中,泛化这一概念,由局限于规定缴存的具体格式和存储载体的角度,而转变为以资源公众获取和利用的角度,能够在一定程度上提高缴存的全面性。

（2）深化数字出版物的内涵

主要是指接受缴存的单位对数字出版物的采集标准,不应该只关注内容的多少,而是从内容的利用或历史价值进行判断。为了能使国家信息资源保存体系中可以容纳更多有价值的数字出版物,应该深化数字出版物的内涵,从出版物内容角度出发,而非出版物的格式,并确定一定的标准,才能提高对数字出版物的采集效率。但是,对数字出版物的内涵进行深化,并不意味着将缴存的范围简单覆盖到所有的出版物,这在实践中会带来执行和管理上的问题。因此,需要在制度初始,强调说明哪些数字出版物不包含在缴存的范围之内。例如,数字出版物如果不包含国家特征,或是与本国无关,缴存这些内容不能给国家的遗产保存带来贡献；出版物与同一出版商已经缴存的纸质出版物内容完全相同；只为机构私人内部使用的出版物；接受缴存的图书馆不需要的出版物类型,如计算机软件、计算机游戏等[③]。而在制度运转较为成熟之时,可以根据执行的效果,适当地扩大缴存的范围,以避免因范围

---

① 于友先.中国大百科全书（3）[Z].北京:中国大百科全书出版社,2009:570.
② 徐丽芳.数字出版:概念与形态[J].出版发行研究,2005（7）:5-12.
③ 吴钢.数字出版物法定呈缴制度客体研究[J].中国图书馆学报,2014（1）:93-102.

的局限而造成数字出版物的流失。

8.3.3 完善数字出版物缴存的经济补偿规定

由于数字出版物品种繁多、定义不一、制作成本也差距甚大。对于在线数字出版物而言，有些是在线进行定期或是不定期更新，此外，数字出版物在进行缴存过程中，首先会在利用上（如阅览、复印、租借等）造成经济损失；其次在格式转换、数字版权管理、资料制作等过程也还需要花上一定的费用；最后，随着软硬件、技术的更新，旧的系统会被淘汰，因而需要更新系统以保证数字出版物的阅读与利用。因此，无偿、及时的缴存是不大可能。简单而言，可以分为出版时需要的费用以及缴存时需要的费用。为此，在进行缴存的过程中，制定合适的经济补偿机制是必要的。

国外常见的补偿规方式主要有：一是由法定保存机构直接给予经济补偿，如丹麦明确规定请求缴存及制定缴存资料复本的费用由法定保存机构承担；二是著作权登记，如美国采用著作权登记方式，通过缴存出版物可申请著作权登记以建立著作权声明的公开记录，从而为侵权诉讼等提供著作权保护依据；三是税收优惠，如加拿大就在其法律中规定缴存主体可以根据税法的规定享受税收减免。此外，荷兰采用协议等自愿缴存的方式，受缴部门需要向出版商支付手续费，并且数字出版物缴存后采购会员制使用方式，会员每年须向图书馆支付一定金额的使用费等[①]。考虑到数字出版物的复杂性，许多国家也在不断地探索合理、有效的补偿实施标准。

在我国，由于没有明确的法律规定数字出版物的缴存，加上数字出版物数量多、类型多样，如果仅仅是靠行政命令要求出版商免费地向相关部门缴存数字出版物，会有执行上的阻力。

为此，本书认为，我国可以在实行数字出版物缴存制度初期，由法定保存机构给予一定的经济补偿，并对积极进行缴存的机构进行税收优惠等形式的鼓励。此外，还可以在实行缴存之初，有针对性地选择具有意愿、拥有丰富资源的出版商进行合作，在合作过程中，确定经济补偿的范围、额度、标准等问题并适时调整。

---

① 涂志芳.出版物法定呈缴制度中的补偿机制研究［J］.图书馆论坛，2017（1）：71-78.

8.3.4 加强对数字出版物缴存制度的宣传

在我国，相关部门制定了有利于纸质出版物法定缴存执行的规定、办法、通知等行政法令。但这些法令一旦运用于数字出版物的缴存，会显现出一些不科学、不合理的因素。主要表现在：首先，法令过于笼统，忽略实施细则和配套规则的制定。如虽然对不按规定缴存者进行惩罚，但内容过于简略，既无具体细则，也未写明执行人，所以鲜有实施。其次，机械套用纸质出版物的缴存模式，没有顾及数字出版物的使用和保存特点。如多头缴存规定以及在数字出版物缴存本的使用上缺少必要的限制[1]，这会对数字出版物出版商的经济利益造成不同程度的影响，进而影响数字出版物缴存制度实施效果。最后，大多数地方政府尚未颁布数字出版物缴存法规，而国家规定又难以企及地方，以至于某些省市公共图书馆的数字出版物缴存工作很难开展起来[2]。

据相关研究调查发现，尽管部分省市已有数字出版物缴存的行政法规或文件，但由于各种客观原因，图书馆接受数字出版物缴存的工作一直未能正常开展，大多数馆反映缴存制度落实比较困难；软件类产品价格较贵，出版社考虑自身经济效益，目前只有少量数字出版物进行缴存等。漏缴、拒缴、逾期缴存等问题一直是我国缴存制度实施中遭遇的最大难题[3]。

根据国外的发展经验显示，由于种种条件所限，很难一步到位解决上述问题。但是相关经验都突出强调，加强数字出版物缴存制度多方面、全方位的宣传是很有必要的。宣传的目的是使大众能对制度形成正确的理解和认识。在这方面，可以参照日本国会图书馆的一些做法。

日本国会图书馆利用各种机会对法定缴存制度进行积极宣传。如国会图书馆的网页上设有专门的缴存专栏，详细介绍了缴存的相关知识。2008年，国会图书馆将每年的5月25日定为缴存日，并发布专门的缴存口号："让阅读的信念延续到百年之后，国立国会图书馆期待着缴存本！""让我的书籍成为大家的书籍，让我的书籍成为未来的书籍！"此外，国会图书图书馆

---

[1] 李国新.关于中国图书馆立法的若干问题[J].中国图书馆学报，2002（1）：15-19.

[2] 王海燕，罗日辉.论我国电子出版物呈缴服务环境的变革[J].图书情报知识，2007（3）：100-104.

[3] 同[2].

还很重视对积极履行缴存义务的出版机构进行宣传。至今，国会图书馆网页上还保留着最早缴存的出版社和书目的信息[①]。

可见，通过宣传活动，可以增加民众对缴存制度的了解；通过对缴存表现良好的出版机构的宣传，提高它们的社会信誉度，也能提高缴存的积极性，进而推动缴存工作的进一步展开；当然，在宣传过程中结合民众阅读，还能推广图书馆服务和促进全民的数字阅读等。

8.4　本章小结

本章在有关国外情况研究的基础上，概述我国数字出版物缴存相关情况及问题，并就我国未来有关数字出版物的缴存制度建设提供一些建议。

在我国，有关于缴存制度的规定大部分是对非电子形式出版物的规定，随着信息技术、网络技术浪潮席卷而来，传统缴存制度面临着新一轮革新。由于数字出版物缴存制度是有效保存和利用国家数字科学文化遗产的公共政策和重要制度，此外，虽然我国已经把离线数字出版物纳入缴存的范围，但是在具体的法律执行力问题上还存在不足。实际上，全面实现数字出版物缴存制度并不能一蹴而就。虽然数字缴存不是一件轻而易举的事情，但并不意味着无所事事，也正因为如此，才需要展开多方面的研究。在数字出版物数量不断增加并且形式不断变化的情况下，我国应该也通过延伸缴存制度的客体等形式，使得更多类型的数字出版物能够成为被缴存的对象。即使数字出版物的缴存制度还存在许多悬而未决的争议，但是各国仍需努力发展和研究适合本国国情的数字出版物缴存的方法。对我国而言，如何规划合理的数字出版物缴存机制、鼓励出版商合作参与、加强对数字出版物缴存的宣传等，都应该是未来建立数字出版物缴存制度的关键所在。

[①] 陈瑜,冷熠,罗栋.日本国立国会图书馆的缴送管理研究及启示[J].图书馆杂志,2011(1)：70-73.

第 9 章 结 语

9.1 主要研究结论

本研究主要对国外一些具有代表性的国家在数字出版物缴存制度建设的成果、特点等进行探讨,并对制度建设过程出现的一些问题进行了归纳。在上述研究中,主要结论有:

① 以法定形式实现数字出版物的缴存是最为理想的方式。为了能给国家保存数字文化遗产创造更加便利的条件,许多国家在实践中都指出通过制定、修改法律法规,以解决数字出版物缴存过程中的问题。实践也证明,立法是最为理想的方式。在这些以立法形式规定缴存的国家中,德国、法国、丹麦、新西兰、加拿大等都在本国的相关条款中对数字出版物的缴存进行具体规定,并且在法律名称上通常冠于"法定"二字,从真正意义上实现数字出版物法定缴存。法律的强制性提高了这些国家全面保存数字出版物的能力和效率。特别是众多纷杂的网络资源,不经过版权人授权就收集与保存可能会面临着侵权的风险;而对这些内容进行收集与保存过程中,逐一取得授权,则会导致效率低下,甚至可能会延误保存的时机。在这种两难的情况下,比较合理且高效的解决方式就是修订相关的法律法规,以法律的形式将这些数字内容纳入到缴存的范围,不仅可能节约保存过程中的支出,还能收集到更多高质量的数字资源。

② 全面建设和完善数字出版物缴存制度需要形成政府宏观指导与行业协会自治管理相结合的支撑体制。主要原因在于,以法定的形式实现数字出版物的缴存虽然是最理想的方式,但是在许多国家,包括我国在内,大部分图书馆都是属于文化或是教育等部门的一部分,没有直接的立法权。如在英国,英国的国会、中央政府以及地方政府分别承担着促进图书馆事业发展的不同

责任，但是英国国会才是主要的立法机构，通过立法的形式给图书馆事业的发展提供法律保障。此外，数字出版物缴存制度作为国家立法中的一部分，只是政府宏观管理的一小部分。为了能突出数字出版物缴存制度的重要性以及增强数字出版物缴存制度的强制性，还需要行业协会的大力推动。这主要体现在制定数字出版物缴存制度具体实施标准、支持专门项目、加强行业间相关专业人员的培训、技术提升、经验共享等。同时，根据时代的发展变化不断对相关的法律法规、政策制度等文件进行持续的修正与完善。

③ 实施数字出版物缴存制度，建置良好的数字出版物缴存服务环境必不可少。不可否认，数字出版物缴存制度是世界上许多国家在进行出版物征集、典藏与提供利用时采用的主要战略手段和服务方式，它是国家文化政策中重要一环，也应被视为自由表达、自由获取信息，以及编辑国家书目的基础政策[①]。但是，美国国会图书馆也曾明确指出，在各要素准备不足时，切忌冒险开展数字出版物法定缴存，而应该是在完善的环境下使数字资料平稳地进入馆藏并长期保存[②]。因为，数字出版物缴存服务环境是一个全息的环境，涵盖制度体系、管理机制、技术方案、外部合作机制等子环境、子单元[③]。在我国，由于主要采取行政手段推定缴存制度，对于数字出版物的缴存规定直接采用这一方式就会有所不适应。为此，在我国推行数字出版物缴存制度时，需要在相应的法令法规中扩展出版物的定义、进一步明确数字出版物缴存的服务标准及规范，如最优版本的鉴定标准、数字出版物缴存的入藏标准、组织管理标准等，只有这些要素都具备了才能全面推行该项制度。

④ 在线出版物缴存制度建设的重要性逐渐凸显，很多国家已经分步骤实行在线出版物缴存制度。鉴于在线出版物缴存制度建设的重要性，许多国家已经把这些内容纳入到法定缴存的范围。虽然许多国家都正在或是已经把在线出版物纳入到缴存的范围，但是为了便于法律的执行，提升缴存法规工作的可操作性，许多国家除了对在线出版物的范围进行清晰界定之外，且分步

---

① 数位典藏Blog. 美国国会图书馆American Memory计划之著作权申请及法定寄存制度述[EB/OL].[2021-07-02]. http://content.teldap.tw/index/blog/? p=468.
② 国会图书馆信息技术战略委员会. 21世纪国会图书馆数字战略[M]. 北京：北京图书馆出版社，2004.
③ 王海燕，罗日辉. 论我国电子出版物呈缴服务环境的变革[J]. 图书情报知识，2007（3）：100-104.

骤实行。实现离线出版物的法定缴存可以按照法律直接进行，但是在线出版物的法定缴存却不能一步到位，而是循序渐进分步骤进行。例如，新西兰的策略是第一步先收割网站上的出版物。收割这些出版物的复本，以在国家图书馆目录上进行描述，并在国家数字遗产档案中进行保存。这些在线出版物没有限制地被公众获取且能在国家图书馆书目中进行远程获取；第二步是收割网站。选择和采购这些内容都由亚历山大特恩布尔图书馆的数字收藏战略部门进行；第三步是进行主题收割（或者是被称为事件收割）。收割的内容主要是中央或地方选举、新西兰重要的组织或是这些组织参与的国家或是国际体育赛事以及本国突发事件，如2010年和2011年克莱斯特彻奇地震，等等[1]。丹麦、德国等国家也采取类似的分步骤方式以实现在线出版物存档。

9.2 研究不足

尽管本研究力争全面、系统、多角度地展现国外数字出版物缴存制度的发展历程以及最新发展概况，但是在研究过程中由于资料限制、语言障碍等原因，对于国外数字出版物缴存制度的研究还存在以下不足之处：

首先，在对国外数字出版物缴存制度发展历程等资料进行梳理的过程中，还存在一些遗漏。由于数字出版物缴存制度关联的不仅是图书馆法，还有许多国家进行了单独立法或是存在于版权法中，这就给全面搜集并翻译不同语种的历史资料和法律文本带来了困难。虽然本研究借助了网络搜索引擎、学校数据库以及文献传递等多种方式，但是由于时间、精力等限制，对国外数字出版物缴存制度的到位搜集以及系统整理、全面汇总还是难免有疏漏之处。

其次，对国外数字出版物缴存制度涉及的主要问题论述还不够全面。本研究主要列举了国外数字出版物缴存制度建设和完善过程中，在面对成本估算、缴存本提供服务、最优版本等方面的问题。事实上，国外数字出版物缴存制度无论是在宏观的管理体制、法律保障机制以及经费供给等方面都还存在其他一些问题，但是由于本研究篇幅与时间的限制，并没有进行详尽的

---

① Alison Elliott.Electronic legal deposit：the New Zealand experience［J/OL］.［2021-06-02］. http://conference.ifla.org/ifla77.

扩展。

再次，对于本研究所选取的案例，主要原因在于这些国家都已经开始或是正在进行数字出版物缴存制度的设计并在运行中有经验可循。但是，这些国家的做法也不能完全代表其他国家的全部实践，本研究囿于一些原因未能全方面地对其他一些国家进行文献调研和实际论证。

最后，由于笔者并不是一线从事出版物缴存的工作人员，即使本研究力争通过走访图书馆负责缴存的工作人员以及从事缴存研究的专家等以全面展现我国数字出版物缴存的全貌，但是由于一些客观原因，并不能就此问题进行面面俱到地访谈，为此，本研究的实践性就会有一定程度的不足。此外，本研究只能借助大量文献阅读以及对所访谈内容进行汇总的基础上对我国在数字出版物缴存制度建设过程中的一些问题及原因进行概述。这就可能会造成本研究在对我国具体的数字出版物缴存制度建设时所给出的意见、建议与实际有些出入，而这也会是未来研究要加强之处。

9.3 研究展望

数字出版物缴存制度是一项系统性的研究，在研究过程中涉及许多重要的问题，虽然在本文中已有相关的阐述，但还存在许多重要问题值得在未来继续展开研究。主要有：

① 加强对与数字出版物缴存制度相关的法律问题的研究。早在2006年，Ingeborg 在对澳大利亚、奥地利、加拿大、日本等15国的缴存制度发展状况进行调查时就曾指出，鉴于数字出版物形式的多样性以及复杂性，这类资源在进行缴存时，会面临着版权、保存条件、公共获取、内容范围、征集方法、出版者权利保护、罚则以及执行等问题[①]。当今，复制数字作品的方式越来越简单，同样也存在大量"盗版"等问题，这就要求在缴存过程中加强数字权利技术保护措施，以安全地持有和保管缴存材料。但是如何减少所缴存的数字出版物具有商业价值的内容泄露，如何对这些内容进行安全保护是应该值得深入研究与探讨的问题之一。同时，由于所接受缴存的数字材料往往会涉

---

① Ingeborg Verheul.Networking for digital preservation: current practices in 15 national libraries [J/OL]. [2021-07-03]. www.ifla.org/files/assets/hq/publications/ifla-publications-series-119.pdf.

及大量的个人私密数据，如何避免这些内容被用于营销或其他商业、非研究目的，也是值得进一步关注的问题。

②加强对国外网络出版物立法及具体实践研究。互联网的崛起与兴盛，使得网络出版物也逐渐成为一种重要的数字信息资源，它的内容和形式都是对一定的社会生活状况和意识形态的反映。与网络的迅速发展以及网页快速增长形成鲜明对比的是网页的生命周期非常短暂，更新的速度也非常快，与此相对应，网页消失的速度也在加快。网络出版物中含有许多重要的、值得保存的文献，这就需要对其以缴存的形式进行保存。关于网络出版物的缴存制度建设与完善问题，国外一些国家已经根据各自的具体情况采取了不同的做法。德国、丹麦、芬兰、法国等国就已在本国的缴存规定中把网络出版物纳入了到法定缴存的范围。虽然我国制定了《电子出版物管理暂行规定》《互联网出版管理暂行规定》等规章，但是对于网络出版物缴存制度的规定还没有涉及，在实践上更是空白。由于网络出版物缴存涉及的问题更为复杂，因此，加强对国外网络出版物立法等方面的研究、对比国外相关的管理与保障措施也将会是下一步研究的重点所在。

③加强对商业性受保护的网络出版物缴存相关问题研究。商业性受保护的网络出版物缴存在技术和法律上还有很多问题尚未解决。在法律层面上，由于传统版权法中的复制权和传播权的制约，受保护的商业性网络出版物缴存的理论和实践一直未有较大突破，目前仍以自愿缴存为主，但也有一些进展：如修改版权法与其他相关法律（如增加合理使用的范围）、设立和利用保存许可条款或集团许可、提供元数据保存权限等。但是具体在技术上如何实现、政策上如何制定并确保执行等还需要进一步探讨。

附　录

附录1　国外数字缴存立法选译

（1）英国2003年《法定缴存图书馆法》

该法替代1911年版权法第15条有关于纸质以及相关出版物的法定缴存规定，并对在线以及离线出版物的法定缴存进行了规定。目的是为了确保缴存资料的使用以及长期保存。

缴存义务

1. 出版物缴存

（1）本法适用于在英国境内出版的各类载体的作品，这些作品应该在本法规定下免费向法律指定的缴存图书馆缴存1份出版物。

（2）除了圣三一学院以外的其他接受缴存的图书馆如果没有指定缴存地点，相应的复本应该提交到这些单位的图书馆。

（3）如果作品是纸质出版物，本法适用于——

（a）包括图书（含小册子、杂志和报纸）；

（b）乐谱；

（c）地图、设计图、图表、表格；

（d）或是上述内容的组成部分。

其他规定的例外情况除外。

（4）如果作品以纸质的其他介质进行出版，也应依照本法规定。

……

4. 纸质出版物：英国国家图书馆

（1）出版者应自出版之日起1个月内以最佳版式向英国国家图书馆缴存1册。

（2）出版者应在出版之日或收到索书要求之日起 1 个月内缴存。

（3）复本应该是最优版本，并且在提交时已经在英国境内生产。

（4）该馆在收到缴存出版物（含电子版或其他载体作品）后，应向缴存人出具书面收据。

5. 纸质出版物：其他图书馆

（1）除英国国家图书馆外，前述其他 5 家缴存图书馆亦可以向出版者索要出版物 1 册。

（2）请求必须以书面形式进行（无论发生是采用电子或是其他形式）。

（3）请求——

（a）可以在出版之前；

（b）特别是一些将来还会出版的百科全书、报纸、杂志或其他内容。

（4）请求不宜在出版之后的 12 个月后进行。

（5）复本应在规定的 1 个月内进行缴存。

（a）出版之日；

（b）或是接收到请求之日。

（6）复本应是最优版本，并且在缴送之日已经在英国境内生产。

……

非印刷型出版物

6. 规章：非印刷型出版物缴存

（1）该规章可就如下事项作出规定：

（a）缴存义务主体；

（b）缴存的时间和方式；

（c）缴存出版物质量；

（d）出版信息通报；

（e）缴存出版物格式；

（f）在线出版物的缴存种类；

（g）在线出版物缴存载体等。

7. 有关非印刷型出版物的限制活动

规定除国务大臣制定规章许可的人员外，缴存本图书馆及其代理人和读者，不得从事以下行为：

（1）资料的使用和复制；

（2）将其收入某一计算机程序或数据库并应用；

（3）将该资料出借给第三方（但缴存本图书馆在其馆舍内并在其控制下供读者使用的除外）；

（4）将该资料转移给第三方；

（5）未经法规授权处理该资料。

……

免责

10. 免除责任：有关出版物的活动

该法规定版本图书馆对缴存的出版物享有3项免责权：

（1）缴存出版物权利瑕疵免责。该法第9条规定，缴存的出版物须无权利瑕疵，即不得侵犯作品合著者的权利；作品的任何部分不得侵犯他人版权、出版权、数据库权或专利权。缴存本图书馆对由此产生的法律责任免责。

（2）服务中的侵权行为免责。缴存本图书馆或其代理人对缴存的出版物在图书馆内根据本法规定的方式在使用过程中出现的损害他人名誉或因诽谤行为而引起的刑事责任不承担责任，除非图书馆知道或应当知道该资料是诽谤性的并在合理使用期间内未阻止该资料的使用。

（3）缴存本图书馆对依照本法规定直接从网络中复制的资料因使用中出现的侵权事由享有免责权。

除前述免责规定外，缴存本图书馆对缴存的含有诽谤性内容的出版物除按本法第7条规定的使用方式以外的行为复制的，将承担由此而产生的民事侵权责任或刑事责任。为保证缴存本图书馆尽可能免除因读者使用带有诽谤性内容的缴存出版物而招致的法律责任，该法授权国务大臣在制定规章时扩展缴存本图书馆的免责范围。

该法第10条第3—4款规定，出版者对其已缴存到图书馆的出版物在使用中出现的损害他人名誉或诽谤事由不承担责任；除非其知道或应当知道该出版物具有诽谤性内容并有合理的机会通知版本图书馆而未履行该项义务，在此情形下出版者将承担责任。

……

免责

14. 解释

"电子出版物"（electronic publication）是指在线或是离线出版物，包括任何一种电子形式的出版物。

"媒介"（medium）是指任何一种出版媒介，包括特殊的在线或是离线出版物媒介形式。

"出版"（publication）是指——

（a）向公众发行的复本；

（b）借助电子检索系统能够被公众获取的作品。

该规章可就如下问题作出特别规定

（1）缴存的非印刷体资料的使用或复制目的；

（2）读者首次使用该资料的时间和情形；

（3）使用该资料读者身份的描述；

（4）同时使用该资料的读者数量的限制（包括对在某一缴存本图书馆内向读者提供电子出版物阅览服务终端数量的限制和对图书馆之间通过网络使用该资料的限制）。

凡违反本条上述规定将会因违背法定义务而面临诉讼。

出版者未履行法定缴存义务的，有关图书馆可依法庭规则向郡法院申请执行令，要求出版者履行义务；法院亦可制作执行令要求出版者向缴存本图书馆支付不超过其未缴存出版物成本的价款，以替代实际履行缴存义务。

（2）丹麦《出版资料法定缴存法》

第一部分
法令范围

§1. 包括法定缴存的法令

以物理形式出版的作品，参见第二部分；

以电子网络通信技术出版的资料，参见第三部分；

广播电视节目，参见第四部分；

以公映为目的的电影，参见第五部分。

第二部分
以物理形式出版的作品

§2. 在丹麦出版该类作品，应向一个法定缴存机构提交两本复本。

（1）被认为出版的作品是指，该作品已获得作者同意，复本已经开始销售或者是已经向公众发布。另一种被认为该作品已出版是指，经作者同意，已经向公众通告作品正在生产中且准备订购。

（2）丹麦出版是指当已出版的复本是在丹麦生产，或是已出版的复本已在海外生产，目的是在丹麦流通。

（3）计算机程序不需要法定缴存，除非该程序是不同作品的组成部分且和该作品一起出版。

§3.作品必须用已出版的同一种形式进行缴存，除非另作说明§20（1）。

（1）如果作品只能使用技术设备获得，缴存复本需要伴随着密码或其他必要的信息以获取这些作品、生产这些复本、便于公众获取。有法定缴存义务的个人可以要求密码等，但是不能交给任何第三方。

（2）作品新的版本也要求进行法定缴存。

§4.法定缴存义务方是指生产出版物的最终复本者。

（1）如果生产者不能清晰确定，出版商就应承担法定缴存义务。

（2）关于海外已生产的出版物，出版商负有法定缴存义务，或如果出版商不是丹麦的常住居民，丹麦的进口商代表着出版商。如果出版商定居在国外且没有丹麦的进口商，出版商需要承担法定缴存义务。

§5.任何在丹麦出版的作品，参见§2，需要包括出版商、公司的名字或是出版地。

§6.出版商必须向在国家书目机构的正式登记处提供必要的信息。

§7.在生产法定缴存复本过程中发生的费用需要由出版商承担。如果作品是在海外生产，相应的费用由法定缴存义务人承担，参见§4（2）。文化部长为这种情况制定详细的规则以便于法定缴存机构能够偿付部分的生产成本。

第三部分
电子通信网络出版的资料

§8.电子通信网络出版的丹麦资料需要进行法定缴存。法定缴存义务由请求利用或是生产资料复本的法定缴存机构完成。

（1）电子通信网络出版的资料是指，从互联网域名等出版的，该域名特定指向丹麦的，或是从其他互联网域名等出版但目的是面向丹麦公众的。

（2）文化部长通过（1）和（2）为法定缴存义务的界定制定细则。

§9.有关从互联网域名等出版的资料，是指特定指向丹麦，法定缴存义务指向出版资料的域名登记者。关于通过其他互联网域名等出版，资料的出版商有法定缴存义务。

§10. 负有法定缴存义务人需要向法定缴存机构知会获取代码和提供获取资料的必要信息等。法定缴存义务人应该被要求提供密码且不能提供给任何第三方。

§11. 管理互联网域名的人，特别是指向丹麦的，必须向法定缴存机构提供电子形式的复本且向登记者提供相关信息。

§12. 在要求或是生产资料复本过程中的成本需要由法定缴存机构承担。

……

第六部分
一般规定

§17. "出版商"是指承担出版费用的人。

……

§19. 依据第2部分，缴存复本将由文化部长决定储存在两个不同地理位置。

（1）当通过第3—5部分缴存的资料进行存储时，文化部长将会为资料的保护制定细则。

（2）法定缴存资料将会成为接受机构的馆藏。为了收藏和存储，该机构有权进行生产复本。按照其他法律，获取这些法定缴存资料将不会受限制，在版权法的框架下，接受缴存的机构有权向公众公布这些资料。

（3）文化部长为使用法定缴存资料制定细则。

§20. 文化部长会为缴存形式，包括必须附带缴存作品的信息，缴存期限等制定细则。

……

§22. 此法于2005年1月生效。

……

§25. 该法不适于法罗群岛和格陵兰岛。

附录2 本研究收集的国家与缴存相关的法规目录（部分）

序号	国家	法规名称	是否数字缴存
1	不丹	Legal Deposit Act 1999	是
2	丹麦	Act on Legal Deposit of Published Material	是
3	芬兰	Legal Deposit Act（2009年最新修订）；Act on Legal Deposit and Preservation of Culture Material 2007	是
4	韩国	Library Act（Mar.252 009）；公共记录资料管理法；关于数字资料缴存以及利用的法律（案）	是
5	法国	Code du patrimoine	是
6	加拿大	Legal Deposit of Publications Regulations 2006；Copyright Act 2004；National Library Book Deposit Regulations of 1995	是
7	美国	Depository Library Act of 1962；Mandatory Deposit of Copies or Phonorecords for the Library of Congress；Section 407 of the Copyright Act of 1976 Title 17 USC；2010年《关于美国国会图书馆缴存出版物或唱片的规定》	是
8	南非	Legal Deposit Act，1997（No.54 of 1997）；National Archives and Record Service of South Africa Act 43 of 1996	
9	挪威	The Norwegian Act of Legal Deposit of Generally Available Documents of 9 June 1989	是
10	所罗门群岛	Libraries（Deposit of Books）Act；National Library Service Act	
11	瓦努阿图共和国	Deposit of Books Act 1974	
12	西班牙	Spanish Digital Legal Deposit 2011	是

续表

序号	国家	法规名称	是否数字缴存
13	印度	The Press and Registration of Books Act（1867）； Delivery of Books 'and Newspapers'（Public Libraries）Act, 1954	
14	英国	Legal Deposit Libraries Act 2003； 2011年《法定缴存图书馆法〈非印刷型出版物〉条例咨询草案》	是
15	乌干达	Makerere University Library Legal Deposit Act 1958； Deposit Library and Documentation Centre Act（1969）	
16	拉脱维亚	Legal Deposit Law	
17	伯利兹	National Library Service Act 2003	
18	巴布亚新几内亚	National Library and Archives（National Library and Archives Board）Regulation 1998； National Library and Archives Act 1993	
19	冰岛	National and University Library of Iceland 1994	是
20	德国	Draft Law regarding the Deutsche Nationalbibliothek； 2006年《德国国家图书馆法》； 2008年《向德国国家图书馆缴存出版物条例》	是
21	圭亚那	National Library Act 1908	
22	毛里求斯	The National Library Act 1996	
23	孟加拉	National Book Center Act 1995	
24	马来西亚	National Library Act 1972	
25	特立尼达和多巴哥	The National Library and Information System Act, 1998 Publications（legal deposit）Act	
26	新西兰	National Library of New Zealand（Te Puna Matauranga o Aotearoa）Act 2003； National Library Requirement（Books and Periodicals）Notice 2004； National Library Requirement（Electronic Documents）Notice 2006	

续表

序号	国家	法规名称	是否数字缴存
27	新加坡	National Library Board（NLB）Act 1995	
28	乌干达	National Library of Uganda Act 2003	
29	澳大利亚	Copyright Act 1968	
30	瑞典	Statutory Deposit of Copies Act of 1993	
31	意大利	Italian Law 106 of April 15th，2004	
32	奥地利	2009年《出版法》	是
33	智利	Legal Deposit Law	是
34	印度尼西亚	1990年《法定缴存法》	
35	比利时	Reminder of the rules of legal deposit； Law of 19 December 2006 amending Articles 1 and 2 of the Act of April 8，1965； Royal Decree of 14 February 2008 amending the Royal Decree of 31 December 1965； Act of 8 April 1965 establishing the legal deposit in the Royal Library of Belgium； Royal Decree of 31 December 1965 concerning the implementation of the Act of 8 April	
36	伊朗①	Legal act	
37	俄罗斯	1994年《俄联邦文献缴存法》、1995年《出版物缴存条例》	
38	日本	National Diet Library Law	是
39	荷兰	agreement for depositing electronic publications at the deposit of Netherlands publications in the Koninklijke Bibliotheek	
40	巴拉圭	Codigo Civil 1988, Article 2184	

---

① 该法律源于1999年在文化革命高级理事会（HCCR）上通过的一个不成文规定，即441个所有政府和非政府出版机构都必须向国家图书馆提交两本非书资料。（参见：Reza Khanipour, Soheila Faal. 朱梅芳译. 伊朗国家图书馆和档案馆非书资料的采集和组织.[EB/OL].[2021-07-02]. http://conference.ifla.org/ifla78.）

续表

序号	国家	法规名称	是否数字缴存
41	哥伦比亚	Law 44 of 1993；Decree No. 460 of March 16, 1999；Decree 2150 of 1995	
42	牙买加	Legal deposit act 2002	
43	尼日利亚	National library decree of 1970	
44	以色列	Books law–legal deposit 2000	
45	玻利维亚	Legal deposit required for national production works	
46	波兰	Legal deposit law 1996	
47	克罗地亚	The electronic media law on library activities and libraries	是
48	捷克	Law on Non-periodical Publications；Decree of the Ministry of Culture of the Czech Republic Dig.Nr.156/2003	
49	纳米比亚	Legal deposit material	
50	爱尔兰	Electronic legal deposit	是
51	斯洛文尼亚	Legal Deposit Act，2006	是
52	爱沙尼亚	Legal Deposit Act	是
53	立陶宛	Act of the Government of the Republic of Lithuania of 11 November 2006	是
54	阿根廷	intellectual property law	
55	马其顿	Law on Legal Deposit in the Republic of Macedonia	
56	希腊	Copyright Law	
57	卢森堡	Grand-Ducal Regulation of 6 November 2009 on the legal deposit	
58	保加利亚	The Books Law 2000	
59	罗马尼亚	LAW No.111 of November 21st 1995 on the Legal Deposit of Documents（on August 10th 2007 amended by article I of Law 209/2007）	是

续表

序号	国家	法规名称	是否数字缴存
60	马耳他	Malta Libraries Act 2011（Act No.VII of 2011）	是
61	阿尔巴尼亚	Legal Deposit Act	
62	葡萄牙	Decree-Law No.74/82 of March 3, 1982（Statutory Deposit of Publication）	
63	匈牙利	Government Decree No.60/1998 on the legal deposit of press product（in furthermore: "Government Decree"）; Act CXXXVII of 2004 on National Audiovisual Archives; Act II of 2004 on motion picture; Act II of 1986 on the press; IHM-MKÖK Decree 15/2005 on audio-visual legal deposit system	
64	摩尔多瓦	Law on Libraries（1994）; Law on Publishing Activity（2000）; Code on Contraventions（2009）	是
65	菲律宾	Legal and Cultural Deposit Law	
66	越南	Publishing Law: No.30/2004/QH11	
67	柬埔寨	Printer and Publishers' Registration Act 1962	
68	泰国	Press Act 2007（B.E.2550）	
69	文莱	The Preservation of Book Act	
70	巴基斯坦	Copyright Law 1992	
71	孟加拉国	Copy Right Law	
72	斯里兰卡	Legal Deposit Law	
73	科威特	Legal Deposit law of March 1972	
74	土耳其	Legal Deposit Act	
75	乌克兰	N 595-XIV, 09.04.1999, Law, Supreme Council of Ukraine on the Legal Deposit Copy	
76	肯尼亚	Books and Newspaper Act（CAP 111）	

续表

序号	国家	法规名称	是否数字缴存
77	加纳	Book and Newspaper Registration Act（1961）；Copyright Law（1985）	
78	安哥拉	Law No. 27/03 of 10th October；Law No. 14/05 of 7th of October；Law No. 4/90 of 10th March	
79	几内亚	National Library and Archives Act 1993	
80	冈比亚	The Gambia Library Board Act No.31 of 1976	
81	博茨纳瓦	Legal Deposit Act	
82	卢旺达	National Book Promotion Policy	
83	津巴布韦	Printed Publications Act	
84	苏丹	Work Deposit Act	
85	巴西	Law No. 10 994	
86	巴布亚新几内亚	Legal and Archives Act	
87	巴拿马	Law No.11 of 10 February 1978，Article 80	

附录3　WIPO 对法定缴存问卷调查内容

1. Does your country have a legal deposit system/systems in place？
   贵国是否有法定缴存体系？
2. Please list relevant national legislation regulating the legal deposit.
   请列举贵国有关法定缴存的全国性规定。
3. Is the legal deposit mandatory or voluntary in your Country？ If mandatory, what are the legal consequences in case of non compliance？
   贵国法定缴存是强制性还是自愿性？如果是强制性，如果没有执行该项规定会承担怎样的法律责任？
4. What are the functions performed by your National legal deposit system（e.g.preservation of cultural heritage； collection of statistical information，etc）？
   贵国全国性的法定缴存体系有哪些功能（例如，保存文化遗产，收藏统计信息）？
5. Is there any connection or interaction among legal deposit and copyright protection？
   贵国的法定缴存与版权保护是否有关联？
6. Does your national legislation have any provision in regard to making copies or adapting formats of deposited works for preservation purposes？ If so, please clarify under which terms and conditions.
   出于保存的目的，贵国的全国性立法是否有关于缴存作品的复本数量以及格式的相关规定？如有，请列举相关条款细则。
7. What is the object of legal deposit？ Please list all types or categories of material subject to legal deposit（e.g.Print Material, such as books, serials, government publication； Non-Print Material, such as music and audiovisual works, broadcast material）.
   法定缴存的目的是什么？请列举所有法定缴存规定的类型或分类（例如，纸质资料，包括图书、连续出版物、政府出版物；非印刷型资料，如音乐和视听作品、广播资料）。
8. Does legal deposit apply upon production/printing of content or after its

distribution? Does legal deposit apply to material printed in your country but distributed abroad?

法定缴存是否适用于生产内容或是之后的传播？如果法定缴存适用于国外生产的纸质资料？

9. Is there any type or category of material exempted from legal deposit for policy reasons?

   出于政策原因，法定缴存有哪些类型或分类是能得到豁免的？

10. Is there any specific regulation in regard to material published in electronic format?

    是否存在有关电子形式出版资料任何具体规定？

11. If so, does the regulation distinguish between on-line and off-line material? Please clarify relevant differences.

    如果有，这些规定是否区分在线和离线资料？请列举二者之间的区别。

12. How many copies does the depositor have to deposit? Are there special conditions for limited or de luxe editions?

    缴存者需要提交多少份复本？对限量或是精装本是否有特别的规定？

13. Who is/are the subject/subjects responsible for delivering the legal deposit?

    哪个（些）单位负责缴存复本？

14. What are the time requirements for legal deposit?

    法定缴存的时间期限？

15. Is there a payment or compensation involved in legal deposit? If so, please indicate its amount.

    法定缴存是否有补偿金？如有，请列举数量。

16. What is/are the entity/entities responsible for acting as legal depository?

    哪（个）些单位负责接受法定缴存？

17. Does the general public have access to legally deposited materials? If so, please explain under which terms and conditions.

    对于依法缴存的复本是否允许公众获取？如是，请解释具体条款。

18. Do/does the depository/depositories provide publicly available search facilities? If so, are they accessible on-line?

    缴存机构是否提供公众获取的检索设施？如是，公众能在线获取吗？

19. Is legal deposit linked to any number or code? Is there any relation with the International Standard Books Number (ISBN) with the International Standard Serial Number (ISSN) and other such codes?

法定缴存和 ISBN、ISSN 以及其他类似代码关联吗？

20. Please provide statistics on the number of deposits per year for the following items (last four years); a) print material; b) musical works; c) audiovisual works.

请列举下列项目中近 4 年贵国平均每年接受法定缴存的数量；a) 纸质资料；b) 音乐作品；c) 视听作品。

主要参考文献

［1］Internet Archive Blogs. All Icelandic literature to go online?[EB/OL].[2022-01-06]. http://blog.archive.org/2011/01/29/all-icelandic-literature-to-go-online/.

［2］Statista. E-books in the U.S.-statistics & facts[EB/OL].[2022-02-20].https://www.statista.com/topics/1474/e-books/#dossierKeyfigures.

［3］Association of American Publishers. Charts & data [EB/OL].[2021-10-12]. https://publishers.org/data-and-statistics/industry-statistics/.

［4］Association of American Publishers. AAP August 2020 statshot report[EB/OL].（2020-10-13）[2021-10-16].https://publishers.org/news/aap-august-2020-statshot-report-publishing-industry-flat-for-month-down-4-6-year-to-date/.

［5］Publishers Association. Publishers association yearbook 2020 released[EB/OL].（2021-09-10）[2022-02-27].https://www.publishers.org.uk/publishers-association-yearbook-2020-released/.

［6］Ulrichsweb.Ulrich's serials analysis system[EB/OL].[2022-03-16].https://ulrichsweb.serialssolutions.com/search/544489849.

［7］Registry of Open AccessRepositories.Home[EB/OL].[2022-02-27].http://roar.eprints.org/.

［8］DOAJ.Find open access journals &articles[EB/OL].[2022-02-28].https://doaj.org/.

［9］Businesswire. Digital publishing industry report 2020-2030 [EB/OL].（2020-06-15）[2021-04-30].https://www.businesswire.com/news/home/20200615005592/en/Digital-Publishing-Industry-Report-2020-2030---COVID-19-Has-Created-a-Significant-Increase-in-Demand---ResearchAndMarkets.com.

［10］CISION. Global digital publishing market 2015-2019[EB/OL].（2015-11-09）[2021-04-30].https://www.prnewswire.com/news-releases/global-digital-publishing-market-2015-2019-300175452.html.

[11] PwC. Upskilling for the new normal: how the COVID-19 outbreak has impacted the need for digital upskilling in central and Eastern Europe's public sector[EB/OL].[2021-04-30].https://www.pwc.com/c1/en/future-of-government-cee/covid19/Upskilling_for_the_new_normal.html.

[12] 吴建中. 数字化转型——大学图书馆下一步发展的重心 [J]. 图书馆理论与实践，2019（8）：13-17.

[13] The Business Research Company. Global digital publishing market size, forecasts, and opportunities[EB/OL].（2022-02-10）[2023-01-28].https://blog.tbrc.info/2022/02/global-digital-publishing-market-size-forecasts-and-opportunities/#:~:text=The%20global%20digital%20publishing%20market%20size%20is%20expected,grew%20exponentially%20during%20the%20COVID-19%20pandemic%20in%202020.

[14] JULES L. Guidelines for legal deposit legislation[R/OL].[2022-02-07]. https://repository.ifla.org/bitstream/123456789/1322/1/guidelines-for-legal-deposit-legislation-en.pdf.

[15] 李国新. 中国图书馆法治若干问题研究 [D]. 北京：北京大学，2005：71.

[16] ALDL. Agency for the legal deposit libraries [EB/OL].[2021-05-07]. https://www.legaldeposit.org.uk/.

[17] British Library. British Library annual report and accounts 2012/13[R/OL].[2021-09-16].http://www.bl.uk/aboutus/annrep/2012to2013/annualreport201213.pdf.

[18] LOC.Digital collections strategy overview 2022-2026[EB/OL].[2022-02-07].https://www.loc.gov/acq/devpol/Digital Collections Strategy Overview_final.pdf.

[19] Association of Research Libraries.Crest or trough? how research libraries used emerging technologies to survive the pandemic, so far[R/OL].（2021-10-01）[2022-02-07].https://www.arl.org/wp-content/uploads/2021/09/2021.10.01-crest-or-trough.pdf.

[20] CLASUDIA B.B. Legal deposit and the collection of national publications in Argentina[J]. IFLA journal, 2003（3）：27-29.

[21] 吴钢. 政府信息寄存制度的保存功能与实施模式探析 [J]. 图书馆理论与实践，2011（11）：26-29.

[22] SUBHA C.B. Indian legal deposit legislation and its impact on the national library[J].

Alexandria, 2011（2-3）：49-59.

[23] British Library. Digitisation strategy 2008-2011[R/OL].[2021-09-14].http://www.bl.uk/aboutus/stratpolprog/digi/digitisation/digistrategy/.

[24] 张志强，方曙，张智雄，等.在创新变革中实现图书馆的自我超越——IFLA 2011年会各专题内容解读[J].图书情报工作，2011（11）：11-16.

[25] BERNARD.B. The state of communication research [J]. Public opinion quarterly，1959，23（1）：6.

[26] National Library of Finland.Welcome to the？ National Library of Finland [EB/OL].[2021-06-26]. http://www.nationallibrary.fi/.

[27] National Library of French. Digital legal deposit: four questions about Web archiving at the BnF[EB/OL]. [2021-03-25].http://www.bnf.fr/en/professionals/digital_legal_deposit/a.digital_legal_deposit_web_archiving.html.

[28] British Library. Growing knowledge : The British Library's strategy 2011-2015[R/OL].[2021-09-16].http://www.bl.uk/aboutus/stratpolprog/strategy1115/strategy1115.pdf.

[29] Library of Congress. The Library of Congress 2011-2016 strategic plan[R/OL].[2021-08-23].http://www.loc.gov/about/strategicplan/strategicplan2011-2016.pdf.

[30] 百度百科.2020-2021中国数字出版产业年度报告[EB/OL].[2022-02-28].https://baike.baidu.com/item/2020-2021%E4%B8%AD%E5%9B%BD%E6%95%B0%E5%AD%97%E5%87%BA%E7%89%88%E4%BA%A7%E4%B8%9A%E5%B9%B4%E5%BA%A6%E6%8A%A5%E5%91%8A/58811364?fr=aladdin#reference-[1]-34111326-wrap.

[31] 国家新闻出版署.2020年新闻出版产业分析报告[R/OL].[2022-02-28].https://www.nppa.gov.cn/nppa/upload/files/2021/12/910c52660b947756.pdf.

[32] 中国互联网络信息中心.互联网大事记[EB/OL].[2022-02-26].http://www.cnnic.cn/hlwfzyj/.

[33] 赵俊玲.国外关于网络信息资源保存的研究[J].中国图书馆学报，2004（3）：80-83.

[34] 王锦贵，王素芳.论图书情报领域理论研究水平的提升与创新——周文骏教授《文献交流引论》出版20周年有感[J].大学图书馆学报，2006（6）：1-6.

[35] 潘菊英，刘可静.国外数字资源长期保存和长效利用研究进展[J].图书馆，

2011（5）：72-76.

[36] UNSECO. Guidelines for the preservation of digital heritage[R/OL].[2023-10-26]. http://unesdoc.unesco.org/images/0013/001300/130071e.pdf.

[37] ADRIENNE.M. Legal deposit and preservation of digital publications: a review of research and development activity [J]. Journal of documentation，2001（5）：652-682.

[38] 张绚. 英国数字呈缴制度研究及其启示 [J]. 图书馆建设，2013（7）：53-56.

[39] 龙家庆，姚静，魏彬冰. 加拿大国家图书档案馆（LAC）参数字政府建设实践与启示 [J]. 兰台世界，2021（1）：23-28.

[40] 贺宇，韩秩男，孙晓红. 加拿大图书和档案馆2019-2022三年规划 [J]. 兰台世界，2020（9）：60-62.

[41] HOARE P. Legal deposit of non-print material: an international overview，September-October 1995[M].London：British Library，research and development department，1996.

[42] Legislation.gov.uk. Copyright, designs and patents act 1988[EB/OL].[2021-02-14]. http://www.legislation.gov.uk/ukpga/1988/48/contents.

[43] Legislation.gov.uk. Legal deposit libraries act 2003[EB/OL].[2021-02-17]. http://www.legislation.gov.uk/ukpga/2003/28/pdfs/ukpga_20030028_en.pdf.

[44] 周玲玲. 评述数字资源长期保存在国外立法中的发展现状 [J]. 山东图书馆学刊，2009(6)：42-47.

[45] SEADLE M. Copyright in the networked world: digital legal deposit [J]. Library hi tech，2001（3）：2999-3003.

[46] HIELMCRONE H. Copyright and information policy: copyright aspects of use of legal deposit material in a digital age[J].Nordinfo nytt，2000（1）：14-20.

[47] INGRID.M. Virtual preservation: how has digital culture influenced our ideas about permanence? changing practice in a national legal deposit library[J].Library trends，2007（1）：198-215.

[48] BEAGRIE N. Preserving UK digital library collections [J]. Program: electronic library and information systems，2001（3）：215-226.

[49] DAVELAAR T. Setting up a system of legal deposit for electronic publications[J]. Information professional，2001（5）：20-23, 25.

［50］BERGAMIN G. A standard for the legal deposit of on-line publications[C]// Digital library: challenges and solutions for the new mennium, 2000: 119-127.

［51］VATTULAINEN P. National repository initiatives in Europe [J]. Library collections, aquisitions & technical services, 2004（1）: 39-50.

［52］马费成. 数字信息资源规划、管理与利用研究 [M]. 北京: 经济科学出版社, 2012: 420-422.

［53］林穗芳. 电子编辑和电子出版物、概念、起源和早期发展（上）[J]. 出版科学, 2005（3）: 6-16.

［54］BYFORD J. Publisher and legal deposit libraries cooperation in the United Kingdom since 1610: effective or not?[J].IFLA journal, 2002（5）: 292-297.

［55］EDEN P. Legal deposit: local issues in a national context [J]. Library review, 1996（6）: 271-278.

［56］CECILIA P P, RETHA S, MARITHA S. Implementing and managing legal deposit in south Africa: challenges and recommendations [J]. The international information & library review, 2008（40）: 112-120.

［57］UNESCO. The legal deposit of electronic publications[EB/OL].[2021-08-27].http://www.unesco.org/webworld/memory/legaldep.htm.

［58］FENERCI T. The origins of legal deposit in Turkey[J].Library history, 2008（1）: 23-36.

［59］CHOWDHURY G G, CHOWDHURY S. Introduction to digital libraries [M]. London: facet publishing, 2002: 265.

［60］STIRLING P, ILLIEN G, SANZ P, et al. The state of e-legal deposit in France: looking back at five years of putting new legislation into practice and envisioning the future [J].IFLA journal, 2012, 38（1）: 5-24.

［61］GOMPEL R, SVENSSONL G. Managing legal deposit for online publications in Germany[R/OL].[2022-07-30].http://conference.ifla.org/past/ifla77/193-goempel-en.pdf.

［62］吴鸿骊. 关于中国国家图书馆与美国国会图书馆缴送制度的对比研究 [J]. 晋图学刊, 2019（4）: 13-17, 42.

［63］IBRANHIM S, EDZAN N N. Legal deposit of electronic publications in Malaysia:1988-2000[J].Malaysian journal of library & information science, 2004（2）

63-78.

[64] RICHARD G, ANDREW G. Electronic legal deposit in the United Kingdom [J]. New review of academic librarianship, 2008（14）：55-70.

[65] 任宋洁，金武刚.呈缴本制度完善之路——《公共图书馆法》"交存"制度研究 [J].图书馆，2018（5）：11-16.

[66] ADRIENNE.M.. Legal deposit and preservation of digital publications review of research and development activity[J].Journal of documentation, 2001（5）：652-682.

[67] ALVESTRAND V. Moves for legal deposit of e-publications take shape [J]. Information world review, 2003（3）：6.

[68] COULT G. New bill to extend legal deposit to non-print materials [J]. Legal information management, 2003（1）：13.

[69] 李子林，龙家庆.欧洲网络存档项目实践进展与经验启示 [J].图书馆学研究，2020（15）：56-64.

[70] 安·赛德曼，罗伯特·鲍勃·赛德曼，那林·阿比斯卡.立法学理论与实践［M］.刘国福，曹培，等译.北京：中国经济出版社，2008：14.

[71] 韩新月，吕淑萍.数字出版物呈缴制度 [M].北京：知识产权出版社，2021.

[72] 刘家真.澳大利亚电子出版物的国家策略 [J].图书馆理论与实践，1998（1）：60-62.

[73] 刁一卓.俄罗斯电子出版物呈缴制度的现状及启示 [J].图书馆理论与实践，2018（8）：12-16.

[74] 马妮妮.南非政府出版物呈缴制度研究及其启示 [J].大学图书情报学刊，2019（3）：92-96.

[75] 刘家真.维护数字信息长期存取的管理策略 [J].中国图书馆学报，1999（5）：56-58.

[76] 韩新月.我国出版物法定呈缴制度中数字出版物统计问题研究 [J].图书馆工作与研究，2020（9）：13-19.

[77] 赵志刚.数字出版物呈缴的相关主体及基本诉求研究 [J].图书馆建设，2016(4)：28-33.

[78] 刘英赫.出版物呈缴制度"受缴主体"研究 [J].山东图书馆学刊，2018（2）：40-44.

[79] 姜晓曦，冷熠.我国数字出版物呈缴制度完善建议——基于权利人呈缴意向调研[J].图书馆工作与研究，2016（12）：37-41.

[80] 李亚云.论出版物交存制度的立法完善——以《中华人民共和国公共图书馆法》第二十六条为中心[J].图书馆工作与研究，2019（S1）：54-57.

[81] 李国新.论出版物样本缴送制度改革——围绕图书馆立法的制度设计研究[J].中国图书馆学报，2007（2）：5-12，32.